Eva-Maria Ammon & Myriam von Magdala

Maria Magdalena

Jetzt rede ich!

Smaragd Verlag

Über die Autorin

Die Autorin lebt mit ihrer Familie in Norddeutschland. Hier gründete sie 1990 das Institut ISIS. Sie arbeitet seit mehr als 20 Jahren mit den Meisterebenen und gibt die Informationen in ihren Büchern und im Internet gerne an die Menschheit weiter.

Seit 1985 arbeitet sie als Autorin und spirituelle Lehrerin und hat in Zusammenarbeit mit den Aufgestiegenen Meistern die alte/neue Heilform Ancient-Master-Healing und die Delfin-Kristallpalast-Ermächtigung begründet, die uns Menschen 2001 von den Aufgestiegenen Meistern zurückgegeben wurden.

Ihr Anliegen ist es, dass möglichst viele Seelen in dieser aufregenden Zeit, in der wir jetzt leben, immer mehr sich selbst entdecken: ICH BIN göttliche Energie, göttliche Schöpferkraft und göttliche Liebe.

www.omkara.de
Email: info@omkara.de

Inhalt

Widmung

Ich widme dieses Buch in ganz besonderem Maße meiner geliebten Tochter Pamela Janina, meinen wundervollen Söhnen, meinem liebevollen Mann, den wieder inkarnierten Töchtern und Söhnen von Maria Magdalena und Jeshua sowie allen erwachenden Göttinen und Göttern auf diesem wunderschönen Planeten, dessen Seele Gaia ist.

Noch ein Buch über oder von Maria Magdalena?

Gibt es nicht bereits genügend davon?

Ja! Es gibt mehr als genug davon. Und Nein! Dieses hier fehlt noch, denn:

Hier schreibt Maria Magdalena selbst ihre ganz eigene Geschichte.

„So vieles sagt und schreibt ihr von mir. Ihr spekuliert, ihr recherchiert in eurer mangelhaften Geschichtsschreibung, ihr channelt mein Leben, meine angeblichen Lehren, und doch ist alles, was bisher geschrieben wurde, wenn überhaupt eine Wahrheit dabei ist, nicht einmal die halbe Wahrheit.

Wer bin ich?

Ich war und bin bis heute die weibliche Kraft an seiner Seite, der die vollkommene, liebende, männliche Kraft auf die Erde brachte. Wohlgemerkt, als die, die ihr Maria Magdalena nennt, AN seiner Seite. Nicht vor ihm, nicht hinter ihm, obwohl das zu unserer Zeit, in jener dunklen Zeit, die auch heute noch in so vielen Teilen der Erde verbreitet ist, Pflicht jeder Frau war. Und er, den ihr Jeshua oder Jesus nennt, war und ist bis heute an meiner Seite, die ich die vollkommene, liebende, weibliche Kraft auf die Erde zurückbringen werde. Dieses war, ist und bleibt meine Mission, bis die Erde wieder zu dem lichtvollen Ort geworden ist, den sie vor langen Erdenjahren bereits war.

Jeshua und Magdalena sind gleichberechtigter und gleichwertiger Ausdruck der Quelle, in unserer Seele vereint. Wir lieben unser Sein, euch Schwestern und Brüder und alles Leben auf der Erde.

Eure Evangelien, welche so viele für die eine Wahrheit halten, haben mich zur Sünderin, zur Hure abgestempelt. Sie haben mich aus dem Leben Jeshuas verbannt. Sie haben 600 Jahre nach meinem Wirken ein Kunstgeschöpf erschaffen, dem sie einen Namen gaben, mit dem ihr mich heute noch benennt: Maria Magdalena. Eure Religionen haben, indem sie mein Wirken strichen, verfälschten, verleumdeten, und damit die Göttinnenkraft in jeder Frau erneut degradierten, die Kraft der Weiblichkeit, für die auch Jeshua stand, die er selbst lebte, vermeintlich wieder aus dem Leben der Göttlichkeit verbannt, um ihm, dem Fürsten der Dunkelheit, das Zepter der Macht zurückzugeben, das wir mit unserem Sein, damals in jener dunklen Zeit, zurückerobert haben für das Licht in jedem atmenden Leben.

Keine Frau sollte sich dazu herablassen, diesen sogenannten Gott in irgendeiner Weise zu verehren oder gar anzubeten. Er ist nicht Gott. Gott, wenn wir bei dem Begriff für das Höchste bleiben wollen, ist die Vollkommenheit. Gott ist vollkommene männliche und weibliche Synthese in der Einheit der Quelle, die alles ist, von der auch du ein Teil bist. Denn der größte Teil deiner Seele ist in der Quelle zu Hause und dehnt sich aus in alle Universen und Formen des Seins.

Daher ist die Verbannung der weiblichen Kraft aus den Reihen derer, die sich selbst Heilsbringer und einziger Gotteskontakt nennen, kein Grund, dich zu schämen oder gar minderwertiger zu fühlen als der männliche Ausdruck der Quelle. Allein das Leid und das Elend, das durch diese Spaltung „männlich gut", „weiblich schlecht und böse" entstand, ist das Leid Gaias. Jede Frau fühlt diesen Schmerz und den Bann des Dunklen tief in sich selbst, bis heute.

Der Bann, mit dem der dunkle Fürst die Welt der weiblichen Kraft belegte, den seine Kirchen immer und immer wiederholen, indem ihr zum Beispiel von Kindesbeinen an lernt, dass Söhne zu gebären wichtiger ist als Töchter, Frauen in diesen Kirchen keinen Platz haben und dass Frauen Sünderinnen sind, hält so viele von euch gefangen, dass ihr euch gar nicht erinnern könnt. Erst die zur vollen Weiblichkeit erwachten Seelen auf eurem Planeten machen euch aufmerksam auf eure eigene Unterdrückung. Diese Unterdrückung geschieht täglich, indem ihr diesen abgefallenen Männern erlaubt, euch in der vollen Entfaltung eures Potenzials, als weiblicher Ausdruck der Quelle, nicht zu erfahren.

Jeshua und Magdalena legten vor zweitausend Erdenjahren den Samen, dessen Früchte heute heranreifen und euch ermöglichen, endlich wieder eine freie Erde in freier Weiblichkeit zu erschaffen. Erhebe dich – Göttin, die du bist – aus den dir aufgezwungenen Fesseln der Religionen, streife den dunklen Bann ab, indem du dich mit deiner Energie, deiner Sehnsucht nach innerer und äußerer Freiheit in unsere Dimensionen des alles heilenden Lichtes begibst und mit uns gemeinsam das Licht auf der Erde verankerst. Damit befreist du dich selbst, die Erde und das gebundene Licht von der Knechtschaft der Unfreiheit, der Dunkelheit.

Weil dieses meine Mission ist, war und noch eine Weile bleiben wird, dich zu erheben in die Kraft der wahren Quelle, die Erde zu befreien von ihren Gefängniswärtern, will und werde ich durch meine geliebte Seelenpartnerin hier mein Leben und mein Sein auf Erden schildern, damit du dich an dich selbst erinnerst.

Erinnere dich an die Zeiten auf Gaia. Erinnere dich deiner wahren Größe, wenn du für alle Zeiten der Knechtschaft und damit der Dunkelheit entsagst. Dieses kannst du erreichen, indem du deine göttliche Kraft in dir selbst zurückforderst, sie zurückeroberst, sie neu in dir integrierst und zu einem kraftvollen Ausdruck der führenden, lenkenden, schützenden, liebenden Weiblichkeit auf Erden neu erwachst.

Ich grüße dich aus den Höhen der Dimensionen des Lichts und übergebe zuerst das Wort an die Synthese aller Göttinnen, auch die große Schöpfergöttin genannt, damit du die Zusammenhänge noch besser verstehst. Ich freue mich von Herzen auf die Zeit mit dir.

In tiefer Liebe und Verbundenheit,
Maria Magdalena, genannt Lady Nada.

Doch ich war, bin und bleibe Sanada!"

PROLOG – Tatort Erde

Ich bin vollkommener Ausdruck der Quelle, Erschafferin und Teil allen Seins. Die Große Göttin ist die Einheit aller weiblichen Anteile der Quelle, in der alle männlichen Anteile beinhaltet sind, in vollkommener Synthese. So kann sie weder personifiziert, noch mit Namen benannt werden. Einige meiner Schwestern, Töchter, Ichs präsentieren diese schöpferische Kraft und verankern sie in allen Universen, besonders auf der Erde, in stärkerer Form als andere individuelle Funken. Daher werden sie personifiziert als die „Große Göttin". Da ihr auf Erden diese Bilder oder auch Vorbilder, Vorreiter, Kriegerinnen, Heilerinnen, Priesterinnen braucht, zum besseren Verständnis eurer selbst, ist jede der großen Frauen, der Aufgestiegenen Meisterinnen ein Abbild der Großen Göttin, der Schöpfermutter. In ihrer aller Namen spreche ich hier und jetzt zu dir.

Meine Geliebten in unserer geschaffenen Welt der Liebe, die wir, als weiblicher Ausdruck der Quelle, Lady Gaia vor vielen Äonen anvertrauten.

So sehr beglückt bin ich heute, dass du meiner Energie wieder dein Ohr leihst, mit deinem Herzen lauschst und mich nach langer Erdenzeit deiner Entweihung wieder in deine Energie und damit in dein irdisches Leben einlädst. Das geschieht, weil du die Heilung deiner weiblichen Kraft seit Äonen herbeisehnst und dir heute endlich eingestehst, dass die Zeit reif ist. Die Zeit ist gekommen, dein Sein und

Gaia zu heilen, wieder mit der Quelle zu vereinen und Gaia in ihrem lichten Körper neu auferstehen zu lassen.

Lass dich heilen durch meine Liebe, die dich niemals verließ, dich niemals verlässt, die dich zu allen Zeiten begleitete und begleitet, die tief verborgen in dir selbst ruht. Lass mich dich erinnern an das Licht, das du selbst bist.

Neben all der Dunkelheit, die Gaia so lange verhüllte, deren Reste meine geliebte Tochter, Schwester und damit mich selbst immer noch verdunkelt, sehe ich so viele alte und neue erwachte Lichter auf Gaia wandeln, dass mein ätherisches Herz einen Tanz der Freude tanzt. Eines dieser Lichter bist du, denn ich sehe nicht dein Menschsein. Ich sehe dein Leuchten und ehre dich für dein Standhalten an den Werten der Göttlichkeit, die durch dich zu mir herüberstrahlt. Deine Erfahrung in der vermeintlichen Getrenntheit von deinem Selbst hat die Erfahrung der scheinbaren Getrenntheit für Gaia und Alles-was-ist erst möglich gemacht.

Ich nenne dich voller göttlicher Freude mein Sein. Und doch: Du bist nicht mein Sein im eurem irdischen Sinne. Du bist mein Atem. Du bist meine Freude. Du bist mein Gesang. Du bist meine und deine Erfahrung. Du bist Teil von mir, so wie ich Teil von dir bin. Du bist ich, und ich bin du. In und mit dir erfahre ich dich und mich selbst in diesen Dimensionen, in denen du mit mir, für dich, für mich, für Alles-was-ist und zu sein scheint, zu Hause bist. Denn du bist wie ich aus dem vereinten, allumfassenden Ich herausgetreten, um zu erfahren, was Einssein außerhalb des Unergründlichen, außerhalb der Quelle ist.

Ich fühle deine Sehnsucht nach der Einheit in unsere Liebe des Lebens wie meine eigene. Du spürst in dir deine Vollkommenheit und bist so oft voller Trauer, dass du sie scheinbar nicht so leben kannst, wie du es aus unseren Sphären tief in dir erinnerst. Du fühlst in dir, dass es mehr gibt als den schwachen Ausdruck der Liebe, wie du ihn, von der irdischen Schwere begleitet, erfährst. Wisse, Geliebte, Geliebter, es ist nicht so, dass du dich erinnern müsstest. Denn du, die oder der du dort auf Gaia deinen Beitrag zur Erlösung aus aller Dunkelheit leistest, bist dort, wo du jetzt bist, nur ein winzig kleiner Teil dessen, was du in Wahrheit bist.

Deine Seele, das wirkliche DU, erfüllt das ganze Universum im kosmischen Einklang mit allen Aspekten des Seins, außerhalb der allumfassenden Einheit. Du auf der Erde bist nur ein winzig kleiner Teil deines gesamten Seins, oder, anders ausgedrückt, deiner großen, multidimensionalen Seele. Alles, was du in Wahrheit bist, in menschliche Worte zu kleiden, ist unvorstellbar, denn ihr besitzt nicht die Worte für das, was alles in dir, mit dir und außerhalb deiner Selbst ist, weil alles wieder ineinander, miteinander verschmilzt und doch eine jede und ein jeder ein Individuum der Erfahrung bleibt.

Du suchst mich, seit du glaubst, mich verloren zu haben. Und doch, geliebtes Sein:

Ich begegne dir in jeder Blüte, in jedem Baum, in jedem Vogel, der den Himmel durchfliegt, in jedem Strahl der Sonne, in jedem Leuchten der Mondin, in jedem Sehnen deines Herzens und in jedem Lachen eines Kindes. Du begegnest mir in allem, was dein Herz anrührt. Denn wisse: Du begegnest mir und damit dir selbst in deiner wahren Essenz, in allem, wo Freude ist, wo Harmonie ist, wo Ganzheit und damit vollkommene Göttlichkeit ist.

Denn die Quelle ist in mir, in dir und in Allem-was-ist. Darum sind wir für alle Ewigkeiten untrennbar eins in der Quelle, die als Einheit ohne Bewusstheit ihrer Möglichkeiten ist. Oh, gäbe es Worte, die dir diese Energien in ihrer Vollkommenheit begreifbar machen könnten. Wie viel leichter und einfacher wäre dein Weg. Doch du kannst es nicht hören. Du kannst und willst es einfach nur erinnern, weil du es längst weißt. Du kannst es zu jeder Zeit tief in dir fühlen, dass du eins bist mit Allem-was-ist.

Einst spalteten wir als einziges, vollkommenes, ewiges ICH den Teil von uns ab, der sich dir als Männlich zeigt, so, wie wir als einziges ewiges ICH den Teil von uns spalteten, der sich bis heute als Ausdruck der weiblichen Energie ins Leben bringt. Wir waren voller Freude ob der Möglichkeiten, die sich uns als manifestiertes Sein boten und erprobten mit Lust und Wonne die Möglichkeiten der

Manifestation. Wir entließen mehr und mehr Bewusstseine aus unserem Sein, aus der Quelle geformt, in die neu entstehenden Ebenen des Universums. Und wir tun dies bis heute und in alle Ewigkeit.

So vereinbarten wir Gesetze und einigten uns auf wenige Regeln, damit die Vielzahl unserer Seelen eine Richtung erhielt, nach deren Regeln ihr eure Schöpfungen begründet und das Leben in allen Universen erfahrt.

Als Gott aus der Quelle in mir und ich, Göttin aus der Quelle, einst dem Hochmut des sich erhebenden Sohnes Beifall zollten, ahnten wir nicht, in welche Zeiten uns diese Entscheidung führen würde. Es war ein Abenteuer, dessen Ausgang vorherbestimmt war und ist, doch dessen Durchführung im Dunklen lag, für uns alle. Das ist das Ziel, das Spiel, und sind die Regeln der Entwicklung. So entstand die bewusste Entfernung von der Quelle in dem Wunsch nach stärkerer Individualisierung, tieferer Erfahrung, größerer Erkenntnis, um die Freiheit der Quelle mit und in der Materie zu erfahren. Je weiter wir uns entfernten aus unserer vollkommenen Einheit, weg von der Quelle, desto stärker wuchs in vielen der Wunsch nach Macht, nach Besitz, nach Einzigartigkeit aus der Erinnerung heraus, was durch die Trennung verlorenging.

Du hattest bereits vergessen und neu erfahren wollen, dass du in Wahrheit frei bist. So hast du zugestimmt, diesen Zyklus mitzugestalten, um die Abwendung des Gefallenen zu erlösen. Doch erfahre heute neu, dass du längst weißt. Dass du weißt, dass du ich bist und ich du bin; dass du weißt, dass du die Quelle und mit mir in der Quelle begründet bist. Wir alle sind die große Quelle, welche die wahre Göttin, der wahre Gott in voller Unbewusstheit in einem ist und alle Universen und alles Sein zum Leben, zum Lachen, zum Klingen bringt.

Doch die Quelle als alles, als ein einziges, unermesslich großes Sein, ohne Anfang und Ende, kann nichts mit sich selbst erleben, erfahren, auskosten. So formte ich in der Quelle uns, mich, die ihr die „große Göttin" nennt. Ich schaute mich mit deinen Augen in der Dunkelheit um, wünschte mir zu sehen, sang mein, unser Lied, das ich selbst bin und sah. Der erste Akt der Schöpfung, durch mich geboren, war vollbracht. Ich hatte mich selbst geboren, war wie eine Kohlensäureperle aus einem Glas sprudelndem Mineralwasser der QUELLE entsprungen, um doch in ihm, in der Quelle, zu verbleiben. Es scheint nur so, dass du, ich, wir von der Quelle getrennt sind.

Erinnere dich, denn wenn ich ICH sage, dann meine ich dich! Ich schuf weiter das Licht, das ich selbst bin, und fühlte nach vielen Zeiten so etwas wie Einsamkeit, denn ich war aus der Einheit der QUELLE gelöst; hatte alle Perlen der ewigen Verbundenheit in der Quelle scheinbar zurückgelassen. Ich war individualisiertes, ganz neues Sein. Es gab für mich kein Zurück. Es soll und wird niemals ein völliges Zurück geben, denn das Sein ist Erfahrung an Erfahrung gereiht. Wir wollen das ewige Sein als Individuen in der Ewigkeit erfahren.

So sang ich mein Lied der Sehnsucht nach dem, was mir gleich ist, in das stille Sein der Quelle. Und wieder entstanden Perlen, und das erste ER, den ihr Gott nennt, ohne auf der Erde an ihn angebunden zu sein, ohne ihn wahrhaft fühlen zu können, denn er betrat noch niemals eure Dimension, sprudelte heraus und trat als männlicher Partner an meine Seite. Aus meinem Gesang, meinem Sehnen nach Erweiterung, gebar er sich selbst in der Quelle und löste sich aus ihr, um an meiner Seite die physische Schöpfung zu begründen. Endlich waren wir mit ihm, der anders war als ich, zu zweit. Er war anders in seiner Energie, denn er erkannte sich als ein eigenes ER, und ich erkannte mich als eine eigene SIE, obwohl wir eins sind. Ihr nennt dieses heute elektrisch und magnetisch, Yin und Yang.

Es ist herrlich, wie viele Worte ihr erfunden habt, um zu beschreiben, was hier in den Sphären, nahe der Quelle, aus der ihr und wir bis heute und in Ewigkeit alles erschaffen, nicht in Worte gekleidet werden kann, denn die Energie ist sprudelndes, pulsierendes, allumfassendes, alles durchdringendes, liebendes, lichtvolles Sein. Es ist völlig ohne Worte, ohne Wertungen und mit Worten nicht zu beschreiben – weil sie alles umhüllt, alles durchdringt, alles belebt, ALLES ist.

Wir erfreuten uns unserer Gemeinsamkeit. Wir erschufen phantastische Welten mit unseren Gedankenbildern und meinem Gesang, welche wir in die Energie der Quelle sandten. Wir sangen herrliche Universen, Planeten und Sonnen hervor. Indem wir die Quelle für unsere Schöpfungen besangen, vereint mit kraftvoller Gedankenenergie, die Quellenergien verdichteten, vervollkommnete sich die Schöpfung. So riefen wir auch euch, als wir uns weitere Partner, Spiegel und Freunde ersehnten. Ich sang in die Quelle, und du formtest dich heraus, meine geliebte Tochter. Er sandte sein Bild in die Quelle, verbunden mit meinem Gesang, der Energie des Erschaffens, und du sprudeltest heraus, unser geliebter Sohn. Denn er kann ohne mich nicht alleine die lebendige Liebe aus der Quelle hervorrufen. Wenn er reines, klares Leben aus der Quelle rufen will, braucht er mich. Wie im Kleinen, so im Großen. Nur mit einer Frau kann auf Erden Leben entstehen. Er alleine kann kein lichtvoll beseeltes Leben schenken. Das ist die Größe der weiblichen Kraft. Leben schenken, das die Liebe in sich trägt.

Ihr könnt die Quelle nicht sehen, denn die Quelle ist einfach nur. Sie ist ewig, sie ist überall, sie ist allgegenwärtig, in dir und um dich herum. Du selbst bist individualisierter Teil der Quelle, und du bist in ihr. Die Quelle als Alles-was-ist jedoch ist ohne differenzierendes Bewusstsein für das, was für uns alle das Leben ist. Daher kann und wird die Quelle niemals werten. Sie ist in dir, und du bist mit Allem-was-ist in ihr auch dann, wenn du dich ihr so fern fühlst. Die Quelle ist in dir, ist in mir, ist in allem, was du wahrnimmst, was du fühlst, siehst und hörst. Die Quelle belebt Alles-was-ist.

Und so repräsentiert eine jede, ein jeder, in der Erfahrung des Seins, begonnen bei dir selbst, bis hin zum kleinsten Molekül, Atom, Elektron im Universum in all deiner Ganzheit die Quelle im Reich der Erfahrungen.

Meine Freundin, mein Freund. Die Quelle bist du selbst im individuell erfahrenen Sein mit allen und allem, was jemals die Universen geschaut und erfahren hat. So nennst du mich die Große Mutter, die Große Göttin. Doch ich habe dich niemals geboren. Ich habe dich, deine Gegenwart, aus mir selbst heraus ersehnt, weil du selbst dich in die Erfahrung sehntest. Ich gab meinen Gesang, und er gab sein Bild, durch die du dich aus der Quelle selbst in das Leben ergossen hast und dich so in völliger Freiheit und Freude in die Dimensionen der erfahrbaren Energie einbandest.

Es gibt keine Göttin, keinen Gott, die über dir stehen. Du selbst trägst in deiner großen Seele alle Aspekte des Alles in dir. Du nennst mich die Große Göttin. Du nennst ihn vielleicht Gott, der nicht der Gott eurer Kirchen und Religionen ist. Doch wir waren nur ein neuer Anfang, weil die pulsierende Energie von Quelle bereits perlte und wir dem Impuls der Individualisierung folgten. Wir gaben uns eine Form, welche die Quelle bereichert.

Doch wie bei einem Glas Mineralwasser bringt eine einzige Perle keinen Genuss. Erst ein ganzes Glas kann deinem weltlichen Durst Linderung bringen. So traten immer mehr von euch geliebten Perlen in die Dimensionen der Schöpfung, euch ganz eigenständig, ganz vollkommen in unsere Bilder und Klänge einreihend.

Eine dieser Perlen bist DU. Dieses Bild, dieser Klang, dem du folgtest, ist tief in dir. Wenn du diese beiden in dir findest, dann bist du dir deiner eigenen Quelle-Gegenwart wieder voll bewusst. Dann bist du erwacht und kannst reisen zwischen den Zeiten zu all deinen Brüdern und Schwestern in allen Sphären, so, wie Myriam, Jeshua und Magdalena dieses taten.

Es waren herrliche Zeiten voller Unbeschwertheit, Spannung und Freude ob der neuen Möglichkeiten des individuellen Ichs. Uns alle verband die Lust, die Möglichkeiten des Erschaffens zu erproben. Wir machten Pläne, wie wir die Universen gestalten könnten, welche Gestalten wir annehmen wollten und wie die Planeten, die Universen, auszusehen hätten. Ihr alle wart so voller Erwartung, Erregung und Tatendrang und sangt selbst neue Perlen aus der Quelle hervor, die männlich und weiblich zugleich und doch zwei waren.

Doch eines Tages ging ER. Er, der sich aus mir individualisierte, verselbständigte sich als mein männliches Ich. Er rief eigene Schöpfungen, weitere Energien heraus, die sich verdichteten. Er löste sein eigenes Bild aus der Quelle, ohne meinen Gesang. So fiel er aus unserer Einheit, und mit ihm sein Sohn, der ohne die Kraft meiner weiblichen Kraft und Liebe, ohne Klang, hervorgerufen war. Ich eilte ihm zur Seite, um meine Energie noch hinzuzufügen, doch die erste nur aus ihm hervorgerufene Perle war bereits im Kommen begriffen. So bat ich darum, Ausgleich zu schaffen, und sogleich entstand sein neues Bild, vermischt mit meinem Klang. Eine weitere Perle löste sich aus der Quelle in individualisierter Form und eilte uns freudig entgegen.

So traten sie heraus, sein gerufenes Wesen, sein Sohn, mit einem männlichen Schatten, allein, und das von uns beiden gerufene Wesen, ebenfalls sein und mein Sohn und meine strahlende Tochter. Sie waren strahlend, voller Licht und Freude auf das, was kommt. Die männlichen Perlen waren drei vollkommene, vollendete Zwillinge der Quelle. Doch einem von ihnen fehlte der weibliche Zwilling, und sein Herz verhärtete, kaum dass er uns erreichte, denn er war allein. Er kam ohne weiblichen Aspekt, ohne die vollkommene Seele, die sich in Liebe aus der Quelle individualisiert.

Er war scheinbar wie ich einstens allein, die ich mich selbst aus der Quelle entließ. Doch war er nicht wie ich, denn er trug den weiblichen Teil nicht in sich, wie ich den männlichen Aspekt in mir trug. Er war anders und fremd, weil er ihn allein gerufen hatte. Er war als Erster ein ganz neues Wesen mit zwei männlichen Anteilen.

Und dieser sein erster ganz eigener Sohn, der einen männlichen Zwilling an seiner Seite hatte, war unfasslich. Er besaß eine ganz eigene, ganz andere Schönheit, die so viele von euch verblendete. Denn er besaß das, was euch fremd war. Er war, neben all seinem Licht, Stolz, Härte und Hochmut, weil er ohne weibliche Kraft, ohne weibliches Dual, den Weg in die Individualität fand.

Diese Attribute entzweiten die Zwillinge, die sein geschaffener Sohn waren, und unsere Seelen. So entstand das duale Universum. Er und seine Freunde erschufen, um wieder und wieder nur zu zerstören. Das erste, bis heute einzige ER-Ich verlor seine Freude, denn seine Söhne, ohne erfahrbare Liebe in sich selbst, eiferten um seinen und meinen Platz in unseren Reihen. Er hielt sich für einzigartig, was er in seiner Unvollkommenheit ja auch war. Er wollte unseren Platz der Namenlosen einnehmen und alleiniger Herrscher über Alles-was-ist und jemals geschaffen wird sein.

So erschuf ich in dir und du mit mir, geliebte Tochter der Quelle, die Erde, nachdem unsere Heimat zerstört war, als ersten Planeten, den eine liebende Seele tragen sollte. Es sollte ein Planet werden, der alles ist, was an Schönheit in meinem Bewusstsein war, und die Liebe zurückbrachte in die Schöpfung, die mehr und mehr nur noch zum Zweck der Belustigung durch Zerstörung geschaffen wurde.

So sang ich mit all meinen Schwestern – ganz ohne

ihn – unser weibliches Lied in die Quelle, um voller Sehnsucht nach der einstigen Vollkommenheit in unserem Sein eine große weibliche Seele, seine Zwillingsseele, die zuvor unseren Ruf nicht vernahm, herbeizurufen. Dieses vollkommene Sein baten wir, das Gleichgewicht wieder herzustellen. Wir baten dieses vollkommene weibliche Wesen für diese Aufgabe an unsere Seite. Als der weibliche Zwilling in ihrer Vollkommenheit strahlend aus der Quelle erschien, ging die Sonne auf in den Universen, und sein Sohn erkannte sie in sich selbst. Gaia und Asteria hatten sich aus der Quelle individualisiert und manifestiert, ohne sein Bild, so, wie sein Sohn sich ohne meinen Gesang aus der Quelle manifestiert hatte. Sie erkannten einander. Gaia nahm seine Energie in sich auf. Doch sein erstgerufener Sohn erbrannte in flammendem Zorn, weil er ahnte, dass Asteria seine Einzigartigkeit aufheben konnte. Der andere Zwilling, der auch mein Sohn ist, da er meinem hinzugefügten Klang folgte, entbrannte in flammender Liebe zu Gaia. Er erkannte, dass sie alles war, was seinem Sein fehlte.

Gaia beseelte die Erde und wurde zu einem Magneten für alles Schöne, Lebendige und Zarte. So erschuf ich mit euch, meinen Töchtern, die Elfen, Feen, Sylphen, Nixen und viele Geschöpfe, die ihr heute als „das kleine Volk", die „Anderswelt" und auch die „Elemente" bezeichnet. Sie waren wundervolle ätherische Wesen, die wir mit unseren Gesängen aus der Energie der Quelle hervorriefen. Gaia wartet bis heute auf ihn, auf seine Erlösung.

Wir schufen wundervolle, weiche Tierkörper, die sich in ihren Formen aus der Quelle lösten und uns zur Seite eilten, voller Freude, Lebendigkeit und Verspieltheit. Dieses alles hat Rowena dir bereits auf vorhergehenden Seiten geschrieben, und du hast dich erinnert, mein geliebtes Sein, aus dem alles hervorging, was ist. *)

Bis heute ist unser Sohn, der Zweite, auf der Suche nach ihr. Die Zwillinge brachten so viel Verwirrung in die Universen, über die Erde und die Menschenwesen, die in der Dichte sich oft so sehr verloren. Der eine, in dem Wunsch Gaia zu finden, um sich endlich mit ihr zu vereinen, der andere auf der Flucht vor Asteria, von dem tiefen Wunsch erfüllt, sie und alles Weibliche zu zerstören. Und ihr, die ihr die Erde heute wieder erheben wollt in das, was sie einmal war, seid Zeugen dieser Verwirrung. Ihr seid wunderbare Helfer darin, beide, und damit die Erde, zu erlösen.

Seine Zeit in dieser Dimension geht zu Ende, denn Gaia fordert die heilige Kraft der Erde zurück und ersehnt die Vereinigung, damit die Erde in neuem Glanz auferstehen kann. Die Spanne, für die Gaia eingewilligt hat, seine Vervollkommnung zu erlauben, geht zu Ende. Gaia wird in ihrem Lichtkörperaufstieg eine neue Erde erscheinen lassen, auf der sie in Freude und in ihrer ganz eigenen Einheit

---

*) Eva-Maria Ammon: Lady Rowena – Die Kraft der Göttin in dir, Smaragd Verlag.

wandeln wird. Sein zweiter Sohn, der auch mein Sohn ist, kennt die Zeit und hofft ebenfalls auf seine Erlösung durch dich. Dieses kann geschehen, wenn du das Urteil aufgibst und alles als die Einheit erkennst, aus der sich alles gelöst und entwickelt hat. Doch der Erste ist präsent und lockt die jubelnden Seelen mit Manifestationen im Außen.

Durch Hochmut und Stolz entstand die Abwendung von mir. Du hast zugestimmt, diese Abwendung zu erlösen. So entließen wir uns in die Dimensionen, damit wir das alles erfahren, damit wir die Heilung der Zwillinge vervollkommnen können. Das geschieht, damit die Kraft der Quelle an allen Orten des Universums wieder präsent wird. Du geliebtes ICH hast alle Dimensionen durchwandert, die wir und ihr bis heute erschaffen haben. Kehre zurück, indem du die Bedingungslosigkeit in dein Leben zurückholst. Vollende mit Gaia und ihrem Bruder das begonnene Werk, bis der Quantensprung vollendet ist. Dann lass uns gemeinsam wieder Neues, Schönes, das Herz Erfreuende erschaffen, zu unser aller Freude.

Wir trauerten gemeinsam um die verlorenen Wunder der Erde. Wir erwarten bis heute die Rückkehr unserer abgespaltenen Bewusstseine. Indem du voller Mitgefühl und Liebe sein und ihr Sein zu deinem Auftrag machtest, kann dieses geschehen. Ihr nennt ihn Chayim, den einen Zwillingsbruder, der in Liebe zu Gaia entflammte. Der andere trägt seinen Namen, den auszusprechen ihr besser unterlasst, wenn ihr ihn nicht anrufen wollt. Euch wurde erklärt, dass Chayim das personifizierte Böse sei, doch dem ist nicht so. Er dient seit eh und je Gaia und der Erde. Nennt ihr ihn doch auch: den Lichtbringer.

Er hat seine Seele vervollkommnet und ist heute unser innig geliebter Freund und Gefährte. Sananda, unser geliebter Sohn, durchreiste viele Dimensionen, um ihm Freund und Gefährte zu sein. Doch hat mein glückseliges Bruder-Ich selbst zu euch gesprochen. Die Zwillings-Lichtträger zerbrachen in Trennung als sie sich entzweiten im Streit um die Schwestern. Wir alle ersehnen die Wiedervereinigung der Zwillinge und damit die Wiedervereinigung der Schwestern Gaia und Asteria.

Als die Zwillinge begannen, ihr Licht zu verdunkeln, weil sie sich trennten, da folgtest du einem von beiden als Gefährte oder als Helfer für seine Rückkehr. Du Seelen-ICH sahst – im Gegensatz zu ihm selbst – sein Licht niemals verblassen. Für deine Seele, die du vielleicht noch immer ein wenig vergessen hast, doch bald wieder ganz erinnerst, ist er, genau wie für mich, ein strahlendes Abbild seines Vaters und von mir, die wir seine Rückkehr ersehnen. Er ist, war und bleibt ein strahlender Sohn der Quelle, in Dunkelheit gefangen. Durch seine Vereinigung mit Gaia wird der Lichtbringer vollkommen und ganz werden. Wir warten auf die Heimkehr des anderen Zwillings, der so tief verstrickt ist in seine Werke, dass seine Ängste und sein Ringen um Macht unser Herz seufzen lassen.

Du vernimmst es richtig. Er wurde niemals verstoßen, er selbst zog den Schleier zwischen sich und uns, weil er wusste, dass die von ihm propagierte Trennung nicht existiert, und er sah, dass er mit seinem Stolz sein ER-Ich bekümmerte. So fühlt und bezeichnete er selbst sich fortan als verstoßenen Engel und ernannte sich nach einem Streit mit seinem Zwilling zum Gott über die Erde und das Universum. Nun ist es an der Zeit, dass der Lichtbringer gemeinsam mit Gaia die Freiheit zurückerobert, wie jene, die ihr Nada nennt, Sananda durch ihr Sein für ihn befreit hat aus dem Gefühl seiner Schuld. Dieses alles will Nada euch in Kürze selbst erzählen, wenn ihr ihren Worten lauschen wollt.

Der Zwilling des Lichtbringers ist noch nicht bereit, sich in seine eigene Vollkommenheit zu geben. Das kann sich jeden Augenblick im ewigen Sein ändern. Doch haben wir ihm eine neue Plattform bereitet, die er nach der Befreiung von Gaia mit seinen eigenen Schöpfungen besiedeln kann, um auch seiner Befreiung entgegenzuschreiten.

Chayim, wie ihr ihn nennt, hat sich gebunden an und in eurer Welt, damit er in der Energie von Gaia wachsen und sie unterstützen kann. Er liebt diese Erde. Er brachte euch die Erkenntnis eurer Größe in eurer Geschichte des Paradieses. Er ersehnt eure Befreiung aus der Dunkelheit, die ihm unterstellt wird, und seine Verbindung mit Gaia. Die Zeit ist reif, dass ihr euer Bild erneuert. Denn er brachte niemals das Böse, wie eure Schriften behaupten. Der andere, den eure Schriften Gott nennen, brachte all das Übel über die Erde und in die Dimensionen.

Rowena sprach zu euch von der Pubertät des Planeten. Die Zeit des Erwachens, des Erwachsenwerdens bricht an. Das Dunkle kam mit dem Streit, mit der Trennung der Zwillinge. Es kam mit seinen Anhängern, die ihm übel gesonnen waren, als er die Erde bewahren und die Menschen belehren wollte. So machten sie aus ihm den Bösen, der er niemals war.

Doch ich sage dir: Er ist nicht das Böse. Er ist nur noch eine kurze Zeit unvollständig, im Gegensatz zu euch, die ihr das Bild und den Klang lebt. Daher brachten die Zwillinge die Trennung, weil sie von sich selbst getrennt sind. Doch wirkt er auf Gaia, in Liebe an Gaia gebunden, bis die Zeit reif ist, dass Gaia ihm seine Ergänzung ist und er die ihre. Das wird in dem Augenblick sein, wenn ihr euch erlöst, ihn erlöst und damit entlasst aus eurem Bild des Verursachers allen Bösen. In dem Augenblick, wenn ihr aus dem Urteil heraustretet und Alles-was-ist anerkennt, wie Rowena euch erinnerte, wird die Kosmische Hochzeit stattfinden. Gaia wird mit der Erde den Quantensprung besiegeln.

Alles, was euch als das Böse erscheint, ist eine Erfindung seiner abgefallenen Anhänger, die den Lichtbringer verleugneten, weil sie sein Interesse an eurem Weg nicht verstanden. Sie kämpfen bis heute auf Erden für die Vorherrschaft des dunklen Bruders. Und sie alle sind jetzt wieder hier. Ihr jedoch, die ihr das Licht ersehnt, seid angetreten seit Äonen, um die Befreiung der Trennung zu zelebrieren.

Nun lasst mich die Beschreibung der Anfangswege der Verirrung beenden. Ihr, meine geliebten Seelen der Quelle, die ihr euch selbst in die Individualität geliebt habt, aus dem Klang und dem Gedanken euch eine Form gabt, werdet die Energie der Quelle auf Erden wieder manifestieren. Doch niemals werden wir uns auflösen in der Quelle. Die Quelle ist, war und wird immer sein, so, wie auch du immer warst, bist und sein wirst. Wir nahmen als physische Ausdrucksform in ihrer feinsten Schwingung unseren Anfang, als wir uns aus der Quelle lösten und eigene Energien erzeugen lernten. Aus der Quelle heraus singen sich auch heute noch Seelen in das Sein und werden es für alle Ewigkeiten tun.

Diesen neuen Seelenanteilen der Quelle werden wir Freunde, Geschwister und ICH sein. Wir in den ätherischen Dimensionen und die, die ihr Engel nennt, freuen uns auf neues Erfahren mit euch, die ihr alles, was bisher an Erfahrung möglich war, transformiert und gekostet habt.

Ich weiß, weil ich du bin, wie schwer dir deine Erdenzeit so oft auf der Seele lastete. Mich schmerzte es tief, als ich meine Energie, verkörpert durch viele meiner Schwestern-Ichs, deinem Einfluss entziehen musste. Das war der Moment, als die Göttin die Erde verließ. Gleichzeitig erfüllt es mein ätherisches Herz mit Wonne, dass wir uns bald wiederfinden auf der neuen, alten Erde, in ganz neuem Gewahr unserer ursprünglichen Göttlichkeit mit dem großen Schatz der Erfahrungen. Dann bist du nie wieder von mir, von ihm, von dir selbst und vom Ganzen getrennt. Dann kann ich mit ihm endlich dich als unser gemeinsames Ich feiern, wenn sein Sohn, in sich heil und ganz geworden, sich in der vollkommenen Pracht seiner vereinten Seele erhebt. Dann können wir ihm, meinem männlichen Ich, der niemals die Erde betrat, zeigen, wie wundervoll der Planet der Liebe ist, den ich mit dir, geliebte Freundin, einst schuf, um die Liebe in die Universen zurückzubringen.

Der neue Planet, auf dem der andere, der die Dunkelheit liebt, seiner Befreiung entgegengehen darf, wurde aus ihm, verbunden mit meinem Klang, erschaffen. Es ist alles bereit. Gaia wird ihren Übergang nun selbst bestimmen, im Einklang mit dir.

Dir, geliebtes ICH, danke ich für deinen Beitrag. Ich werde dich reich segnen und beschenke dich mit all den Gaben der Vollkommenheit, die dir gehören.

Daher, geliebter, gelebter Teil unseres ICHs, verliere dich nicht noch einmal in der Schwere der Welt der geschaffenen Schatten, die nur dazu dienen, dich zu verwirren. Diese Schatten entstanden aus Angst vor der Strafe eines manifestierten Gottes, den die neuen Menschenwesen erfanden. In unseren Reichen, in denen der größte

Teil deiner Seele – DEIN ICH BIN – zu Hause ist, aus denen du einen Teil deiner selbst in die irdische Wirklichkeit tauchst, hat Angst keinen Bestand. Hier zeigt sich mir dein Sein in all seiner lichtgestalteten Wirklichkeit.

Ich entließ mein Selbst in allen Aspekten eines kraftvollen weiblichen Weges in die Unendlichkeit. Längs des Weges findet jeder Ausdruck meines Wesens durch dich – die du ich bist – die Wahrheit der Ursprünglichkeit der Liebe, die alles ist.

Hier auf der Erde, wo die Zeit ihren Ursprung hat, vermisst du den dir fehlenden Teil. Suche ihn nicht in einem anderen Menschen, nicht in einem ersehnten, fehlenden Dual. Dein Dual ist so tief in dir verwurzelt, dass du in deiner Ergänzung nur Freude findest. Diese Freude ist in dir, denn ihr seid untrennbar. Finde den dir vermeintlich fehlenden Teil in Allem-was-ist. Denn dieser Teil ist alle von euch und wird am Ende deiner Zeit in der Dritten Dimension zur Vollkommenheit vereint. Dann bist du ein wahrhaftiges Ganzes, wenn du deinen, auf die Erde ausgesandten Teil aus der Dichte zurückziehst in deine große Seele hier in die Ebenen, die ihr die Aufstiegsebenen und höheren Dimensionen nennt. Dann lass uns neue Universen erschaffen und unsere Liebe zelebrieren, in gegenseitigem Erkennen unserer eigenen Göttlichkeit.

Als dein Dual und du euch für diese Dimension trenntet, damals bei deinem Entscheid, diesen Weg der Rückkehr in die Einheit unseres Seins zu gehen, erschuft ihr zwei Ebenen der Erfahrungen. Das Universum ist männlich und weiblich. Du hast dich dafür entschieden, diese Trennung auch auf der physischen Ebene zu erfahren. Daher wird die körperliche Trennung von deinem Bruder so bleibend sein wie vor eurem Entscheid. Doch die Erfahrungen seiner Seele werden zu deiner Erfahrung, so, wie die seinen zu der deinen werden. Das ist die Vereinigung der dualen Seelen. Meine geliebte Schwester, du bist in deiner Weiblichkeit vollkommen und berufen, deinen dualen Bruder, der mit dir aus deinem Quelle-Sein entstand, in die männliche Vollkommenheit zu begleiten.

Mein Herz tanzt vor Wonne, wenn ich dich sehe in deiner strahlenden Vollkommenheit. So lass mich in deine Augen schauen und erblicke in meinen ätherischen Augen dein vollkommenes Bild deiner Göttlichkeit, so, wie du in Wahrheit bist. Du bist vollkommen als weibliches Abbild der Quelle. So lehre deinen Bruder, den Klang der göttlichen Seele in sich selbst wiederzufinden, diesen Klang anzunehmen, und er wird alles das sein, was euer Bruder Sananda, in der Gestalt des Jeshua, an männlicher Weichheit, Wärme, Heilkraft, vollkommener Liebe und Magie eure Männer, als Mann sein in allen Dimensionen, lehren wollte. Finde den Klang und das Bild deines Hervortretens aus der Quelle, und alles wird heil und gut sein.

Ich, die du mich die Große Göttin nennst, bin deine Schwester, deine Mutter, deine Tochter, deine Freundin, deine Verbündete, deine Kraft in dir, bin DU und lehre dich, in deine Vollkommenheit zurückzukehren hier auf der Erde. Folge meinem Gesang, der in den Blättern der Bäume flüstert, im Zwitschern eines Vogels dein Ohr erfreut oder im Rauschen eines Baches dein Gemüt berührt. Genieße und umarme meine Gaben hier auf der Erde. Lerne das, was eine Tierseele, eine Baumseele, das große Wasser der Erde dich lehren kann. Einfach nur sein – einfach nur Liebe sein und urteilsfrei das Leben umarmen, egal, was dir von außen an Erfahrungen aufgebürdet wird. Erfahre, dass du in mir ruhen darfst, dass in deiner weiblichen Magie und Kraft deine Befreiung liegt. Ich bin an deiner Seite. Ich bin in dir und um dich herum, wenn du dein Leben für mein Sein öffnest. Dies gilt für jedes FRAU-ICH und auch für jedes MANN-ICH.

Für alle, die durch den ersten der Zwillinge aus der Quelle gerufen wurden, gilt: Auch für dich ist dir deine weibliche Ergänzung aus der Quelle gefolgt. Finde sie! Dann wirst auch du in dir ganz und gar heil und zu einem wahren Sohn der Quelle vervollkommnet sein. Wende dich der Natur und der Weichheit zu, auch wenn sie dir fremd scheinen mag. Alles, was atmet, entsprang der Quelle. Daher gibt es keine unumkehrbare Trennung in allem Sein.

Am Ende der irdischen Zeit, wenn der letzte seiner „Söhne" zurückgekehrt ist in die Heimat von ER, den ihr auf Erden Vater nennen würdet, wird er durch seine Weihe mit Gaia zu meinem „Sohn" erhoben. Denn er wurde in sich selbst ganz und heil. Dann wirst du deinen Weg als den wunderbaren Weg der bedingungslosen Erfahrung erkennen, der er in Wahrheit ist. Du gehst den Weg der Schöpferin auf dieser Erde. Du gehst den Weg in die Freiheit, indem du alle deine Parallelwelten in eine Welt zusammenführst. Das ist es, was der Aufstieg ist.

Du bist müde all der leidvollen Erfahrungen in dieser Welt, die nicht die wirkliche Welt, die du erinnerst, ist. Ich fühle mit dir, geliebtes ICH, und komme zurück in deine Welt, um dich in deine Kraft zurückzuführen. Denn nur mit dir, mit euch allen, die ihr ICH seid, kann der große Plan vollendet werden. Darum hadere nicht länger mit dem vermeintlich Bösen in der Welt und entlaste seinen Sohn, der ein Lichtbringer und Schützer von Gaia ist.

Der Erstgeborene aus ihm brachte die Trennung in die Schöpfung, weil er selbst getrennt ist. Das vermeintliche „Böse" entstand aus Entscheidungen der Inkarnierten von allen Planeten in allen bisher erschaffenen Universen, die ihnen folgten. Sie werden es selbst sein, die ihre Geschöpfe erlösen, damit das oder die Unvollkommenen dorthin zurückkehren, wo sie ihren Ursprung nahmen, in unsere Ebenen nahe der Quelle. Sie werden wie du zu vollkommenen Schöpfergöttern erwachen.

Das Böse ist eine Erfindung der niederen, in die Dichte gestiegenen Entzweiten. Es existiert nur für das menschliche, das getrennte ICH. Ihr habt vieles erlitten und ertragen unter seiner Herrschaft. Doch es wird sich zurückziehen und in seinen göttlichen Ursprung zurückkehren, je mehr meiner geliebten Brüder und Schwestern sich ihrer Kraft der gelebten Göttlichkeit wieder bewusst werden und diese zur Anwendung bringen. Dann verliert er seine vermeintliche Macht, und die Erde steigt auf in die Freiheit der Quelle, die sie war, ist und bleiben wird.

Sei dir immer bewusst, dass du dich aus dir selbst heraus erschaffen hast, als du deine Entscheidung trafst, die Quelle als Individuum zu verlassen, um dich selbst als solches zu erfahren. Nun bist du hier auf der Erde an einem Punkt angelangt, an dem nur das Erinnern dich in deine wahre Kraft zurückführen kann, damit die Erde mit dir in vollem Glanz einer neuen Zukunft, einer glückvollen Periode der Schöpfung entgegengehen kann. Ich bin von heute an wieder an deiner Seite, denn du hast deine Hand zu mir hinaufgestreckt. Ich ergreife deine Hand, folge deinem Ruf und bin wieder ganz bei und mit dir.

So öffne deine Augen für den Zauber des Seins auf dieser wunderbaren Erde. Erkenne mich, und damit dich selbst, in jeder Blüte, in jedem Strahl der Sonne, in jedem Tier, das dein Herz berührt. Erkenne mich, und damit dich, in allem, was dein Herz zum Klingen, zum Singen, zum Lachen bringt. Und dann erkenne den Klang, lausche dem Klang in dir und heile mit deinem ganz eigenen Klang alles, was der Heilung bedarf. Lass die Natur um dich herum in vollkommener Harmonie neu entstehen, indem du deinen Klang dem, was unvollkommen scheint, in die Seele singst. Alles in deinem Umfeld wird sich zu vollkommener Harmonie entfalten. So entstehen das vollkommene Lemurien, das vollkommene Atlantis und das vollkommene Avalon neu auf einer neuen, klangvollen, lichten Erde, der wir gemeinsam jetzt den Weg bereiten.

Mein Herz klingt vor Wonne und Freude in der Gewissheit, dass die dunkle Zeit meine Erde – die nun zu unserer gemeinsamen Erde heranreift – jetzt und für immer verlässt.

Ich liebe dich, weil du ich bist und ich du bin. Ich erhebe dich in mein Reich und erfülle dein Reich in gegenseitigem Verstehen und in unserer gemeinsamen Arbeit an der Vervollkommnung der Wendezeit.

Die Kraft aller Göttinnen begleitet dich. Ich, die ich mich aus der Quelle in das Leben sang, ehre und preise die Quelle, die DU, die ICH ist.

Unsere geliebte Magdalena, Lady Nada – Sanada – wird dir nun ihren Beitrag schildern, der das Licht in diese Welt zurückbrachte. Sie wird dir ihren eigenen Lebensweg aufzeichnen, damit du dich erinnerst an den Auftrag im Namen der freien Göttin in dir, den du selbst dir gabst.

Die Erde wurde den Göttinnen des Universums gestohlen. Die wahre schöpferische Kraft der weiblichen Energie wurde degradiert, geschunden und verleugnet. Nun, meine Schwestern, ist der Zeitpunkt gekommen, an dem du und ihr die Erde und damit eure wahre Kraft zurückfordern wollt. Meine Kraft begleitet euch.

Der Beitrag aller Beteiligten rund um Maria, Magdalena und Jeshua und deren Nachkommen, welche die göttliche Saat auf die Erde zurückbrachten, hat diese göttliche Zeit, in der du heute lebst, erst möglich gemacht.

Dein dir ewig verbundenes NAMENLOSES GÖTTIN-NEN-ICH

Sanada in den Erfahrungen der Maria Magdalena

Meine wichtigsten Inkarnationen auf der Erde

Zu Beginn, ihr geliebten Gefährtinnen und Gefährten auf Erden, möchte ich euch einen kleinen Überblick geben über meine Inkarnationen auf der Erde, bevor ich in die Details meines Lebens als Myriam Maria von Magdala gehe. Ich möchte euch ein wenig teilhaben lassen an meinem Leben hier auf Erden, in der Dimension, die auch heute noch zu meiner geliebten Heimat zählt, auch wenn ich seit vielen Jahrhunderten nicht mehr in einem menschlichen Körper inkarniert war.

Ich kam herab mit vielen Schwestern und Brüdern in unseren Lichtschiffen vor langer, sehr langer Zeit, in eurem zeitlichen Verständnis. Wir wollten mit Erlaubnis der Göttin Gaia, die diesen Planeten beseelt und trägt, den Planeten, den wir Terra nannten, erkunden und mit friedvollem Leben von anderen Planeten besiedeln. Viele von euch, die jetzt wieder hier sind, kamen damals mit uns gemeinsam hierher, und ich ehre euch, ihr geliebten Individuen der Quelle, dass ihr heute, in diesen Zeiten des Wandels, wieder hier seid, um den Quantensprung Gaias zu begleiten.

In jener ersten Zeit auf dem Planeten waren wir körperlos. Wir lebten in dem Land, das ihr heute als Lemuria erinnert, in den gleichen Körpern, die uns auch heute wieder zu eigen sind, hier in den Aufstiegsebenen.

So können manche von euch uns zwar wahrnehmen, doch sehen könnt ihr uns nicht, oder nur in den seltenen Fällen, wenn wir für euch Gestalt annehmen. Das Leben auf Erden zu dieser Zeit glich einem Traum, den viele von euch auch heute noch träumen. Friedvolles Beisammensein, freudiges Miteinander und das Verankern des Lichts auf der Erde war unsere Aufgabe, war unser Sein, und ist heute wieder unser aller Ziel.

Die Natur war ätherisch, Lemuria war ätherisch, so, wie auch Pflanzen, Tiere, Gebäude und die Erde selbst beinahe ätherisch waren. Wir besaßen eine Form, wie alles eine Form besaß, doch waren diese Formen feinstofflich und doch greifbar. Die Verfestigung unserer Körper und Formen fand übergangsartig statt.

Doch eines Tages kam Besuch vom grobstofflicheren Kontinent, den ihr als Atlantis erinnert. Die Kunde über den sich besiedelnden Kontinent hatte sich bereits in Lemuria verbreitet. Wir freuten uns zuerst über die Gäste, die unser Wissen erweitern konnten. So glaubten wir zumindest. Indem wir ihnen die Tore zu unserer Ebene öffneten, verdunkelte sich die Erde. Der Besuch war niemand anderes als der dunkle Fürst mit seinen Anhängern. Doch das erkannten wir erst, als es bereits zu spät war, das Geschehen abzuwenden.

Sie erweckten die fleischliche Lust in einigen unserer feinstofflichen Frauen, und so verfestigten sich mit den dahinziehenden Zeiten unsere ätherischen Körper mehr und mehr. Er hauchte unseren Männern den Trieb der Sexualbegierde ein. So verloren sie ihre Unschuld, und das Elend auf Erden begann seinen Lauf zu nehmen. Wir verloren unsere natürliche Fähigkeit des Herbeirufens großer Seelen, die sich im Kristallpalast zu unseren Kindern manifestierten. Die Dunkelheit nahm zu, als sich keine neuen Seelen mehr auf Lemuria inkarnieren konnten. Unsere Fähigkeit, die Erde zu verlassen, entschwand unbemerkt. Wir waren viel zu naiv, so würdet ihr das heute nennen, um die Gefahr, in der unsere Kultur und die Erde sich befanden, zu erkennen.

Er und seine Männer veränderten unsere Tierwelt. Sie kreuzten unsere zarten Geschöpfe, die uns als Gefährten zur Seite standen und sich in der vollen Pracht ihrer Seele ihres friedlichen Daseins erfreuten, mit Wesenheiten ihres dunklen Planeten. Die Gier nach dem Blut eines anderen Geschöpfes nahm erstmals Platz auf der Erde. Das war der Augenblick, an dem wir erwachten, erkannten, dass es das Böse auf der Erde gibt, und beschlossen, unseren wunderbaren Kontinent zu verbergen, bevor die Unschuld der Erde gänzlich zerstört war.

Erstmals nutzten wir unsere elementaren Kräfte nicht für produktives Erschaffen der Freude, sondern gegen ein anderes Individuum, um den Fürsten der Dunkelheit und seine Männer aus Lemuria zu verbannen. Die Kristalle, die wir in der Erde verborgen hatten, hatten ihre Samen in das Erdreich gesenkt. Sie würden sich an allen Orten der Erde verbreiten. Sie sind bis heute die Hüter des Lichts auf Erden. Sie werden in den kommenden Jahren ihr Wissen mehr und mehr mit euch teilen, die ihr dafür offen seid.

Wir erhoben sodann Lemuria in die ätherische Dimension des Lichts. Hier wartet Lemuria bis heute darauf, sich neu zu manifestieren, um auf die heilige Erde zurückkehren zu können. Dies wird dann geschehen, wenn die Erde selbst sich in diese Dimension erhebt. Der Wandel ist nahe.

Doch viele von uns, darunter auch ich, waren dem Einfluss des dunklen Fürsten erlegen. Es war der Reiz des Fremden, des Unbekannten und Neuen. Hierdurch sind wir ins Rad des Karmas eingetreten. Wir mussten zurück auf die Erde und besiedelten Atlantis. Je nach Begehr oder Anlage inkarnierten wir im lichten Teil von Atlantis, im Süden, oder im sich mehr und mehr verdunkelnden Norden, um dort das Licht neu zu verankern.

Zwar war das Leben auf Erden auch jetzt noch von Unschuld gekennzeichnet, doch die Experimente des dunklen Fürsten und seiner Getreuen nahmen zu. Er brachte vermehrt die Dunkelheit auf die reine Erde, und er erschuf mehr und mehr Wesen, die andere heilige Seelen angriffen oder gar fraßen.

Als die Grenzen enger wurden, der Norden war bereits zu einer gewaltigen Dynastie angewachsen, war sein Werk vorerst vollendet. Die Erde hatte sich von einem Planeten der Liebe mit wunderbaren, ätherischen Wesen im Menschen-, Tier-, Mineral- und Pflanzenreich zu einem Planeten mit Fressen und Gefressen werden verwandelt. Lebten wir früher vom Mana des Äthers, vom Tau auf den Wiesen, wurde das Verlangen stärker, etwas zu essen, was lebt.

Zu jener Zeit verstärkte sich der Verkehr aus dem Weltraum. Es kamen laut brausende, feuerspeiende Wagen herunter, doch auch sanft surrende. Diese ließen uns Hoffnung schöpfen für unser Leben und das Leben auf der Erde. Viele Schiffe besuchten Atlantis und verschwanden auch wieder. Doch jedes Mal wurde die Erde ein wenig dichter und dunkler, vor allem dann, wenn es Krieg unter den Raumfahrern gab.

Unsere Schwestern aus dem Universum betraten eines Tages die Erde, um die neu geschaffenen Männer, die der dunkle Fürst als neues Experiment gegen die weibliche Kraft geschaffen hatte, zu lehren, dass auch sie zurückkehren können in ihre ursprüngliche Göttlichkeit. Doch die dunklen Mächte vernichteten ihre Kraft, und Gewalt beherrschte die Erde. Und immer wieder kamen laut brausende Schiffe, verbreiteten Angst und Schrecken, vernichteten und zerstörten, um dann lachend die Erde wieder zu verlassen.

Doch auch die sanft singenden Lichtschiffe zeigten sich immer wieder am Firmament. Sie kamen jedoch nie herab auf die Erde. Mit einem der surrenden Schiffe, das sanft auf der Erde landete, kam eines Tages Sananda herab und trat zum ersten Mal auf dieser Erde in mein Leben, in der Gestalt eines Menschen. Ich erblickte und erkannte ihn. Doch dazu an anderer Stelle mehr, wenn ich dir von meinen Begegnungen mit Sananda erzählen werde.

Wir wuchsen gemeinsam auf in jenem Land am Jordan. Ich weinte um ihn und meine Liebe, als er mich im Alter von sechs Jahren verließ, um sich seinen Schulen zu widmen, denn auch ich musste mich in die Akademie begeben, um mich auf mein Leben als Eingeweihte der ISIS-Flamme schulen zu lassen. Er war ein großartiger Knabe, so, wie ich ein großartiges Mädchen war. Ich lernte zu leben, einen großen Haushalt zu führen, und als Jeshua mich für sehr lange Zeit verließ, weil er nach Indien reisen musste, heiratete ich einen Mann aus Jerusalem, den mein Vater mir erwählt und bestimmt hatte.

Es war ein mächtiger Mann, der jedoch Anstoß daran nahm, dass ich eine freie Priesterin war. Ich sollte alles vergessen und seinen Glauben annehmen. Diese Ehe war eine Qual für mich, und so verließ ich ihn nach langen Zeiten der Demütigung. Damit war ich eine Ausgestoßene der Gesellschaft. Doch ich war endlich wieder frei in mir. Und hier begegnete mir Jeshua erneut.

Einige weitere Inkarnationen, nach meinem Leben mit Jeshua und unseren Kindern, verbrachte ich in Griechenland, und meine letzte Inkarnation in einem physischen Körper in Rom. Ich hatte durch meinen Zorn den Menschen gegenüber einiges an Karma angesammelt, vor allem bei der Kreuzigung meines Geliebten, das ich hier auf der Erde bereinigen musste und wollte.

Als Ausgestoßene – wie damals – sollte ich in der Arena enden. Zur allgemeinen Volksbelustigung musste ich, an beiden Händen gefesselt, einer hungrigen Bärin gegenübertreten, deren Baby hinter einem Gitter, das sich hinter mir befand, gequält wurde. Die Bärin würde sich in verzweifelter Wut auf alles stürzen, was sich bewegt, um ihr Kind zu retten. Doch ich war die Einzige, die sie erreichen konnte.

In meiner Todesangst vernahm ich seine sanfte Stimme tief in mir, und ich erinnerte das tiefe Wissen, dass nur Liebe der Weg sein kann. Ich sah die Seele der Bärin, war erfüllt von tiefem Mitgefühl mit ihrem Schmerz, ihrem Zorn, der dem meinen so glich, und liebte sie plötzlich mit der ganzen Kraft meiner Seele. Hierüber vergaß ich meinen Zorn auf die Menschheit. Auge in Auge stand sie vor mir – ich liebte sie, und die Bärin vergaß ihren Schmerz. Ich dehnte meine Seele aus, umhüllte die Bärin und ihr Kind, um es vor weiterer Qual zu beschützen.

Sie legte sich zu meinen Füßen nieder und die Männer hinter mir ließen erstaunt ab von der Quälerei des Bärenbabys. Ich sah auf die atemlos staunende, schweigende Menschenmenge über mir, während ich gerade über die Bärin hinausschauen konnte. In diesem Moment erkannte ich in den Menschen, unter ihrer Gier nach Blut, das Licht, das sie wirklich sind, und liebte sie endlich wieder im Erwachen der Göttin in mir. Endlich verstand ich, was Jeshua erfuhr, als er sich vom Zorn abwandte und die Liebe sprechen ließ. Ich entdeckte diese einmalige Kraft der Göttin in mir selbst.

Die Menschenmenge war ergriffen. Sie jubelte mir zu. Mir wurden die Freiheit, die Bärin und ihr Junges geschenkt. Ich entließ beide in die Freiheit der Wälder und lebte mein Leben inmitten der Römer als Heilerin.

Im Alter von 75 Jahren wechselte ich die Ebenen. Ich entschwand aus der Schwere und fand mich wieder in der Dimension des Lichts. Sanada und ich verschmolzen wieder zu einem Ich. Seither bin ich hier an der Seite von Sananda, um euch und der Erde zu dienen. Doch ich entließ einen Funken meiner Seele erneut in eure Existenz. Auch hier erlöse ich noch heute den Zorn, der meine Seele erreicht, wenn Unrecht geschieht. Ich diene der Erde, indem ich den Frauen dieser Erde den Weg in ihre eigene Freiheit und Göttlichkeit weise. Heute bin ich wieder bei euch, geliebte individualisierte Funken der Quelle. Wir alle erwarten euch, die ihr das Licht in euch bewahrt habt und auf der Erde neu verankern wollt, sehnsüchtig hier in den Reichen der Aufgestiegenen.

Ihr seid im Begriff, euren Aufstieg zu erfahren, wenn ihr in euch die Liebe erweckt. Die Liebe, die Lachen und Weinen ist. Die Liebe, die alles ist. Werdet und seid die göttliche Liebe, indem ihr mit offenen Augen durch die Welt geht, und lasst uns das alte Wissen in euch wieder zum Leben erwecken. Ich liebe euch und bringe euch die Freude in euer Leben zurück, wenn ihr mich einladet und die Freude an eurer ureigenen Göttlichkeit in euch selbst als einzige Essenz dessen, was ihr in Wahrheit seid, erfahren wollt.

Meine ersten Begegnungen mit Sananda

Ich entsinne mich gut der ersten Begegnung in meinem menschlichen Körper mit Sananda im lichten Atlantis. Er entstieg – einem Sonnenstrahl gleich – dem silbernglänzenden Schiff, das wir in unserem Geist des Vergessens auf Erden für ein Gefährt Gottes hielten. Viele von uns waren zusammengekommen, um die Ankunft des sanft surrenden Schiffes, das vom Himmel herabkam, zu beobachten. Wir fürchteten diese glänzenden Gefährten unserer Götter und Göttinnen nicht, denn sie brachten uns Licht, Freude und Nahrung.

Sananda, als Kommandant, entstieg dem Gefährt mit einem solch strahlenden Lächeln, mit einer Aura des Glanzes der Liebe, die uns die Angst vergessen ließ. Wir erkannten, dass dieses ein Schiff des Lichts ist, denn es unterschied sich in allem von den Schiffen, die uns den Schrecken brachten. Ich sehe noch heute, wie ich errötete und nicht verstand, warum mein Herz so sehr klopfte bei dem Anblick, den er mir bot. Ein wunderschöner Mann mit langem, blondem Haar und strahlend blauen Augen erweckte eine Erinnerung und ein Sehnen in mir, das mich erkennen ließ, wie sehr ich auf ihn gewartet hatte.

Sein Blick fand den meinen, und wir versanken ineinander im völligen Erkennen, dass wir in unserer Seele eins sind. Mein Leben glich fortan einem wunderbaren Traum, den ich so viele Zeiten vergessen hatte zu träumen. Ich war endlich wieder zu Hause. Ich war angekommen und verließ meinen Tempel, in dem ich die Heilkunst mit Kräutern und Elixieren lehrte, und folgte ihm auf seinen ausgedehnten Reisen. Er lehrte die Menschheit das Gesetz der All-Einheit, der allumfassenden Göttlichkeit in jedem von uns.

Ich lehrte ihn die Freude auf Erden und das Lachen. Wir waren fasziniert von der Fülle der Gefühle, die möglich waren, hier in dieser Dimension. Und doch verließ mich nie so ganz das Gefühl von Schuld, dass ich ihn zurückhielt auf dieser Erde.

Dieses Gefühl der Schuld sollte viele Leben lang mein ständiger Begleiter sein. Er erzählte mir vom Ursprung der Seele und davon, wie wir alle wieder in die Einigkeit zurückfinden werden. Als er mich verließ, um in seine Heimat zurückzukehren, verließ auch ich aus meinem freien Willen heraus diese Erde, in der tiefen Gewissheit, auf dem Weg zurück nach Hause zu sein. Doch Sananda kehrte noch oft zurück auf diese Erde. Er lehrte und wandelte immer wieder als Zeitreisender, der die Dimensionen beherrscht, viele Jahre unter den Menschen und brachte das Licht zurück in einen großen Teil von Atlantis. Er begründete mit Sanada neue Schulen und Tempel des Lichts, überreichte uns Auserwählten den Schlüssel der Erkenntnis. In der Sicherheit dessen, dass wir das Erlernte bewahren und das Licht auf die Erde zurückbringen, verließ er diese Dimension, um seinen eigenen Weg weiterzugehen in den Weiten der Dimensionen des Aufstiegs.

Wir begegneten einander mehrere Male auf dieser Erde, ich als Menschenfrau, er als Mann, der von den Sternen kam. In nur wenigen Leben jedoch war es uns vergönnt, als Liebende miteinander zu sein, und es gab auch Leben, in denen ich ihm feindlich gegenüberstand. Heute weiß ich, diese Abwehr war das tiefe Wissen in mir, dass er niemals für immer hierbleiben wird. Sie war mein Schutz vor dem Verlassenwerden. Doch dieser Schutz verschloss auch mein Herz.

Ja, Geliebte, ich war ein Mensch, wie ihr Menschen seid. So wurde auch Sananda Menschgeborener, in der Aufgabe des Jeshua. Wie sonst könnten wir euch so gut verstehen, und wie sonst könnten wir die urteilsfreie Liebe zu Allem-was-ist erfahren haben, wenn wir nicht selbst auch die Dunkelheit in uns gefunden und erlöst hätten? In all den Leben, in denen ich ihm nicht begegnete, fühlte ich mich als eine Hälfte auf der Suche nach der anderen, verlorenen Hälfte, die nirgends sichtbar war.

Die für mich wichtigste Begegnung neben Sananda, nach meiner Flucht von Atlantis, war meine Begegnung mit einem sehr nahe verwandten Seelenpartner von ihm in Ägypten. Dieser Seelenpartner, göttlichen Geblüts in die Königsfamilie integriert, wie später Jeshua bei Maria und Josef, regierte als Pharao, als ich ein junger Priester war. Er warf mein gesamtes Bild der Götter um mit seiner Anwesenheit und seinen Lehren. Ein wunderbarer Riese, der mich erhellte und mir zeigte, wie unsinnig es ist, einen Hund auf zwei Beinen (Anubis) zu verehren oder gar anzubeten. Er erklärte mir, dass alle diese Halbmensch-Halbtier-Wesen Ergebnisse genetischer Manipulation waren. Leider war er viel zu kurz in meinem Sein, doch das war nur die menschliche Seite. In meine Seele hat er in diesem Leben das Heil zurückgebracht.

Ich fühlte mich ihm verwandt, und er war mir so vertraut, als ob er ich selbst sei. Er war ein großer König, und obwohl er sein Schicksal kannte, verlor er nie das Lachen und die Freude am DA-Sein.

Dieser Pharao eröffnete und leitete die Schule des großen Wissens selbst, und ich war einer seiner eifrigsten Schüler. Dieses war übrigens meine einzige Inkarnation in einem männlichen Körper.

Nach seinem grausamen Dahinscheiden durch seinen Bruder verlor sich der neue Glaube an den einen Gott, der in jedem Menschen selbst lebt, recht bald wieder, und die Dunkelheit kehrte zurück nach Ägypten. Wir konnten nur noch in geheimen Versammlungen die Lehre des Ech-N-Aton erfassen und weitergeben. Doch die Saat war gelegt. Er hatte uns gelehrt, dass es nur einen Gott, eine Göttin, die Quelle selbst gibt, und dass dieser Gott, diese Göttin, in uns selbst lebt. Bis heute wird seine Lehre missverstanden, und auch damals waren nur wenige bereit, diesen Weg des *Nicht-im-Außen-Suchens* zu gehen. So gründeten wir die Mysterienschule des großen Wissens von dem einen Licht, von der Quelle in Allem. Er kam später mit uns gemeinsam noch einmal auf diese Erde, als der engste Freund Jeshuas. Es war Johannes, der Gerechte, den ihr den Täufer nennt.

Sananda und ich begegneten uns natürlich immer wieder in den Räumen zwischen den Inkarnationen und erfuhren hier die Einheit unserer Seelen. In dieser Mysterienschule, die ich nach dem Dahinscheiden des Ench-N-Aton im Verborgenen weiterleitete, wurden später Jeshua und auch ich hineingeboren und auf unser Leben in der Welt „Da draußen" vorbereitet und geschult.

Wir waren Nachbarn und spielten unsere kindlichen Spiele unter der Aufsicht unserer Eltern. Ich war stolz, seine Freundin zu sein, und bereits mit drei Jahren stand für mich fest, dass ich diesen Knaben heiraten würde. Wie traurig war ich, als er mich im Alter von 6 Jahren verließ. Doch tröstete ich mich damit, dass er am Ende seiner Schulzeit zurückkehren würde und schwor mir, auf ihn zu warten – egal, wie lange es dauern würde.

Als ich durch Myriam, Maria, seine Mutter, erfuhr, dass er heimkehren würde, vergaß ich alles, was meine Eltern mir an „Anstand" beigebracht hatten. Ich stürmte ihm mit weit geöffneten Armen und mit von Freudentränen überströmtem Gesicht entgegen. Doch sein Blick – wissend und traurig zugleich – ließ mich erahnen, dass meine Träume vorerst Träume bleiben würden. So erstarrte ich mitten in der ihm

entgegengestreckten Umarmung und brach in Schmerzens-
tränen aus. Jeshua trat auf mich zu und sah mir tief in die
Augen. Er versicherte mir, wie sehr er mich liebte, doch dass
sein Weg der eines Lehrers für unser Volk sei. Lange erklärte er mir, dass er in die Welt reisen müsse, um sich weiter zu
schulen, wenn er seiner Bestimmung gerecht werden wolle.
Er wollte zu mir zurückkehren, wenn er von dieser letzten
langen Reise zurückkehrt. Er hatte sich verändert in Ägypten, und ich verstand die Welt nicht mehr.

Wir trafen uns zwar des Abends am Brunnen, doch er
konnte mich nicht mehr erreichen mit dem Wissen, das
er mir mitteilen wollte. Er sagte mir, dass er noch mehr
lernen müsse, dass er eine Aufgabe habe, die für die Welt
sehr wichtig sei. Doch ich war nur ein trotziges, junges,
sehr zorniges Mädchen, das sich um ihre Träume betro-
gen fühlte. Ich verlor ihn, als er mit Josef von Arimathäa zu
seinen Schulungsreisen aufbrach.

Ohne Abschied verschwand er aus meinem jungen Leben, weil ich mich trotzig versteckt hielt. Doch er hinterließ
eine Lücke, die erst Jahre später wieder geschlossen wurde, als ich ihn endlich wiederfinden durfte. Aus mir wurde
eine trotzige, rebellische junge Frau, die alles ablehnte,
was nicht ihrer Auffassung von Liebe entsprach. Und Liebe, das war für mich Jeshua, das war für mich mein und
unser Auftrag. Diesen Auftrag konnte ich in der damaligen
Welt nicht ohne ihn ausführen, und ich glaubte, auch dieses Leben wieder umsonst zu leben.

So heiratete ich, noch immer voll schmerzvollem Trotz, den von meinem Vater erwählten Mann und bereute sofort meinen Trotz. Warum hatte ich dem, den ich Vater nannte, nicht stärker widersprochen? Doch pflichtbewusst blieb ich an der Seite dessen, der sich mein Ehemann nannte, bis eines Tages der Ruf meiner Seele in mir so stark wurde, dass ich ihn verließ. Er verklagte mich, und ich wurde zu einer Ausgestoßenen.

Ich floh in den Schutz von Johannes, und eines Abends erschien das Licht am Himmel, auf das ich so lange gewartet hatte. Jeshua saß im warmen Sand, erhob sich, kam mir entgegen, und ich sank voller freudiger Tränen in seine Arme. Ich sah in seine Augen und wusste: Ich bin angekommen. Mein letzter Wunsch hatte sich erfüllt. Ich durfte noch einmal in seine Augen sehen und ihm sagen, wie sehr mein Trotz mich reute, und ihn um Verzeihung bitten für die würdelose Trennung vor vielen Jahren. Endlich konnten wir unsere gemeinsame Mission, die alles war, beginnen.

Es folgten Jahre voller Freude, denn er war bei mir. Im inneren Kreis war ich ganz nah bei ihm und fühlte mich heil und ganz. Er lehrte, wie er immer gelehrt hatte. Er erreichte die Herzen, wie er immer die Herzen erreicht hatte. Er war ein wahrer Sohn der Quelle und machte allen Menschen erfahrbar, dass auch sie die Söhne und Töchter der erfahrbaren All-Ein-heit sind. Wir verbrachten viel Zeit an den Feuern, und mein Herz zersprang vor Freude, wenn ich ihm ein schallendes Lachen entlocken konnte. Doch immer wieder verschwand er und ließ uns alleine zurück.

Wir wussten, dass wir keine Fragen stellen durften. Denn Fragen nach seinem Verbleib konnte er sehr schroff zurückweisen, und so mancher in unserem Kreis blickte betreten und verletzt in die Runde, wenn Jeshua wieder einmal in bestimmtem Ton erklärte, dass er seine Zeit für sich brauche, um die Verbindung mit seinem Vater aufrechtzuerhalten und nur sein Vater in ihm ihm das geben könne, was er der Menschheit schenken soll. Besonders seine weltliche Mutter war ob dieser Worte viele Male sehr gekränkt und weinte still in sich hinein. Doch jedes Mal, wenn er sie dann in den Arm nahm, erschien wieder das ruhige, stille Lächeln in ihren Augen, das zeigte, wie sehr sie wusste, dass diese menschlichen Gefühle für ihn zwar ebenfalls Schmerz mit sich brachten, doch er diesen keinen wirklichen Wert mehr beimaß.

Und sie kam viel zu schnell, die Zeit, in der er unseren Begleitern erklärte, dass bald die Zeit kommen würde, wo wir sie verlassen müssten. Wir kamen von einem erneuten Aufenthalt in Ägypten zurück. Uns wurde klargemacht, in welcher Gefahr wir alle schwebten. So hatten wir beschlossen, dieses Land zu verlassen und uns an einem anderen Ort unerkannt niederzulassen.

Als unsere Begleiter sich versammelt hatten, schaute er sie nachdenklich an. Er wirkte sehr weich, ja, beinahe verletzbar, schaute in die Runde und sagte: „Noch eine kurze Spanne der Zeit werden meine Frau und ich unter euch weilen, die ihr unser Erbe antreten werdet. Es kommen Zeiten auf uns zu, die von euch alles fordern, was in euren menschlichen Kräften begründet liegt. Doch glaubt mir, meine Freunde, der Weg, den ich und meine Familie gehen, ist ein Weg des Heils, was immer auch in eurem menschlichen Denken stattfinden mag. Dieser Körper ist nicht von Dauer, und unsere Seele ist nicht von dieser Welt.

Dies zu verkünden, bin ich gekommen. Darum lasst uns beginnen, wenn ich euch in den nächsten sechs Monden den Weg zeige, der vor euch und vor mir liegt. Der Christus in mir hat das Licht der Quelle in sich selbst erfahren, und der Christus in mir wird euch begleiten – wenn ich längst gegangen bin. Meine Familie und ich werden dieses Land verlassen, und ich erwähle euch als würdige Nachfolger unserer Mission, die nun, in diesem Tel der Erde, die eure sein wird."

Unsere Begleiter waren verwirrt, denn sie verstanden nicht, was sein Begehr war. Doch mit liebenden und mitfühlenden Worten für ihren Schmerz machte er ihnen klar, wie die Situation im Land für uns aussah und dass wir das Land verlassen mussten. Er sagte, sein öffentlicher Weg würde dort enden, wo er begann: Am Passahfest in Jerusalem. Hier musste er beenden, was er im Alter von zwölf Jahren begonnen hatte.

Plötzlich hatte ich eine Vision, die so ganz anders war, als unsere Pläne. Es war die Vision seiner Gefangennahme. Diese Vision war so real und greifbar, als würde sie in diesem Augenblick geschehen. Ich saß am Feuer und weinte um ihn, um mich und um alles, was wir vermeintlich verloren. Oh, wie sehr liebte ich ihn, und wie sehr sehnte es mich danach, ihm den Schmerz erträglich zu machen, der in ihm war. Er trat zu mir und legte den Arm um meine Schultern. Und während wir den klaren Sternenhimmel betrachteten, erzählte er mir von seiner Vision.

Der Vision, als der Vater ihm sagte, dass es eine Gefahr für ihn sei, wenn er nach Jerusalem einreise. Doch Jeshua war voller Optimismus, dass ihm nichts geschehen könne, und wenn doch, sein Vater ihn erretten würde.

Ich erzählte ihm von meiner Vision. Ich erzählte ihm, wie real das alles für mich war und bat ihn, in diesem Jahr nicht nach Jerusalem zu reisen. Ich erzählte ihm von meinem Hass auf die Menschen, die ihm das antaten in meiner Vision, und mir und meinen Kindern – wie ich glaubte – alles nehmen würden, was mir und uns wichtig war. Ich weinte und weinte und bat ihn immer wieder, jetzt sofort mit uns fortzugehen, nicht dieses Risiko einzugehen, da er ja nicht einmal wirklich wusste, ob er auf diese Art seine Mission zum Abschluss bringen musste. Jeshua hörte mir geduldig zu. Er tröstete mich und war einfach nur da. Als meine Kraft zu Ende ging, bat er mich, meinen Kopf in seinen Schoß zu legen.

Ich vergrub mein Gesicht in den Falten seines Gewandes und glaubte, den Schmerz in meinem Herzen nicht mehr ertragen zu können. Doch Jeshua drehte mich sanft um, bettete meinen Kopf in seinen Schoß und legte die Hand auf meine Stirn.

In mir wurde mit einem Mal alles ganz ruhig, ganz hell und leicht. Ich verließ meinen Körper, und Jeshua war bei mir. Wir schwebten in eine Welt, die eine andere Welt war. Diese Welt hier war unser wahres Zuhause, und ich spürte diese Freude, diese Leichtigkeit, diese Lebendigkeit, die ich in diesem Leben nie zuvor in ihrer ganzen Fülle gespürt hatte. Es war so viel mehr als alles, was ich jemals für das Höchstmaß der Lebensfreude gehalten hatte – bis zu diesem Augenblick.

Und plötzlich erschauerte ich in der Liebe, die um mich war. Ich erfuhr die Präsenz des großen Lichts, während ich das Menschsein lebte, und dieses Licht entfachte das Licht in mir. Wir waren vereint in alle Ewigkeit, und der Körper, der dort unten am Feuer ruhte, war nicht das Leben. Das war mir jetzt klar. Das Leben ist ausgeschlossen, wenn wir nicht das Licht in uns selbst erkennen. Und Jeshua war das Licht, das die Männer dieser Erde dort unten in sich selbst neu erfahren mussten. Dieses Licht in mir zu bewahren und an seiner Seite zu sein, das war jetzt mein festes Verlangen.

Er hatte es immer gesagt und bekräftigt: „Ich bin das

Licht dieser Welt!", und plötzlich verstand ich. So lange hatte ich an seiner Seite die Frauen und Kinder gelehrt. Doch jetzt hier war es das erste Mal, dass ich wirklich verstand, was ich lehrte, denn ich verstand erstmals als Mensch, was das Licht ist. Ich hatte die Quelle in mir selbst gespürt, in mich selbst integriert. Ich selbst war das Licht dieser Welt.

Als ich wieder in mein Bewusstsein erwachte, mich sanft aus der allumfassenden Liebe löste, sah er mir mit seinem zärtlichen Lächeln, das ich so sehr an ihm liebte, in die Augen. Wir befanden uns im Schiff seines Vaters. In mir war alles ganz still und voller Frieden. Seine Mission war meine Mission, ich erinnerte mich erneut. Es war die Mission, die das Licht in diese Welt bringen wird. Wir werden diese Mission in Ruhe und Freude am Passahfest in diesem Land beenden und dann weiterziehen. Denn dieses ist auch meine Mission.

Es ist dieses die Mission eines jeden Menschen. Du bist das Licht dieser Welt, und ich bin das Licht dieser Welt. Ich gab ihm und mir das feste Versprechen, ihn auf diesem seinem Weg zu begleiten und das Licht in mir selbst am Leuchten zu halten.

Wir verbrachten einen freudigen Tag hier im Schiff seines Vaters, erfuhren, dass uns nichts geschehen kann, und ich kehrte voller innerem Frieden an seiner Seite zurück auf die Erde.

Mein selbst gegebener Auftrag war, Mutter-Gott zu sein und diese göttliche Mutter in die Welt zu tragen.

Die Schulungen unserer Begleiter wurden intensiver, und der Abschied von unseren Freunden rückte näher. Wir erteilten jedem von ihnen die Aufträge, die sie nach unserem Weggang erledigen sollten. Das Gleiche tat ich mit den Frauen und Kindern unserer Schulen. Und dann war der Tag gekommen. Einige wenige wussten, dass dieses unsere letzten Tage sein würden, und andere waren voller Vorfreude auf ein ausgedehntes Festmahl.

Alles Weitere kennt ihr aus seiner Geschichte. Doch trotz all der Lehren, trotz aller Vorbereitung, trotz allem Wissen, dass wir hier unseren Abschied nehmen würden, trafen mich die Verhaftung und die damit verbundenen Grausamkeiten unvorbereitet. Auch wenn ich das Licht gesehen hatte, konnte ich mich nicht erwehren, die Richter, Folterknechte und alle Menschen, die sensationslüstern zuschauen wollten, zu hassen, mit der ganzen Kraft, derer mein Herz auch zur Liebe fähig war. Ich betete, fluchte und klagte an – und doch, ich konnte nur da sein und seinen Schmerz als meinen eigenen erfahren. Oh, wie dankbar war ich, als sein Leiden endlich ein Ende hatte und ich diesen armen geschundenen Körper reinigen und in Tücher hüllen durfte.

Und plötzlich schlug er in meinen Armen die Augen auf. Das Wunder, an das ich nicht mehr glauben wollte, war geschehen. Er berührte mein Herz. Alle Trauer, jeder Schmerz fiel von mir und ihm ab. Ich war voller Ehrfurcht ob des Wunders, dessen Zeugin ich wurde. Von diesem Augenblick an sollte mich die Gegenwart Jeshuas nie wieder verlassen.

Ihr, meine Geliebten, seid nun an einem Punkt des Lebens auf Erden angelangt, an dem ihr dieses Licht verbinden dürft. Entfacht die Flamme der Göttlichkeit in eurem Bewusstsein, und ihr werdet der Tempel für den einen Christus – die wahre Tochter, den wahren Sohn von Mutter Göttin und Vater Gott in Ewigkeit sein.

Und nun will ich dir die ganze Geschichte erzählen, und zwar so, wie sie sich aus meiner ganz persönlichen Sicht zugetragen hat. Das betrifft auch die Kinder und die Reihenfolge ihrer Geburt, die etwas anders ist als in Tatort Jesus beschrieben. Sananda ging es dort vorrangig um die Richtigstellung der Geschehnisse um ihn und nicht um die familiären Belange. Darauf wird er in Tatort Jesus, Band 2, näher eingehen.

Herzlich willkommen in meinem Leben mit Jeshua, in einer Zeit, die kein Licht mehr auf die Erde ließ.

Vorbereitungen auf unseren Weg als Jeshua und Maria Magdalena

Endlich wieder zu Hause

Endlich angekommen. Endlich wieder frei von der physischen Begrenzung. Ein Lachen, mein Lachen, erhellt den ätherischen Raum, in dem ich erwache. Voll freudigem Herzen, mit gestillter Sehnsucht, verlasse ich mein physisches Gefährt, sage dem Körper dort unter mir einen letzten Dank und vereine mich wieder mit mir selbst. Ich bin wieder ganz und gar Sanada. Die Menschen nennen mich Nada. Doch mein Name ist und war Sanada.

Ich bin eins mit mir, und er, Sananda, ist endlich wieder an meiner Seite. Meine letzte Inkarnation war vergebens. Tiefe Trauer überschattete mein Leben auf der Erde. Unerfüllbare Sehnsucht begleitete jeden meiner Schritte. Mein Sehnen nach der tiefen Liebe, die ich so deutlich in meiner Seele erinnerte wie in keinem meiner Leben zuvor und auf Erden nicht fand, ließen mich so oft an mir selbst verzweifeln. Erkannte ich doch wieder einmal nicht in der Erdenschwere, dass es nur einen einzigen Ort gibt, die Liebe zu finden. Dieser Ort war und ist immer nur in mir selbst.

Ich sehe mein letztes Leben an mir vorüberziehen. Sehe die Menschen, deren Leben ich teilte, die jedoch niemals mein Leben teilten, denn ich war durch meine unerfüllbare Sehnsucht fern von allen. Nicht einmal meine Kinder konnte ich so lieben, wie ich es wollte. Immer war da dieses Bewusstsein, dass es nicht die richtige Liebe ist. So war ich mein Leben lang auf der Suche nach der vollkommenen Liebe und vergaß darüber die menschliche Liebe, die in mir war, die in jedem Menschen ist, auf der Erde zu leben, zu geben und anzunehmen.

Der Zorn in meinem Herzen über die Zustände auf der Erde und die Beziehungen der Menschen untereinander nahm von Jahr zu Jahr zu, so dass ich voller Trauer über mein ungelebtes Leben im irdischen Alter von 45 Jahren mit gebrochenem Menschenherzen als verbitterte Frau meinen Lebensatem aushauchte.

Und nun bin ich wieder hier in der friedlichen Stille, nahe bei Sananda, nahe bei allem, was ich liebe und was vollkommen ist, und weiß, dass er es ist, der mich auf Erden keine Ruhe finden ließ. Die Sehnsucht nach unserer vollkommenen Liebe, hier in den Sphären der Unendlichkeit, ist in all meinen Inkarnationen so tief in meinem menschlichen Herzen eingegraben, dass ich diese irgendwann einmal wieder auf Erden erlösen muss, denn ich habe freiwillig mein Leben als Mensch gewählt.

Ich ahnte nicht, wie schwer es sein würde, wusste ich doch, dass er niemals als Mensch auf die Erde gehen würde. Ich ahnte nicht, wie sehr ich unsere vollkommene Liebe, die uns alle hier in diesen wunderbaren Welten miteinander verbindet, auf Erden vermissen und darüber niemals das menschliche Glück der Liebe erfahren würde. Wie viel einfacher war es doch damals, als wir die Erde besuchen und verlassen konnten, wann immer wir wollten.

Doch halt, Sanada, du selbst warst es in mir, die die Trennung wollte, die das Menschsein erwählte. Ja! Ich wählte es, weil ich es liebte. Ich wählte das Menschsein, weil ich die genetischen Veränderungen, die durch das Eingreifen der Dunkelheit in der Menschheit entstanden waren, in einem menschlichen Körper heilen und somit die göttliche Saat auf die Erde zurückbringen und heilen wollte. Ich wählte es, weil ich das Licht auf der Erde neu manifestieren wollte. Doch wie oft hatte ich bisher versagt und war in meiner Aufgabe gescheitert. Diese Aufgabe war zu schwer für mich, allein in einer fremden Welt unter fremden Menschen.

Mir dämmert bereits, dass es ein weiteres Leben auf Erden wird geben müssen, wenn ich meine mir selbst gewählte Aufgabe erfüllen möchte. Doch zuerst einmal werde ich die Wunden heilen, die tief in meiner Seele brennen. Zuerst einmal werde ich nach Erdenmaßstab lange Zeiten hier in den Räumen der Ewigkeit weilen, neue Kraft für eine erneute Inkarnation tanken und seine Gegenwart, wie die Gegenwart all meiner Seelengefährten hier in unserer vollkommenen Einheit nahe der Quelle genießen. Ich fühle mich wieder mehr und mehr eins mit mir selbst werden. Ich gedenke der Quelle und befinde mich endlich wieder im alles umfassenden Sein.

Nach menschlichem Ermessen blieb ich unendlich lang in der Quelle, frei von jeder Form, frei von jeder Begrenzung, verbunden mit Allem-was-ist. Der Ozean kennt jeden Tropfen, doch der Tropfen kennt nicht den Ozean. So ist das Eintauchen in die Quelle das heilende Bad, das jede Seele nach ihrem Erdenleben erfährt, die sich zum Wohl der Erde und der Menschheit in eine Inkarnation begab. Hier werden die Wunden geheilt, die wir uns im letzten Leben selbst beigebracht haben. Hier wird die Seele in ihrer Einheit neu aufgebaut, geheilt und eingebunden in die vollkommene Einheit mit Allem-was-ist.

Hier an diesem Ort kann die Seele ihre ursprüngliche Liebe neu entfalten, bevor sie sich aus der Quelle heraus wieder individualisiert und in ihre gewünschte Form bringt. Ich genieße meine Einheit mit Allem-was-ist. Ich bin in allem, und alles ist in mir. Und während meine Gedanken zu meinen Kindern in der letzten Inkarnation wandern, bin ich bei ihnen, in ihnen, und sie sind in mir. Die Heilung ihrer Wunden geschieht von allein, und sie erstrahlen im reinsten Licht der Liebe in mir.

In mir keimt der Wunsch auf, mich wieder in meine eigene Form zu begeben, und schon fühle ich die Trennung von der Quelle, bin wieder Sanada, denke Sananda und stehe direkt neben dem Teil meiner Seele, der mir auf Erden so sehr fehlte, weil mir selbst die Rückbindung fehlte.

Ein neuer Anfang

Soeben kommen wir zurück von unserer Versammlung, und nun steht es fest: Sananda wird, genauso wie Sanada es seit Äonen schon tut, einen Teil von sich selbst in einen menschlichen Körper senden. Die Situation ist für mich neu, ungewohnt, ist es doch genau das, was er niemals in Erwägung zog. Doch meine Bewunderung für seinen Weg ist überschattet durch mein Wissen, wie schwer es ist, solch eine große Aufgabe auf Erden zu erfüllen, abgeschnitten vom universellen Licht, allein auf der Suche nach der unendlichen Liebe der Quelle (siehe „Tatort Jesus", Smaragd Verlag).

Leichte Trauer erfüllt mein Sein in dem Wissen, dass er straucheln und sich in der Schwere des materiellen Körpers selbst verlieren kann. Sicher, die Auflagen bestehen, dass er die Anbindung an sich selbst wird halten müssen. Sicher, die Chancen stehen gut, dass er nicht der Schwere unterliegt, doch es wird Jahre der Schulung brauchen, bis er die Materie derart beherrscht, um seinem und unserem Plan, die Erde dem dunklen Fürsten zu entreißen, die Erde in ihrer lichtvollen Gestalt neu entstehen zu lassen, gerecht werden kann.

Während ich meinen Sorgen nachhänge, spüre ich seine Energie, bevor ich fühle, dass er neben mich tritt. Leicht legt er seinen Arm um mich, schaut mich voller freudiger Erwartung an und lächelt: „Sorge dich nicht um mich.

Schau, ich zeige dir die Frau, die ich mir als Mutter erwählte, wenn sie meinem Wunsch nachgibt."

Wir schauen in den Spiegel der Gezeiten, und ich erblicke ein wundervoll strahlendes Licht. Während wir näher heranzoomen, erkenne ich das jugendliche Gesicht eines kraftvollen, herben, schönen Mädchens. Sie ist in tiefer Meditation versunken und verbindet sich gerade mit der Kraft der großen Göttin ISIS, in deren Tempel sie ihre Einweihung erfahren will. Ein Seufzer der Erleichterung erfüllt mich, denn ich weiß, wenn diese Frau einwilligt, ihm Mutter zu sein, dann ist sein Leben im Licht auf Erden gesichert. „Oh, welch wundervolles Juwel hast du dir erwählt. Ich wünsche dir und unserer Mission, dass sie auch dich als ihren Sohn erwählt, wenn ihr freier Wille ihr dieses erlaubt."

„Ja, das ist die menschliche Unbekannte, mit der wir uns in Geduld üben müssen", flüstert Sananda nachdenklich. „Zwar hat sie bereits vor ihrer Inkarnation diesen Weg gewählt, doch die Zeitendecke hat sich über ihre Erinnerung gelegt. Der freie Wille dieser großen Seele, die sich ein Leben als Priesterin erwählte, ist unantastbar. Sie vergaß, was sie vor ihrer Inkarnation beschloss, und glaubt, ein Leben im Tempel sei ihr Weg. Doch gerade die Größe ihrer Liebe zur Schöpfung, zu Gaia, bietet die Hoffnung, dass sie sich erinnern wird und diese Mission freudigen Herzens erwählt. Diese Mission, unserer erdeumfassenden Aufgabe Mutter zu sein, wird sie in die Höhen erheben, die sie sich durch ihre Einweihungen wünscht. Wir werden noch zwei Erdenjahre warten, bis sie in die Mysterien eingeweiht und eine voll erweckte Priesterin des Lichts ist, bevor ich an sie herantrete und ihr unsere Bitte unterbreite."

Meine Sorgen sind verflogen und sein Strahlen verstärkt sich. Wir genießen die wechselnden Bäder des Auflösens in der Quelle und in unsere Form zurückzukehren. Hier im ewigen Jetzt zählen keine Minuten und Stunden. Hier zählt nur die Freude am Sein im ewigen Jetzt. Die vollendete Liebe zur Erde und zur Menschheit ist alles, was jeden Augenblick im ewigen Jetzt beherrscht. Die Befreiung der Erde wird unser aller Befreiung sein.

Wir sind nahe der Erde und suchen nach weiteren Lichtern, denn auch für mich steht fest: Wenn Sananda sich aus sich selbst heraus von einem Teil seiner großen Seele trennt, werde ich, wenn es sein Seelenplan erlaubt, ebenfalls eine weitere Inkarnation antreten, um an seiner Seite zu sein und ihn zu schützen, bevor er straucheln kann.

Ich weiß es fest in mir: Mit ihm an meiner Seite werde ich mich auf Erden erinnern, wer und was wir in Wahrheit sind. Mit ihm an meiner Seite auf der Erde kann auch ich endlich meine Mission erfüllen, weil die tiefe Sehnsucht von einst nicht mehr in mir sein wird. Er wird dort an meiner Seite sein, wenn er selbst das so will. Um dieses zu erfahren, werde ich ihm hier, an diesem Ort der Liebe, meine Fragen stellen.

Ein tiefes Gefühl der Erleichterung und Vorfreude auf eine erneute Inkarnation, erstmals frei von unerfüllbarer Sehnsucht, breitet sich in mir aus. Sanada umfängt wieder unser ganzes Sein. Ich fühle mich vollkommen eins in und mit mir, ruhend in meiner Einheit als Sanada. Ich ruhe in der Gewissheit, dass das Licht unserer göttlichen Seelen auf Erden manifest und viele Menschen in sich selbst zur inneren, lichtvollen Freiheit führen wird.

Und nun ist es so weit. Sananda besteigt ein kleines Fluggerät. Er wird Myriam im Tempel besuchen, um sie zu fragen, ob sie seine Mission teilen und ihm Mutter sein wird. So halte auch ich Ausschau nach dem Licht auf Erden, welches ich mir als Mutter erwählen möchte, damit auch ich die beste Vorbereitung auf mein Leben, in meiner Mission um die lichtvollen Seelen auf Erden, erhalten werde. Ein leuchtender Punkt in der Nähe von Myriams Tempel zieht meinen Blick und auch mein Herz magisch an. Ja! Das ist sie. Ich zoome näher heran, ohne ihre Privatsphäre zu verletzen.

Eine wunderschöne, kraftvolle junge Frau neckt einen jungen Mann, der neben ihr steht und schallend lacht. Gebannt schaue ich ihr ins Antlitz. Sie blinzelt ein wenig, hebt den Kopf, schaut suchend gen Himmel, und ich ziehe mich ein wenig zurück. Dann schüttelt sie leicht ihren Kopf und wendet sich wieder dem jungen Mann neben ihr zu. Es fasziniert mich, in dem Land, in dem Frauen unterwürfig sein müssen und als unwürdig gelten, eine solch strahlende, selbstbewusste und selbständige Frau zu finden, direkt neben dem Aufenthaltsort von Myriam.

Ich werde die Rückkehr von Sananda, ihre und seine Antwort abwarten, ob er meine Anwesenheit in seinem Plan wünscht, und wenn ja, dann werde ich mich mit ihrer Seele verbinden und sie bitten, mir Mutter zu sein.

Und schon steht Sananda strahlend vor mir. Er teilt mir mit, dass Myriam nach leichtem Zögern eingewilligt hat, und er schon sehr bald einen Teil seiner selbst entlassen wird. Ein wunderbarer Eingeweihter hat eingewilligt, ihr Schützer, Begleiter, Ehemann und ihm Ziehvater zu sein. Oh, wie wundervoll ist dieses Sein auf Erden mit solchen Menschen.

„Sananda", sage ich sanft. „Ist es deinem Plan förderlich, wenn ich mich an deiner Seite ebenfalls inkarniere? Dein Plan entspricht so sehr dem meinen, und dein Dasein könnte mir helfen, auch mich selbst zu erlösen und endlich der Menschheit das Licht zurückzubringen."

Er schaut mich sinnend an: „Sanada, du weißt nicht, wie sehr ich mir wünsche, dass dies dein Begehr und dein Wunsch ist. Wenn wir unsere Kräfte bündeln, dann können wir die Welt bewegen in eine Richtung, die allen Menschen irgendwann den vollkommenen Frieden schenken wird. Und ich sehe es in deinem Herzen, du hast bereits die vollkommene Frau gefunden, die dir Mutter sein wird."

„Ja, ich fand eine wundervolle, starke Frau, in einem Land, in dem Frauen schwach zu sein haben. Diese Frauen zu befreien, möchte ich mir erwählen. So ist es unser Plan und unsere gemeinsame Mission, der Erde die Freiheit, die Kraft der Weiblichkeit, das Licht der Liebe und den Frieden zurückzuschenken."

Sananda wendet sich dem Spiegel der Gezeiten zu: „Ja, meine Seele im ewigen Jetzt. Das ist von nun an unsere gemeinsame Mission. Und nun beginnen in mir die Hoffnung und der Wunsch zu wachsen, dass wir es in der vollkommenen Synthese unserer weiblichen und männlichen Energien schaffen können, dass dem dunklen Fürst die Erde aus den Händen gleitet, wenn wir standhaft und willig sind, das Licht auf Erden neu zu verankern. Meine Aufgabe ist es, die Männer auf Erden zur Umkehr aufzurufen, deine Aufgabe wird sein, die Frauen sich in ihrer Göttlichkeit selbst erfahrbar zu machen.

Ja, meine geliebte Freundin, Schwester und Seele. Lass uns das Licht gemeinsam auf die Erde zurückbringen. Lass uns die Erde und die Menschen aus der Knechtschaft befreien. Doch prüfe dich gut, Sanada. Es wird kein einfaches Leben sein. Du wolltest dich erholen vom Leben auf Erden. Willst du diesen Weg wirklich bereits jetzt beschreiten?"

Wir betrachten versonnen im Spiegel der Gezeiten Sarah, die ich mir zur Mutter wünsche. „Ja! Ich möchte es wirklich. So viele irdische Leben war ich fern von dir, allein auf mich gestellt, in all den dunklen Zeiten, immer von dem Wunsch beseelt, die Vollkommenheit auf Erden zu finden. Es ist mein Weg, dich zu unterstützen in deinem Werk, die Göttin in die Herzen der Männer zu senken und dabei die weibliche Kraft auf Erden endlich neu zu integrieren. Gaia sehnt sich so sehr nach der Ursprünglichkeit ihrer und unserer Schöpfung. Immer war es meine tiefe Liebe zu meiner Schwester Gaia, die einen Teil von mir erneut auf Erden inkarnieren ließ. Und immer wieder musste ich erkennen, dass ich versagt hatte und meine Mission mir mehr und mehr entglitt, je tiefer dieser Teil von mir sich im Karmarad verstrickte, weil sie die Denkart der Menschen übernahm. Mit dir an meiner Seite wird dieses so viel leichter geschehen, denn du und ich, wir haben das gleiche Ziel."

Meine Liebe zu Sarah, die voller Freude in den klaren Nachthimmel schaut, nimmt zu. Heute Nacht, wenn ihr Körper schläft, werde ich sie hierher in die Dimension der Freude bitten. Dann werde ich sie fragen, ob sie meinen Wunsch erfüllen möchte.

Und während ich sie betrachte, wird mir klar, aus welchem Grund sie so sehr von Licht und Fröhlichkeit erfüllt ist. Auch sie ist eine Eingeweihte im Tempel des Lichts, die jedoch den Weg jenseits des Tempels im Leben als

Frau und zukünftige Mutter wählte. Ich bin mir sicher, dass ich bei dieser Frau den besten Start in ein Leben erhalte, der für meine, unsere Mission erforderlich ist. Ich bin mir sicher, wenn sie die Liebe mit mir teilt, die ich hier für sie empfinde, dann wird die Erde strahlender sein, wenn ich sie dieses Mal verlasse.

Begegnungen mit Sarah und Myriam

Auf der Erde ist tiefe Nacht. Sarah liegt entspannt, dem Schlaf entgegenträumend, unter einem schimmernden Sternenhimmel. Ich löse mich aus Sanada und schwebe sanft durch den Schleier der Dimensionen Sarah entgegen, die sich soeben aus ihrem Körper löst, der in tiefem Schlaf liegt. Während ich an ihr vorbei und durch sie hindurchgleite, schaut sie mich an. Sie erkennt meine Energie, die sie am Nachmittag leicht irritiert hat. Voller Freude und Sympathie kommt sie auf mich zu, und wir umarmen einander im neuen Erkennen und tiefen Wissen unserer weiblichen Kräfte.

„Schweig still", sagt sie lächelnd. „Ich fühlte deine Ener-gie, während ich im Tempel diente, und fühle jetzt deine Frage in meinem Herzen, und mein Herz sagt: Ja, ja! Ich wünsche mir so sehr eine Tochter, die wie ich den Werten der Normen dort unten entsagt, die kraftvoll ihren Weg als Frau beschreitet. Ich wünschte mir dort im Tempel so sehr, dass ich mehr tun könnte, als in der Meditation die Kraft der Erde zu stärken. Und nun bist du da. Mein Wunsch wurde erhört. Ich werde dir gerne Mutter sein und deinen Weg für deine Mission bereiten. Denn es ist die Mission, die auch in meiner Seele brennt. Nur noch eine kleine Weile, und ich werde die Gemahlin des Thoran, und ich werde es wissen, wenn du zu mir kommst."

Mein Herz ist ganz weit, denn ich erkenne, dass ich

sie fand, weil sie mich rief. Ich umarme sie mit der Energie der Quelle. Sie nimmt tiefen Anteil an der göttlichen Kraft und geht mit meinem tiefen Dank zurück in ihren Körper, der unter dem offenen Himmel in der lauen Sommernacht durch ihr ätherisches Band versorgt ist. Ich schaue ihr eine Weile zu. Sie öffnet ihre Augen. Etwas verwirrt streicht sie sich das Haar zurück. Dann springt sie voller Lebensfreude auf, breitet die Arme aus, erhebt den Kopf zum Himmel, betrachtet die Sterne und ruft laut lachend den Sternen entgegen: „Große Göttin, ich weiß zwar nicht, was mich träumte, doch ich fühle es tief in mir: Ich bringe dich und das Licht zurück auf die Erde."

Ich bin erfreut von so viel Lebensfreude, von so viel Wärme und Licht und weiß: Dieses Mal werde ich auf der Erde willkommen sein und mich selbst willkommen heißen. Tiefe Ruhe und Vorfreude auf mein neues Leben sind in mir. Dieses Mal, so nehme ich mir ganz fest vor, werde ich mich an alles erinnern. Dieses Leben wird mein letztes Leben als inkarnierter Mensch sein, denn dieses Mal werde ich alles, aber auch wirklich alles, erlösen, was bisher unerlöst in meiner Seele ruht. Dieses Mal werde ich endlich die Energie an meiner Seite haben, in der wir uns vollkommen ergänzen, um die Dunkelheit auf Erden zu entlarven und die Erde mit ihren Menschen vollkommen von ihr zu befreien.

Während ich liebevoll und sinnend auf Sarah schaue, tritt Sananda an meine Seite. „Oh, wie wundervoll sie ist, die dich erwählte", lächelt er freudig. „Sanada, ich möchte dir Myriam vorstellen. Sie wird gleich hierher auf das Schiff kommen, das wir jetzt für sie manifestiert haben, und ich würde mich freuen, wenn du ihren physischen Körper so vorbereitest und präparierst, dass sie sich hier frei bewegen kann."

„Natürlich werde ich das tun!" Sofort machen wir uns auf den Weg, um Myriam in Empfang zu nehmen. Wir müssen unsere Energie verlangsamen, damit wir eine leichte physische Gestalt annehmen und die an die irdische Atmosphäre angepasste Energie auf der Landebasis betreten können. Das kleine Transportschiff erreicht die Landebasis, die Tür öffnet sich. Wir treten schnell hinein und verschießen die Türen.

Sananda tritt als Erstes auf Myriam zu, um sie zu begrüßen. Ein erleichtertes und freudiges Lächeln des Erkennens breitet sich auf ihrem Antlitz aus, während er voller Freude ihre Hände in die seinen nimmt. „Fürchte dich nicht, Myriam. Du bist hier an einem Ort, der voller Freude ist. Wir alle sind voller Dankbarkeit an dich, dass du diesen Weg wähltest, der nun hier seinen Anfang nimmt."

Ihr Gesicht entspannt sich ein wenig, als sie schüchtern erklärt, dass sie voller Angst vor dem Unerwarteten war. Ich bin voller Bewunderung für den Mut dieser jungen Frau, die sich allein in unsere Sphären begab. Sie schaut sich um, und das Staunen in ihren Augen ob des Fremden verwandelt sich in Erkennen. „Hier war ich schon einmal", sagt sie zaghaft, mehr fragend. „Ja, meine geliebte Freundin", entgegnet Sananda. „Du warst hier, bevor du zur Erde gingst und diesen Körper belebtest. Du warst immer wieder hier, wenn du deinen Körper dann ablegtest. Doch nun lass uns dieses enge Gefährt hier verlassen. Ich möchte dir, Sanada vorstellen", sagt er, während er mich in den Vordergrund schiebt.

Myriam schaut mir tief in die Augen, und ein Lächeln erstrahlt aus ihr heraus, während wir unsere tiefe Verbundenheit, die uns immer verband, erneut erfahren. „Hallo", sagt sie sanft. „Ich freue mich, auch dir wieder zu begegnen." Während ich ihr tief in die Augen schaue, entgegne ich: „Auch ich bin voller Freude, deine Anwesenheit hier zu begrüßen, Myriam. Wir haben sehr viel Zeit hier, und ich möchte dich gerne auf die für dich veränderte Atmosphäre vorbereiten. Wenn dort unten ein Tag vergeht, erfährst du hier bei uns sehr viele Tage. Du wirst vieles neu erfahren, doch dein physischer Körper benötigt einige Vorbereitungen und Schutz, denn hier ist die Energie sehr viel feiner und lichtvoller als auf der Erde. Magst du mich begleiten, damit wir deinen physischen Körper den für dich neuen Energien anpassen können?"

„Ja, gerne", sagt sie schlicht. „Auch wenn ich gestehen muss, dass ich immer noch ein wenig ängstlich bin, denn ich bin ganz alleine hier und weiß nicht, was mich erwartet."

Voller Verständnis für ihre Gefühle hülle ich Myriam in einen schützenden Mantel und ihren Kopf in ein abschirmendes Tuch. Dieser Schutz ist wichtig, damit ihre spirituellen Kanäle nicht durch die für ihren Körper sehr hohe Energie an diesem Ort verletzt werden. Myriam ist überrascht und wehrt die vollkommene Verhüllung ab. Doch als ich ihr erkläre, wozu unsere Vorsichtsmaßnahmen notwendig sind, lässt sie sich von mir aus dem Transportschiff führen. „Sorge dich nicht, Myriam, hier kann dir nichts geschehen. Wir alle sind voller Freude, dass du bei uns bist, und es waren schon viele Menschen vor dir in unseren Reihen. Ich weiß, welchen Schutz dein physischer Körper benötigt, und du bist nicht allein. Wir alle sind hier, um deine Anwesenheit zu feiern und zu begleiten."

Ich erkläre ihr unsere Maßnahmen, die wir zu ihrem Schutz treffen müssen, damit ihr Körper den Besuch in unseren Reihen unbeschadet übersteht und Heilung erfahren kann. „Fürchte dich nicht, meine Freundin. Ich danke dir von Herzen, dass du alle diese Fremdheiten auf dich nimmst, um mit uns gemeinsam der Erde die Freude zurückzubringen. Dein Wohl liegt uns am Herzen, du weißt es. Du brauchst nur noch ein schützendes Bad, dann werde ich dich zu den anderen bringen."

Sie ist verwirrt und errötet leicht, als ich sie bitte, sich ihrer Kleider zu entledigen. Ich plaudere mit ihr, erzähle ihr von meiner letzten Inkarnation und befrage sie nach ihrem Leben im Tempel. Nach und nach verliert sie ihre Scheu.

Während ich sie sanft in den Tank führe, der mit Erdatmosphäre gefüllt ist, erzähle ich ihr von Sarah, und sie schaut mich überrascht an. „Sarah? Sie ist meine beste Freundin," lächelt sie erstmals, seit wir allein sind. Langsam lasse ich die schützende, goldschimmernde Flüssigkeit in den Tank ein, und ihr Körper wird eingehüllt in die goldene Substanz. Ich erkläre ihr, dass sie ganz ruhig stehen bleiben soll, wenn die Substanz ihren Mund erreicht, die ihren Körper einhüllen wird, bis ich die Flüssigkeit wieder ablasse.

Sie vertraut mir an, dass sie sehr große Angst hatte, hier so ganz allein, als Mensch im Raum, zu uns zu kommen. Allein der Besuch von Sananda hatte ihr die Kraft und den Mut gegeben, das kleine Transportschiff zu besteigen, mit dem er sie erstmals besuchte, als er sie bat, ihm Mutter zu sein. Doch je weiter das goldene Licht steigt, desto mehr schwinden ihre Ängste, und als die Flüssigkeit sich über ihrem Kopf schließt, steht sie ganz ruhig in ihrer medialen Kraft, die ihr durch ihre Schulungen im Tempel des Lichts innewohnt.

Ich nehme die Substanz wieder heraus aus dem Tank. Sie steht vor mir mit einer golden strahlenden Haut. Die Schutzschicht hat sie perfekt umhüllt. „Schau dich an, wie schön du bist", sage ich lächelnd zu ihr. Sie schaut an sich hinunter und erschrickt. Dann lacht sie ein schallendes Lachen. „Es sieht aus, als würde ich von innen heraus strahlen!" Ich erkläre ihr, dass diese Substanz ihren Körper so einhüllt, dass sie sich an Bord unseres Schiffes frei bewegen kann, wie sie es auf der Erde gewöhnt ist. Sie muss nur noch den Anzug tragen, den ich ihr gebe. Leicht beschämt betrachtet sie den Anzug, runzelt ein wenig die Stirn, überlegt, schaut hinüber zu ihren Kleidern und zweifelt offensichtlich, ob sie diese Beinkleider anziehen darf.

„Myriam, hier an Bord ist immer alles vorbereitet für erwählte Menschen, die uns besuchen kommen, weil sie ihre Energien erhöht haben. Du gehörst dazu. Doch da die Energie des physischen Körpers die Schwere der Erdatmosphäre beherbergt, ist es notwendig, dass Menschen zuerst dieses Bad nehmen und dann den Schutzanzug tragen, egal, wie die Regeln dort unten auch sein mögen. So schäme dich nicht, denn wir hier schauen eure Körper nicht so an, wie du es von der Erde her kennst. Wir achten und ehren das physische Gewand als den Tempel der Seele. Und dein Tempel der Seele ist schon so weit und hoch entwickelt, dass du mit leichter Kleidung auskommst."

Erleichtert seufzt sie auf.
„Ich gratuliere dir zu deinem Mut, diese Reise hierher anzutreten. Ich bin sicher, dass Sananda die beste Frau als Mutter erwählt hat, die es gibt, und ich danke dir von Herzen, dass du deine Einwilligung gegeben hast. Und nun lass uns zu Sananda und unseren Freunden gehen, die schon sehr bald auch für dich Freunde sein werden. Du bist jetzt so weit vorbereitet, dass du hier atmen und leben kannst, wie du es von der Erde her gewohnt bist."

Als sie fertig angekleidet ist, bitte ich sie, mir zu folgen, und endlich bringe ich diese wunderbare Frau zu Sananda und in unsere Mitte, die für die neue lichtvolle Erde den Weg bereiten wird. Es gibt ein freudiges Wiedersehen. Myriam wird von allen so herzlich begrüßt, dass sie sich bald zu Hause fühlt. Jeder an Bord reicht ihr die Hand, spricht ihr unsere Anerkennung aus. Myriam wird immer gelöster, kommt mehr und mehr an. Wir erkunden gemeinsam die Räume, die nun immer ihre Räume sein werden, wenn sie uns besucht. Das wird noch oft der Fall sein, denn ihr Körper muss vorbereitet werden auf die hohen Energien des Kindes, das sie auf Erden wird austragen müssen.

Miranlaya betritt freudig den Raum, tritt strahlend und voller Freude auf Myriam zu, die voller Bewunderung zu unserer, ihr würdet sie Chefin nennen, aufschaut. Miranlaya umfängt Myriam mit ihrer Aura, und Myriam erwacht zu ihrer vollen Größe. „Oh, du bist es, die mir in den Meditationen im Tempel erschien", haucht sie ehrfurchtsvoll. „Du bist die, die ich als Große Göttin erkannte. So sehr habe ich mich danach gesehnt, dich tiefer und tiefer in mir zu erfahren."

„Meine liebe Schwester", lächelt Miranlaya. „Ich bin nicht mehr Göttin, als du selbst es bist. Ich bin und war immer bei dir, damit du erkennst, dass diese weibliche Kraft der Quelle nicht nur in der Göttin ist, die du verehrst, sondern dort, wo du selbst bist. Du selbst bist die Große Göttin, so, wie jede von uns in weiblicher Form. Der einzige Unterschied zwischen dir, mir und uns besteht darin, dass wir nicht in einem physischen Körper eingesperrt sind. Darum nutze die Zeit hier in unseren Reihen, dich selbst als die weibliche Ausdrucksform der Quelle neu zu erfahren und nimm diese Kraft dann mit hinunter auf die Erde. Komm mit, ich zeige dir, wie wundervoll die Erde ist, damit du dich erinnerst, was dich einst an ihr so berührte." Sie nimmt Myriam an die Hand, und wir gehen gemeinsam an die Fenster um unter uns die Erde zu betrachten.

Myriam schaut erstaunt hinunter. „Ja, das ist unsere Erde", flüstert sie sehnsuchtsvoll. „Ich erinnere mich", sagt sie, in der Erinnerung leicht erschauernd. „Ich erinnere mich nun auch wieder, warum ich jetzt dort unten bin." Fragend schaut sie Miranlaya und mich an. „Ich habe bereits, bevor ich dort unten geboren wurde, eingewilligt, die alten Verfehlungen wieder zu heilen. Es ist meine selbstgewählte Aufgabe, ihm Mutter zu sein, bevor ich mir bewusst wurde, dass nur ein Leben im Tempel mein Weg sein kann. Sie ist so wunderschön, unsere Erde. Und endlich darf ich das tun, wozu ich zu ihr zurückkehrte."

Wir ziehen uns ein wenig zurück. Lange steht sie dort am Fenster, schaut auf die Erde hinunter, und wir sehen, wie ihre Aura immer strahlender und größer wird. In ihr wächst mehr und mehr die Gewissheit, dass ihr Weg, der hier seinen Anfang nimmt, der einzige Weg ist, den sie selbst sich erwählt.

Als sie sich zu uns umwendet, ist ihr Blick ganz klar.

Sie selbst ist jetzt frei in ihrer Erfahrung der Wahl. „Ja. Ich sage es jetzt aus vollem Herzen. Ich will und werde ihm Mutter und dir Sanada Freundin sein, wenn du zu uns kommst. Mit dem Mann an meiner Seite, den Sananda fand und den auch ich erwählte, wird das Werk gelingen. Ich danke euch, dass ich mich in euch und in meinem bisher suchenden Sein auf der Erde endlich erkennen darf.“

Alle ihre Ängste und ihre Schüchternheit sind verflogen. Vor uns steht die großartige Frau in ihrem irdischen Körper, die Sananda lange sah, bevor ihr selbst ihre Großartigkeit bewusst war. Freudig tritt Sananda nun hinzu. Er steht vor ihr und schaut ihr tief in die Augen: „Ich verneige mich vor deiner Größe und spreche dir meinen tiefen Dank aus für dein Erkennen der Wichtigkeit für alles Leben auf Erden, dass wir gemeinsam diesen Weg nun beschreiten. Erinnere dich immer der tiefen Liebe zu dir selbst und meiner, unserer Liebe zu deinem Sein, wenn ein Teil von mir dich Prüfungen unterzieht, die wir heute noch nicht absehen können. Ich bitte deine Seele schon jetzt um Vergebung, wenn ich dir in meinem Menschsein Schmerz bereiten sollte.“

Sie streichelt ihm sanft das Gesicht, wendet sich lächelnd ab und schaut wieder hinunter auf die Erde, die sie nun mit ihrem ganzen Sein umfängt. „So sehr sehnt mein Herz sich danach, geliebte Gaia, dich zu befreien und die Dunkelheit aus deinem Sein zu entfernen. Ich freue mich auf meine Rückkehr und erbitte deine Hilfe, wann immer ich sie brauche für uns und unser Werk", flüstert sie leise der Erde entgegen.

Und Gaia dehnt sich aus. Ihre Aura erreicht uns und umfängt Myriam wie liebende Arme. Tiefer Friede ist alles, was jetzt aus Gaia zu uns herüberweht. „Du bist meine Freude, und ich schenke dir meine Kraft, geliebte Myriam", flüstert Gaia, während sie sich sanft wieder in den Körper der Erde zurückzieht. Myriam wischt sich Tränen der Freude, der Liebe und der Sicherheit aus den Augen. Blinzelnd verkündet sie: „So lasst uns beginnen. Was habe ich zu tun?"

Myriam ist nun ganz hier angekommen. Die Schulung auf ihre große Aufgabe beginnt. Ihr physischer Körper wird nun zunehmend feiner. Ihre spirituellen Kanäle werden klar und rein. Die Vorbereitungen auf das Kind, das in hoher, spiritueller, außerirdischer Energie in ihr heranwachsen wird, ohne sie zu schädigen, greifen, und, ihr auf Erden würdet sagen, mit der Zeit wird ihr Körper von solch hohen Energien erfüllt, dass sie die Schutzkleidung ablegen kann. Diese Vorbereitungen sind notwendig, denn ohne sie würde sie ihr physisches Leben geben müssen, um ihm den Weg auf die Erde zu bereiten.

Myriam wird kraftvoller mit jedem Tag, der auf Erden vergeht. Sie kehrt noch einmal zurück zur Erde, bevor sie seinen kleinen, sich bildenden Körper in Empfang nimmt. Davon kann Myriam, wenn sie mag, euch an anderer Stelle selbst berichten.

Sanada: Jeshuas Erwachen

Myriam ist zurückgekehrt auf die Erde. Sie wird eine stille Hochzeit mit Simon Josef feiern, bevor beide zu uns zurückkehren. Wir sind tief erfüllt von Freude über die Verwandlung, die sie in sich selbst erfuhr. Aus der schüchternen jungen Priesterin wurde eine kraftvolle, in sich selbst ruhende Frau, die die Göttin in sich selbst erkannt hat und das lebendige Licht des Lebens auf die Erde zurückträgt. Wenn Myriam zu uns zurückkehrt, wird der sich bildende, winzige Körper Jeshuas an sie übergeben. Wir haben ihrem Körper eine reifende physische Eizelle entnommen. Wenn die Zeit reif ist, wird Sananda seine Gene und den Seelenteil, der Jeshua sein wird, in diese Eizelle versenken. Sie wird als werdende Mutter des Lichts, des warmen, männlichen Ausdrucks der Quelle, auf die Erde zurückkehren, und Jeshua kann im Kreise der Erwachten seinem Auftrag entgegenwachsen.

Wir erlösen jetzt immer öfter unsere Formen und tauchen ein in das Alles der Quelle, um uns hier im wahren, ewigen, liebenden Sein auf unsere Aufgaben vorzubereiten. Im allumfassenden Sein der Quelle sind wir an jedem Ort, in jeder Zeitepoche, mit allem Leben verbunden. Wir fühlen uns eins mit dir, mit dem Grashalm unter deinen Füßen, mit dem Wind, der dich streichelt, denn wir sind all dieses. Dieses Bad in unserem wahren, wirklichen Sein ist Erquickung, Labsal und Vorbereitung auf das Leben, das wir uns für das nächste Mal wählen.

Sananda ruft nun immer öfter den Teil aus sich hervor, der sich als Jeshua inkarnieren wird, so, wie ich immer öfter den Teil aus mir hervorrufe, die sich als Myriam Magdalena inkarnieren wird. Hier, in der Quelle, sind und bleiben wir eine Einheit, doch der neue Funke beginnt sich zu individualisieren. Er nimmt mehr und mehr Form an, um dann eine neue Inkarnation zu beginnen, in der alte Themen Erlösung finden.

Am Ende der Inkarnation vereinen sich das multidimensionale Selbst in der Quelle und der Seelenanteil der Erfahrung, um die neue Erfahrung oder Erlösung zu integrieren in ihrer Einheit. Erst dann, wenn dieser Funke bereit ist, erneut auf die Erde hinabzusteigen, lösen und trennen sie sich wieder voneinander.

Nun, da wir uns unsere zukünftigen Mütter und sie uns auf Erden gegenseitig erwählt haben, beginnt der Augenblick, an dem wir uns intensiv auf unsere Inkarnation einstellen wollen und müssen. Sananda trennt immer wieder den Teil seiner Seele aus seinem Sein, der als Jeshua auf die Erde gesendet wird. Dieser Teil seiner vollkommenen Seele durchstreift mit mir, die ich mich aus Sanada gelöst habe, an der Seite die Erde. Er nimmt innigen Kontakt auf, besucht immer wieder das werdende Leben, überwacht die Entwicklung des kleinen Körpers und richtet sich darauf ein, als Heiler für die Erde und die Menschen seinen Dienst auf Erden anzutreten. In der erneuten Vereinigung mit Sananda ist er wieder ein vollständiges universelles

Wesen und sich trotzdem seiner Erfahrungen des Anteils von Jeshua bewusst.

Und nun ist die Zeit auf Erden gekommen. Jeshua wird uns verlassen und seinen kleinen Körper vollständig in Besitz nehmen. Er wird der Erde als der Lichtbringer der Vollkommenheit geschenkt. Der Aufschrei der Dunkelheit hallt durch unser Universum, als er erstmals auf Erden seine physischen Augen aufschlägt. Doch seine Seele ist frei. Immer wieder ist sie hier bei uns, wenn sein kleiner Körper schläft. Sananda kümmert sich liebevoll um ihn und integriert mehr und mehr seine Fähigkeiten in den kleinen Körper, indem er Jeshua schult und damit erhellt.

Myriam bringt immer wieder den kleinen Jeshua zu uns. So bleibt er von Beginn an mit Sananda, der jetzt auch sein Vater ist, in inniger Seelenverbindung. Diese Anbindung und die Schulungen, die er hier durch uns erfährt, lassen ihn in der Gnade sein, dass das Vergessen sich nicht über seine sich entwickelnde Seele legt. Jeshua ist von Beginn an durch die Rückbindung an seinen Vater und die Klarheit von Myriam und Josef ein klares, erwachendes Wesen, das sich seiner Vollkommenheit und seiner Verbindung zu seiner multidimensionalen Seele, durch Sananda, und damit zur Quelle selbst bewusst ist.

Als er zwei Jahre alt wird, hat Jeshua das Wissen seiner Seele in sich integriert. Er lernt jetzt, wie er die Materie erschaffen kann, Kraft seines Geistes und seiner Gedanken. Er löst sich mehr und mehr aus der innigen Verbindung zu seinem Vater, indem er seine eigene Individualität entwickelt und so zu einer neuen Erfahrung für das multidimensionale Sein werden kann. Von nun an kann er seine eigenen physischen Energien so sehr anheben, dass auch er den Transportstrahl nutzen kann, wie Sananda und ich es tun, wenn er seinen Vater besucht. Er besucht uns häufig, denn sein physischer Körper braucht die Anwesenheit seiner großen Seele.

Für mich ist nun auch der Zeitpunkt gekommen, denn Sarah ist bereit, meine Seele zu empfangen. So nehme auch ich Abschied von unseren licht- und freudvollen Ebenen, von Sanada und meinen Seelengefährten. Ich begebe meinen gelösten Anteil in den kleinen, sich entwickelnden Körper in Sarah, die von nun an meine irdische Mutter sein wird.

Mein Leben und Sein als Myriam, Maria von Magdala

Der heilige Zorn der Magdalena

Zurück auf der Erde

Verwirrt schlage ich die Augen auf und gewöhne mich nur blinzelnd an das helle Licht. Ich fühle mich eingesperrt, höre einen Schrei, der aus mir selbst zu kommen scheint. Ich versuche, mich zu erinnern, und ich spüre, wie das Kleid, das mich umfängt, sich schüttelt. Die Erinnerung entgleitet mir. Mein Kleid umfasst mich stärker. Es schüttelt sich heftiger. Doch starke Arme umfangen mich jetzt. Eine sanfte Stimme spricht zu mir, will mich erinnern, wer ich bin und wer sie ist. „Liebes, schau mich an. Erkenne mich", flüstert sie, mir sanft lächelnd in die Augen schauend.

Langsam schwinden die Ängste, die in mir sind. Das Kleid wird ruhiger und ich erinnere mich. Ich bin wieder auf der Erde, in einem kleinen hilflosen Körper eingesperrt, so lange meine Augen geöffnet sind. Ich schaue auf, versuche meinen Blick einzustellen, und es funktioniert. Ich sehe ein Gesicht mit liebevollem Lächeln in meine Augen versinken. Es ist Sarah. Richtig! Sie ist meine Mutter. Die Erinnerung kehrt zurück. Ich bin jetzt ganz ruhig und versinke langsam in tiefem Schlaf. Ich fühle, wie meine Seele sich aus dem kleinen Körper zurückzieht, und endlich bin ich wieder frei, durchstreife die Universen, und alles Wissen ist wieder in mir.

„Hallo, meine Geliebte", höre ich neben mir. „Ich bin so voller Freude, dass du nun endlich hier bist." Es ist Jeshua, der Teil von Sananda, der dort unten auf der Erde Teil meines Weges sein wird. Wir erfreuen uns an- und miteinander, hier in der Freiheit der Seelen. Doch diese Freiheit ist nicht vollkommen frei, denn ein Teil verbleibt immer im Körper als das ätherische Band, das die Seele an den Körper bindet. „Oh, Jeshua, ich hatte völlig vergessen, wie es ist, in diesem kleinen Körper gefangen zu sein. Doch nun ist mein Herz wieder voller Freude, denn du bist bei mir, wenn unsere Körper im Schlaf liegen. So sehr habe ich mich in allen Leben danach gesehnt, eine Seele an meiner Seite zu wissen, die meine Aufgabe kennt. Doch ich muss zurück, der Körper ruft mich." Und schon schlage ich wieder die Augen auf. Ich höre die sanfte Stimme meiner Mutter und bin selig in der Erinnerung, die nun in mir ist und bleiben wird.

Wisse, dass jedes Wesen, das auf Erden als Baby erstmals die Augen aufschlägt, diese Anbindung, doch auch die Verwirrung in sich trägt. Darum brauchen diese großen Seelen in einem kleinen menschlichen Körper bedingungslose Annahme und Harmonie durch die liebende Unterstützung der Eltern, um sich immer ihrer Aufgabe bewusst zu sein.

Es sieht, hört und versteht alles. Tue alles dazu, dass dein Kind sich auch später erinnert, wer und was es in Wahrheit ist.

Es braucht keine Erziehung, keine Dressur an die Normen der Welt da draußen. Es braucht deine Achtung, Liebe und Förderung.

Darum, wenn du ein Baby erwartest, dann sieh es – gerade in der heutigen Zeit – als die große Seele aus den Universen der Liebe, welches das Licht in dieser Welt verankern will. Du brauchst es nicht zu erziehen, du musst es nur immer wieder daran erinnern, dass sein Weg der Weg eines lichtvollen Engels auf Erden ist. Und vor allem, störe nie seinen Schlaf, denn das ist die Zeit, in der dein kleiner Engel nach Hause zurückkehrt, um zu lernen, die Erinnerung an seine Mission zu bewahren, um vollgetankt mit lebendiger, lichtvoller Lebenskraft in seinen Körper zurückzukehren. Jede Störung durch Aufwecken unterbricht diesen Strom, der das Leben zur lichtvollen Freude erwachen lässt.

Mir war es vergönnt, eine solche Frau als Mutter zu haben. Sie nährte mein Erinnern. Sie ließ mich erwachen zu einem Mädchen, das wusste, dass sie ein Mission hat. Als ich sechs Jahre alt wurde, brachte sie mich in den Tempel der Schwestern- und Bruderschaft des Lichts. Hier durfte ich die Schulung erfahren, die meinen Weg möglich macht.

Mich schmerzte die Trennung von meiner Mutter und von meinem besten Freund: Jeshua. Und doch war mir bewusst, dass diese Schulzeit wichtig ist, wenn ich meinem Weg folgen möchte. Meine Mutter schmerzte unsere Trennung jedoch sehr viel mehr als mich, da ich mich in kindlichem Vergessen recht bald in den Tagesablauf und meine Schulungen einfügte. Und immer wieder kamen

Zeiten der Muße, die ich zu Hause verbrachte. In diesen Zeiten wuchsen Jeshua, der ebenfalls aus seiner Universität in den wohlverdienten Urlaub kam, und ich immer enger zusammen. Mit sieben Jahren stand für uns fest, dass wir, wenn wir erwachsen sind, heiraten würden.

Meine Schulungen im Tempel der lichtvollen Schwestern wurden von Jahr zu Jahr tiefer. Meine Meditationen dehnten sich mehr und mehr dahin aus, dass ich eins werden konnte mit einem Bewusstsein, das der Quelle bereits sehr nahe war. Ich fühlte meine tiefe Verbundenheit zu Gaia und erfuhr ihre Kraft in mir stärker werden. So konnte ich immer wieder an einigen Orten Heilung erwirken, wenn meine Meditationen tief genug waren. Dies gelang mir mit den Jahren mehr und mehr.

Im Alter von siebzehn Jahren verließ ich das stille, vertraute Leben im Tempel. Ich ging in mein Elternhaus zurück, um mich auf mein Leben mit Jeshua vorzubereiten. Ich wusste, dass auch seine Zeit in der Universität sich dem Ende neigte. So oft hatten wir uns trennen müssen. Die drei Jahre, die er in Ägypten verbrachte, waren für mich eine nicht endende Zeit der Sehnsucht. Das alles lag jetzt endlich hinter uns. So reiste ich voller Vorfreude auf unsere gemeinsame Zukunft nach Hause.

Meine wahre Mission hatte ich längst vergessen. In mir war nur die Sehnsucht, endlich immer an seiner Seite zu sein, ohne je wieder getrennt zu werden. Sicher, Jeshua sprach immer wieder davon, dass es unsere Aufgabe sei, den Traum eines Familienlebens im kleinen Kreis gar nicht erst zu beginnen. Er sagte mir immer wieder, wenn ich mit meinen Worten unsere Zukunft malte, dass wir in das Land hinausgehen müssten, um so viele Menschen wie irgend möglich in die innere Freiheit zurückzuführen.

Alles das wollte ich gar nicht wissen. Für mich gab es nur zwei Wege: Entweder den Tempeldienst, oder mit ihm gemeinsam eine Familie gründen. Oh, wie sehr hatte ich doch vergessen, woher ich kam, wo ich stand und wohin ich wollte. Endlich lag das Tempelleben hinter mir. Endlich war ich eingeweiht in die Mysterien der Erde. Endlich war ich erwachsen und frei. Frei für mein Leben als selbstbewusste und eingeweihte Priesterin an der Seite des Mannes, der für mich das Licht selbst war.

Auf dem Irrweg

Längst hatte ich mich wieder gut eingelebt, half meiner Mutter bei ihrer täglichen Arbeit, verrichtete immer noch meinen Tempeldienst in meinem selbst errichteten Tempel und verbrachte diese Zeiten freudig mit meiner Mutter. Sie war glücklich, dass ich an ihrer Seite mit ihr die alten Rituale vollzog, die auch sie als junges Mädchen übernommen hatte. Doch schwebte eine ganz neue Trauer über ihr, sodass sie mir immer fremder wurde. Ich wusste, in drei Tagen würde Jeshua eintreffen. Ungeduldig lief ich immer wieder zu Myriam und fragte sie, ob sie etwas Neues erfahren hätte, ob er vielleicht früher käme. Sie lächelte mich nur immer milde an, nicht verstehend, weshalb meine Ungeduld von Tag zu Tag zunahm.

„Liebes", sagte sie. „Du bist eine Priesterin. Es ist an der Zeit zu lernen, deine Ungeduld zu zügeln. Hast du denn nicht gelernt, dass Ungeduld dich aus deiner Mitte bringt? Ungeduld zieht immer wieder unweigerlich Zorn nach sich. Und bei deinem sprudelnden Temperament ist es von größter Wichtigkeit, dass du lernst, deine Ungeduld zu zügeln und dich stattdessen sinnvoll zu beschäftigen."

Ich wusste, dass sie recht hatte. Wie oft konnte ich mich nicht mehr auf meine Arbeiten im Tempel konzentrieren, wenn ich wusste, dass die Ferienzeit und damit meine Tage mit Jeshua nahten. Doch es war dieses innere Drängen, dass ich meine Aufgabe antreten muss. Es war dieses Wissen, dass ich Gaia die Töchter und Söhne der Göttin schenken will, damit endlich das Grauen und die Grausamkeiten unter den Menschen nachlassen.

Wir lebten hier in unserer kleinen Gemeinde zwar weit ab von alldem, von dem ich wusste, dass es in der Welt geschieht, und doch war unser Land voller Qual und Grauen. Ich hielt in aufwallender jugendlicher Arroganz meine Mutter und Myriam plötzlich für ziemlich weltfremd. Trotz flammte in mir hoch

„Liebe Myriam. Ungeduld ist die Tugend der Jugend. Ich weiß, es ist an der Zeit, dass Jeshua und ich unserer Aufgabe gerecht werden. Jeshua weiß das ebenfalls, und du bist doch die Erste, die das wissen müsste. Er hat mir immer wieder erzählt, wie du vorbereitet wurdest. Gut, ich weiß das alles heute nicht mehr so tief in meinem Tagesbewusstsein. Doch eines weiß ich: Es ist höchste Zeit, dass wir unser Werk beginnen, von dem Jeshua mir allerdings nicht viel erzählt hat. Ich brenne darauf, diesen Weg zu erfahren."

Sie sah mich weise, wissend und voller Wehmut an. Ich wurde verlegen, denn Trauer überschattete ihr Gesicht. Wie konnte ich nur so egoistisch sein. Sie selbst musste sich doch auch nach ihrem Sohn sehnen, und ich dachte nur an mich. „Verzeih, Myriam, ich vergaß, dass du so wenig Anteil hattest an seinem Leben und auch du dich auf seine Rückkehr freuen musst. Verzeih mir meine

Ungeduld und meine Worte", bat ich sie. Myriam strich mir das Haar aus dem Gesicht und sagte nur leise: „Es gibt nichts zu verzeihen, Liebes. Meine Seele versteht dich, und ich wünsche dir die Kraft, die du in den nächsten Tagen, Wochen und Jahren brauchen wirst, damit euer Werk zur Vollendung gelangt."

Fragend schaute ich sie an. Eine leichte ängstliche Energie griff nach mir. „Wir werden heiraten und wundervolle Kinder haben, die das Licht der Quelle wieder in sich tragen. Das ist kein großes Werk, Myriam! Du wirst es sehen, wir werden hier in unserer Gemeinde eine ganz neue Generation heranwachsen sehen, eine ganz neue Menschheit des Lichts", sagte ich mehr fragend als feststellend. Doch schon lachte sie wieder und rief.

„Oh, Liebes, hast du wirklich alles vergessen? Euer Werk ist größer, als hier im Hinterland eine Ehe zu führen. Euer Werk ist es, das Licht auf die Erde zu bringen, in die Welt hinauszutragen und neu zu verankern. Du tatest dieses bisher im Tempel. Doch nun kommt bald die Zeit, in der du es im täglichen Leben tun wirst. Und nun sei so lieb, lauf zu Sarah. Sie wollte mir noch frischen Wein bringen, damit wir meinen Sohn und deinen zukünftigen Ehemann würdig und freudig empfangen können." Die Stimmung war wieder aufgehellt. Wir scherzten noch eine kurze Zeit, dann lief ich freudig heim, um Jeshuas Begrüßungstrunk abzufüllen und ihn zu Myriam zu bringen.

Zwei unendlich lange Tage später erwachte ich früh voller Freude, denn dieses würde mein Freudentag werden. Endlich konnten wir den Bund besiegeln, für den wir hierhergekommen waren. Zwar hatte ich vieles vergessen von dem, was wir einst in der anderen Dimension vereinbart hatten, doch Myriam und Jeshua hatten mich immer wieder erinnern lassen. Myriam hatte mir in den letzten beiden Tagen immer wieder erzählt, was wir einst vereinbart hatten. So kam die Erinnerung langsam zurück, dass es für uns um das Volk da draußen geht und nicht um unseren Heimatort.

Der Tag ist gekommen. Ich stehe rechtzeitig auf, setze mich zu meinen täglichen Ritualen in Meditation, die mir nur spärlich gelingt, denn mein Herz schlägt wild in meiner Brust. Sodann erfrische ich mich und ertappe mich immer wieder dabei, wie ich die Straße hinunterspähe in der Hoffnung, dass endlich seine kleine Karawane erscheint. Und dann, am späten Nachmittag, ist es endlich so weit.

Ich fühle ihn, bevor ich ihn um die Ecke biegen sehe. Mein Herz tut einen Sprung, krampft sich leicht zusammen. Ich werfe meine Stickerei beiseite, vergesse alle Konventionen und renne ihm wie früher, voller Freude und mit weit offenen Armen entgegen. „Jeshua, Jeshua! Endlich bist du hier!", rufe ich dabei voller Freude.

Er bleibt stehen, breitet wie früher die Arme aus, und ich bekomme nur am Rande mit, dass seine Beschützer teils schmunzelnd, teils leicht betreten und andere wiederum sehr streng auf mich schauen. Ich fliege in seine Arme, und er drückt mich liebevoll an sich. Nie wieder will ich ihn loslassen. Jetzt endlich ist alles gut. Ich bin nach Hause gekommen. Jeshua schiebt mich ein wenig von sich und sagt nur: „Hallo, meine liebe Freundin. Wie wunderschön du geworden bist. Komm, lass uns in das Haus meiner Mutter gehen und unser aller Wiedersehen feiern."

Wie erwachsen er geworden ist. Eine leichte Fremdheit steht zwischen uns. Ich streiche mir etwas verlegen die Haare aus dem Gesicht. Die Gesichter der umstehenden Männer sind plötzlich undurchdringlich, doch ich hänge mich wie früher in seinen Arm und begleite ihn zu seiner Mutter.

Es ist eine warme, innige Begrüßung dieser beiden Menschen, die ich so sehr liebe. Sie begrüßen einander voller Ruhe und Frieden, während ich ungeduldig von einem Fuß auf den anderen trete, weil ich endlich alle Neuigkeiten erfahren will. Doch schon ruft dringlich meine Mutter und ich eile nach Hause. „Magdalena, du solltest den beiden ihre Zeit des Wiedersehens geben und warten, bis du eingeladen wirst."

„Mutter", begehre ich auf. „Was soll das? Ich warte seit Jahren auf diesen heutigen Tag. Ich war Myriam in den letzten Tagen wie eine Tochter. Sie haben beide keine Geheimnisse vor mir."

„Natürlich haben sie keine Geheimnisse, doch ich weiß, dass Myriam wieder von einem leuchtenden Mann abgeholt wurde. Ich glaube, sie hat eine Botschaft von seinem Vater. Diese wird er wohl zuerst selbst verdauen müssen, wie Myriam mir anvertraute."

Ein leichtes Gefühl von Furcht beschleicht mich. Es ist eine leichte Vorahnung, dass unsere Pläne durchkreuzt werden könnten. Doch nein, rufe ich mich zur Ordnung. Was soll das? Es steht doch alles fest, und da Jeshua und ich diesem Plan folgen wollen, wird sich auch nichts daran ändern. Und schon höre ich es leise an der Tür klopfen, während Jeshua ins Zimmer tritt. Schon will ich wieder freudig auf ihn zuspringen, doch der Blick seiner Augen lässt mich wissen, dass es nicht die Zeit ist, unsere kindliche Beziehung weiterzuführen.

Ja!", sagt er leise, während er mir fest in die Augen schaut. „Es ist an der Zeit, Magdalena, dass wir erwachsen werden. Meine Mutter war bei meinem Vater, und er ließ mich wissen, dass es für uns beide noch zu früh ist."

„Aber wie will er das wissen, dieser Mann, den du Vater nennst?", rufe ich, empört seinen Redefluss unterbrechend. „Er ist nicht hier. Er war noch nie hier. Der Plan war von ihm selbst und von einem großen Seelenteil meiner Seele selbst, so erzählte Myriam es mir!"

„Errege dich nicht, Magdalena. Er ist ich. Daher weiß er, was mir noch fehlt auf meinem Weg, den zu gehen ich eingewilligt habe. Vater schickt mich nach Indien in das Land der weisen Männer, die das Licht hüten, damit ich dort..."

„Indien?", schreie ich verzweifelt auf. Wie weit ist Indien? In mir überschlagen sich die Gedanken, mein Herz droht zu zerreißen, Tränen schießen mir in die Augen. „Du willst wirklich nach Indien?", rufe ich empört. „Und was wird aus uns? Du wirst zehn Jahre weg sein. Bis dahin bin ich alt, und du ebenfalls. Allein die Hinreise dauert drei Jahre, habe ich die Leute sagen hören. Hast du denn ganz vergessen, wie wir die Welt erretten wollten von der Dunkelheit? Willst du alles aufgeben, was bisher unser Leben war und werden sollte, nur weil ein dubioser Mann in irgendwelchen Wolken dir angeblich den Befehlt dazu gibt?" Mein Zorn überdeckt nun meine Verzweiflung.

Ich sehe nicht, dass Tränen in seinen Augen sind. Ich fühle nur meinen unbändigen Zorn und den alles mitreißenden Schmerz in meinem Herzen. „Liebes", versucht er zu mir vorzudringen. „Es ist nicht so, dass es so lange dauert. Es sind nur drei Jahre. Mein Vater wird mich an meinen Bestimmungsort bringen und mich nach drei Jahren wieder dort abholen, wenn meine letzte Schulung beendet ist. Mein Vater wünscht, dass du in dieser Zeit einige Zeit bei ihm verbringst, damit dein Körper vorbereitet ist, wenn wir uns auf unseren Weg machen."

Ich merke nicht einmal, wie überrascht ich bin. Ich will alles tun, um ihn hier zu behalten. „Ich will nicht zu deinem Vater. Ich glaube nicht einmal daran, dass es ihn gibt. Ich will, dass du hier bleibst. Und hör endlich auf mit den Geschichten über deinen Vater in den Wolken. Das waren schöne Geschichten, als ich Kind war. Doch nun bin ich erwachsen. Ich bin eine Frau!", schreie ich ihm voller Empörung entgegen. Immer wieder erzählte er mir von seinem Vater „da oben". Für mich war das irgendwann ebenso ein Märchen, wie es für euch der Weihnachtsmann ist.

Traurig sieht er mich an, doch er erreicht mein Herz nicht, denn ich bin voller Zorn und Empörung, die aus meiner abgrundtiefen Hilflosigkeit rührt. „Du weißt, dass ich das nicht tun kann", sagt Jeshua fest. Mein einziger Grund hier zu sein ist, dass ich meinem Weg folge. Dem bin ich mein Leben lang gefolgt, und ich kann nun nicht diesem meinem Weg untreu werden, der auch dein Weg ist. Bitte beruhige dich. Lass uns morgen noch einmal darüber reden, wenn die erste Aufregung sich gelegt hat."

„Wenn du wirklich gehst, dann wirst du mich nie wieder sehen!" Damit wende ich mich entschlossen um, verlasse den Raum, und Jeshua bleibt allein zurück. Ich gehe in mein Zimmer, weine viele Stunden lang, denn ich weiß, dass er seinem angeblichen Vater, der nicht Josef ist, folgen wird. Ich verfluche den unbekannten Mann in den Wolken. Viel zu viel Zeit hat er uns schon gestohlen. Eine leise Stimme meldet sich in mir, die ich noch sehr gut aus dem Tempel kenne. „Myriam Magdalena! Kehre um, bevor es zu spät ist. Verschließe nicht wieder dein Herz. Erinnere dich!"

Erschöpft schlafe ich ein, um am nächsten Morgen mit tiefer Trauer zu erwachen. Mutter kommt zu mir. Sie redet mir besänftigend zu, und ich beschließe, einige Tage in den Tempel zurückzukehren. Tiefe Scham ist in mir, denn ich weiß, dass ich ihm Unrecht tat.

Im Tempel werde ich liebevoll empfangen. Ich nehme die reinigenden Bäder, genieße die Stille und komme wieder mehr bei mir an. Drei Tage verbringe ich hier. Sie, die ich als Sanada fühle, ist wieder ganz nah bei und in mir. In dieser Energie erkenne ich meine alten Verfehlungen. Dieser tiefe Zorn, der aus den Tiefen meines Körpers in mir aufsteigt, ist es, der mich immer wieder, in all meinen früheren Inkarnationen, aus der Bahn warf.

Genau diesem alten Muster bin ich aus Enttäuschung darüber, dass meine Erwartungen nicht sofort erfüllt wurden, wieder verfallen. Ich muss heim zu Jeshua und ihm sagen, dass ich jetzt verstanden habe, dass ich auf ihn warten werde und die Schulung im Hause seines Vaters erfahren möchte, wenn es ihn denn wirklich gibt.

Von tiefem Frieden erfüllt, verabschiede ich mich von meinen Lehrerinnen und Freundinnen im Tempel und begebe mich auf den Weg nach Hause. Mutter empfängt mich mit freudigem Lächeln, doch ihre Augen schauen mich traurig an. „Was ist los, Mutter? Du bist so traurig. Ich habe mein Unrecht erkannt und werde mich bei Jeshua entschuldigen. Ich weiß, dass er mir nicht böse ist. Sei nicht traurig", will ich sie trösten. Doch sie schaut mich weiterhin an. „Myriam Magdalena. Sei jetzt ganz stark, Liebes, denn Jeshua wurde gestern Abend abgeholt. Sein Vater nahm ihn auf in die Wolken, und er wurde nach Indien gebracht."

Der tiefe Schmerz kehrt zurück. Nun werde ich ihn drei Jahre nicht sehen und ihm drei lange Jahre nicht sagen können, wie sehr ich erkannt habe. Myriam hat meine Ankunft bemerkt. Sie tritt leise ins Haus, kommt auf mich zu und nimmt mich in ihre tröstenden Arme. Auch Mutter tritt hinzu, und zu dritt weinen wir all die Tränen, die in Gaia leben. Hier stehen sie, die drei Priesterinnen der Kraft aller Göttinnen. Wir weinen zu dritt, um den einen, der das Heil auf die Erde bringen will. Wir weinen um die Jahre der Trennung, die nun vor uns liegen, und um den Schatten, der über seinem und meinem nicht stattgefundenen Abschied liegt.

„Was wird nun aus meiner Schulung bei seinem Vater?", frage ich zaghaft. Myriam schaut mir in die Augen. „Es ging alles so schnell. Ich soll dir von Jeshua sagen, dass er voller Liebe an dich denkt. Er weiß, dass du die Umkehr zu deinem wahren Sein geschafft hast, und wenn die Zeit gekommen ist, wird sein Vater dich einladen. Liebes, es gibt ihn wirklich. Bis dahin, meine liebe Tochter, übe dich in Geduld und zügle dein Temperament. Wir werden dich darin schulen, deine Kräfte zu transformieren, wenn du dem zustimmst.

Wisse, dein Zorn ist nicht nur zerstörerisch und destruktiv. Er ist gleichzeitig deine allerhöchste und stärkste Kraft und Fähigkeit. Wenn du gelernt hast, diese Energie zu transformieren und zu bündeln, dann erst bist du wirklich bereit für den großen Weg, den ihr beide euch gewählt habt, und wir mit euch. Und egal, wie es dir im Augenblick scheinen mag, egal, wie traurig du jetzt bist: Es ist gut so, wie es ist, denn jetzt kannst du zu der Frau heranreifen, die ihren Weg voller Selbstbewusstheit und Zielstrebigkeit gehen kann."

Unter all meiner Trauer bin ich erleichtert, dass mein Zorn nicht größeren Schaden angerichtet hat. Ich erkenne tief in mir, dass Myriam recht hat. Wenn unsere Aufgabe wirklich davon geprägt ist, dass ich mich immer wieder in seinen Schatten stellen muss, dann bin ich wirklich noch nicht so weit. Ich werde abwarten und mich der Schulung Myriams hingeben, bis Jeshua zurückkehrt.

„Liebes, es ist nicht so, dass du in seinem Schatten stehen wirst, wie du gerade denkst", wendet Myriam sich noch einmal liebevoll mir zu. „Es ist so, dass ihr beide immer wieder im Schatten eurer Aufgabe stehen werdet. Dein Weg wird es sein, die Göttin in den Herzen der Frauen zu erreichen. Dein Weg ist, ihn in seinen Fähigkeiten zu unterstützen, denn ohne dich kann er seiner Aufgabe nicht gerecht werden. Kein Mann ist fähig, ohne die Kraft der voll erwachten Weiblichkeit die Wunder zu vollbringen, die durch euch beide entstehen können. Ich stehe dir bei deiner Aufgabe freudig zur Seite. Daher ist es so wichtig, dass du dir deiner eigenen Kräfte bewusst wirst, deine überschäumenden Gefühle zügeln lernst und Mitgefühl für das Leid der anderen erlernen darfst."

„Ich danke dir von Herzen, Myriam", sage ich, meine Tränen unterdrückend. Jetzt wird mir erst so richtig bewusst, dass Jeshua fort ist. Drei unendlich lange Jahre liegen vor mir. Ich verabschiede mich von Myriam, denn ich will nach Hause in meinen Tempel, um meinem Schmerz den Platz einzuräumen, den er jetzt gerade beansprucht.

Doch es kommt alles ganz anders

Einige Wochen später, ich habe meinen inneren Frieden gerade zurückerobert, tritt der Mann, den ich Vater nenne, in meine Räume. Ich erschrecke ein wenig, denn es ist nicht seine Art. Wir haben ein zwar freundliches, jedoch distanziertes Verhältnis zueinander. So war es eben damals in Palästina. Das Leben von Männern und Frauen verlief getrennt nebeneinander. Der Mann meiner Mutter war ständig unterwegs, um seine Geschäfte zu führen. Für die Kinder waren die Mütter die Ansprechpartner. Der Vater war ein gut bekannter Fremder, der keine große Rolle im Leben eines Mädchens spielte.

„Vater, was ist geschehen?", frage ich verwundert. Er setzt sich auf einen Stuhl, sieht mich an und spricht in strengem Ton zu mir: „Myriam Magdalena. Du bist nun eine erwachsene Frau. Es ist an der Zeit, dass du eine Ehe eingehst. Ich habe dir einen Mann erwählt, der für dich sorgen und dir einen angemessenen Stand bieten wird."

Mein Herz schlägt langsamer und langsamer in meiner Brust, während seine Worte langsam in mich einsickern. „Vater!", rufe ich schockiert aus. „Nein, das geht nicht. Du weißt, ich bin Jeshua versprochen. Ich werde warten, bis Jeshua zurückkehrt und dann seine Frau werden. Hast du das mit Mutter besprochen? Sie kennt meinen Weg. Sie weiß, dass ich keinen anderen Mann heiraten werde."

„Schweig, du dumme Frau", brummt er mich an. „Dein Jeshua ist ein Niemand. Er zieht durch die Lande, kümmert sich um nichts, lebt von seinem Erbe, hält sich für etwas Besseres und denkt gar nicht daran, dich zu einer ehrbaren Frau zu machen."

„Nein, Vater, das ist nicht wahr. Bitte, sprich mit Mutter."

„Jetzt ist es genug", wird er lauter. „Ich werde mir nicht von einer Frau sagen lassen, wen ich um Rat fragen soll. Du wirst den Mann heiraten, den ich für dich erwählt habe. Es ist alles arrangiert, und die Hochzeit findet in drei Wochen statt." Damit dreht er sich um und verlässt meinen Raum.

Ich bin wie ohnmächtig. Noch nie wagte ein Mann, in diesem Ton mit mir zu reden. Der wohlbekannte Zorn flammt in mir hoch. Ich stürze zur Tür, laufe ihm nach, um für meine Rechte zu kämpfen. Wie kann er es wagen, mich derart zu behandeln.

Vater sitzt am Tisch und lauscht den Worten meiner Mutter. „Sarah, jetzt ist es genug!", donnert er los. Ich sehe Mutter zurückzucken und fasse nicht die Situation, die sich mir zeigt. „Viel zu lange schon lasse ich mir von euch Frauen auf der Nase herumtanzen. Ich habe alles toleriert, auch die Ausbildung im Tempel. Doch meine Tochter wird nicht als alte Jungfrau enden, nur weil sie auf einen wartet, der noch nie länger als zwei Wochen hier war. Das wird sich niemals ändern. Sie ist öffentlich, vor den Rabbis, dem Bargor Malor versprochen. Ich kann und werde mein Wort nicht brechen. Es ist an der Zeit, dass sie beginnt, eine Familie zu gründen, wenn unser Geschlecht weiter Bestand haben soll."

„Vater, das kannst du mit mir nicht machen!", rufe ich empört dazwischen. „Ich bin eine freie Priesterin. Du kannst mich nicht verkaufen wie ein Schaf, das dir keine Milch mehr gibt. Du kannst nicht über mich bestimmen und mich an einen Juden verkaufen, der seinen Glauben lebt. Ich werde diesen Mann nicht heiraten!"

Zorn, den ich an mir selbst so gut kenne, erreicht seine Augen. Langsam steht er auf, kommt drohend auf mich zu, und ich weiche überrascht zurück. Ich kenne diesen Mann, dieses Gefühl der aufkeimenden Angst nicht „Schweig!", knurrt er mich drohend an. „Es ist nicht nur mein Recht, nein, es ist meine Pflicht, dafür zu sorgen, dass du einen zuverlässigen Ehemann bekommst und eine ehrbare Frau wirst. Eine Priesterin bist du? Soso! Und was glaubst du, was mich das interessiert? Das ist alles Kinderkram. Priesterinnen sind begehrt bei den Männern hohen Standes, und Bargor ist ein guter, vermögender Mann. Er wird für dich sorgen, so, wie ich es tat.

Doch ich habe nun so lange für dich gesorgt, dass ich dich wohl noch als altes Weib werde versorgen müssen, wenn ich dich nicht standesgemäß verheirate. Du hast lange genug die verwöhnte Tochter deiner Mutter gespielt. Damit ist jetzt Schluss. Mit dem Tempel ist auch Schluss. Ich dulde nicht länger, dass du dich meinem Gott widersetzt. Du bist alt genug, endlich die Verantwortung für deine eigene Familie zu übernehmen. In drei Wochen ist Hochzeit. Und jetzt kein Wort mehr!" Damit dreht er sich um.

Ich weiß, dass es sinnlos ist, noch etwas zu sagen, und auch Mutter dreht ihm schweigend den Rücken. „Du gehst jetzt sofort in deine Gemächer und bereitest deine Habe für den Umzug in das Haus deines zukünftigen Mannes vor!", befiehlt dieser Mann, denn ich Vater nenne, in eisigem Ton.

Trotzig wende ich mich um. „Ich werde fliehen. Ich werde diesen Mann nicht heiraten." Vater stürzt hinter mir her. Er schlägt mir hart ins Gesicht. Voller Entsetzen stürze ich zu Boden. Noch nie hat ein Mann mir so etwas angetan. Welch' Frevel an der Göttin. Mutter stürzt auf ihn zu. Doch er schlägt auch sie. So habe ich diesen Mann noch nie erlebt.

„Wage es zu fliehen. Egal, wohin du gehst, ich werde dich finden. Du bist ihm versprochen, und es kommt deinem Todesurteil gleich, wenn du ihn vor der Hochzeit verlässt. Das gilt auch für dich, wenn du sie unterstützt", wendet er sich meiner Mutter zu. „Mission, wenn ich solchen Unsinn höre, dann dreht sich mir der Magen um!", schleudert er uns ins Gesicht. „Eure Mission ist es, uns Kinder zu gebären und zu dienen!"

Ich helfe Mutter wieder auf die Beine. Entsetzen kocht in mir hoch. Schluchzend verlassen wir den Raum, und damit diesen Mann. Wir gehen in meine Räume. „Oh, Mutter, warum hast du mir nie gesagt, wie er ist. Ich glaubte, dass ihr ein glückliches und freies Paar seid? Wie kannst du als ehemalige, freie Priesterin im Tempel des Lichts dich derart demütigen und erniedrigen lassen?", frage ich sie voller Mitgefühl, trotz meines eigenen Schmerzes. „Wir waren eine lange Zeit in freier Liebe vereint, doch irgendwann begann er sich zu verändern. Doch er ist ein guter Mann, besser als all die anderen, die ich in ihren Ehen sehe", nimmt sie ihn in Schutz.

Ich verstehe sie nicht. Kenne ich doch den Vater von Jeshua. Er ist so ganz anders, und Myriam ist frei an seiner Seite. Noch fühle ich den heiligen Zorn der Göttin viel stärker in mir als Angst. Ich schaue Mutter an: „Was soll ich jetzt tun? Ich kann diesen Mann unmöglich heiraten. Du weißt das. Hilfst du mir bei meiner Flucht?"

„Du kannst nicht fliehen! Es wäre der sichere Tod für uns beide. Morgen wird er wieder gehen. Wir werden mit Myriam bereden, was wir tun können. Vielleicht weiß sie Rat. Glaub mir, alles wird gut. Hab ein wenig Geduld. Vertraue auf deine innere Stärke und deinen Weg!"

Am nächsten Morgen machen wir uns auf den Weg, Myriam aufzusuchen. Doch auch Myriam kann uns, kann mir nicht helfen.

„Liebes, in diesem Land ist das Recht auf der Seite deines Vaters. Du kannst ihm nicht entfliehen. Der einzige Fluchtweg ist der Tempel. Er ist ihm verschlossen. Doch wenn du diesen Weg wählst, dann wird deine Mutter an deiner Stelle den Tod erleiden, und er wird dich irgendwann finden", sagt sie nachdenklich. Ich erschauere ob unserer Hilflosigkeit, denn ich weiß, dass sie recht hat. Völlig neue Gefühle von Ohnmacht steigen in mir auf.

Mir wird bewusst, dass das die Wirkung der Ursache ist, die ich mit meinem Zornausbruch Jeshua gegenüber gesetzt habe. Wäre ich nur Myriams Worten gefolgt, hätte meinen Zorn gezügelt, dann wäre ich jetzt im Haus seines Vaters, so, wie er es mir versprach, und müsste nicht diese schreckliche Entscheidung treffen. Ich kann Mutter nicht seinem Zorn und der Schande ausliefern. Das ist mir klar. Ich werde diesen Mann, den ich nicht einmal kenne, heiraten müssen. Die Welt wird dunkel um mich.

Tiefe Trauer und Schmerz über mein eigenes Versagen graben sich dunkel in mein Herz. Nie zuvor fühlte ich den Schmerz aller gedemütigten Frauen auf Erden so deutlich in mir, denn niemals zuvor fühlte ich selbst mich derart gedemütigt und hilflos in meinem Frau-Sein.

Ich danke Myriam und verlasse den Raum. Ein dunkler Nachthimmel erhebt sich über mir. Wie oft schaute Jeshua in den Sternenhimmel, wenn er mir von seinem Vater erzählte. Als Kind hielt ich es für ein wundervolles Märchen. Doch heute hoffe ich, dass es wahr ist.

Ich erhebe bittend die Arme zum Himmel. Mein Herz betet, und meine Seele schreit: „Bitte, Vater von Jeshua, wenn es dich gibt, dann hole mich. Befreie mich aus der Sklaverei meines Vaters, damit ich den Weg mit Jeshua gehen kann, der uns bestimmt ist!" Doch der Himmel bleibt klar und schweigt.

Ich rufe unter Tränen zum Himmel: „Egal, ob du mich hörst oder siehst. Ich werde mich befreien, und damit alle Frauen meines Landes. So darf keine Frau sich je fühlen. Das ist der Kern der Dunkelheit. Ich bin nicht schwach. Ich werde die Freiheit in dieses Land bringen. Ishtar, Isis, alle Göttinnen des Himmels, deren Freiheit in mir lebt und die ich bin, steht mir bei!"

Mutter kommt heraus, legt ihren Arm um mich und flüstert tröstend: „Hab Vertrauen, meine starke Tochter. Bleibe stark. Du bist Priesterin des Lichts. Du bist so viel kraftvoller und stärker, als ich selbst es bin, und du weißt, dass nichts deinen Weg der Seele verhindern kann. Dein Weg liegt klar vor dir. Es wird sich alles finden. Die Mission, die euch beide erfüllt, ist so groß und wichtig für die Erde und die Menschheit, dass ein Ehemann dich nicht davon wird abhalten können. Lass die Zeit die Entscheidung finden."

Ja, ich bin nun endgültig erwachsen geworden. Mutter kann mir nicht mehr helfen, denn sie selbst hat die Priesterin in sich verraten. Ich werde standhaft bleiben, denn niemals wird mich ein Mann unseres Landes so von mir selbst entfernen, wie ich dieses bei meiner Mutter erfahren habe. Ich werde dem Befehl meines Vaters folgen müssen, doch bis ich Jeshua wiederfinde, werde ich meine Liebe und mein Wissen tief in meinem Herzen vergraben. Ich werde einen Weg finden, zu Jeshua zu gehen, wenn er aus Indien zurück ist.

Meine Albtraum-Hochzeit

Tränenleer, eiskalt und ohne Gefühle in mir, erwache ich voller seelischer und körperlicher Schmerzen. Die körperlichen Schmerzen sind das Resultat seiner – der Mann, der sich mein Vater nennt – Taten an mir.

Heute ist der Tag, den ich an Jeshuas Seite so sehr herbeisehnte, denn heute ist mein Hochzeitstag. Heute soll nach dem Willen des Mannes meiner Mutter meine Hochzeit sein. Drei Wochen voller Hoffen, Bangen, Tränen, Zweifel und Verzweiflung liegen hinter mir. Vater ließ meine Fenster vergittern. Er sperrte mich ein in meine Gemächer, um jegliche Flucht unmöglich zu machen.

Die Rückkehr in den Tempel, die ich so sehr ersehnte, um neue Kraft zu schöpfen, war mir verboten. Jedes Wort der Gegenwehr endete mit Schlägen von seinen Händen und Tritten von seinen Füßen. Niemals zuvor fühlte ich mich derart bedroht durch die physische Überlegenheit eines Mannes, wie in diesen inhaftierten drei Wochen unter der Herrschaft eines Mannes, der sich mein Vater nennt.

Oh, wie sehr hatte dieses Männerwesen sich verändert. Er ist und war mir nie Vater, das wurde mir in den letzten drei Wochen so sehr bewusst. Tiefer Hass liegt unter all meiner Verzweiflung vergraben. Tiefste Verachtung für diese Wesen, die uns beherrschen wollen und es mit körperlicher Gewalt erreichen. Gegen die physische Übermacht eines Mannes ist jede Frau verloren.

So oft in den letzten drei Wochen schien mir der einzig gehbare Weg die Flucht in den Tod zu sein. Der Freitod schien mich zu rufen, mit lockenden Worten von Freiheit, Frieden und allumfassender Liebe. Doch Sanada und Isis meldeten sich immer wieder leise in mir, mit der Erinnerung an meinen Weg. Mein großer Seelenteil, Sanada, meldete sich verstärkt. Sie war ganz nah bei und in mir. Sie gab mir Halt, neue Hoffnung und Geborgenheit, wenn ich glaubte, dieses Leben nicht mehr ertragen zu können. Ich erinnerte mich plötzlich nach dem Erwachen wieder an meine Zeit in den Dimensionen der Freiheit. Glasklar fand ich Jeshua in den Weiten des Raums, wenn mein Körper vor emotionaler Erschöpfung in den Schlaf sank. Glasklar erinnerte ich mich im Wachen dann an seine Worte des Trostes und der Hoffnung. Und doch verstärkte dieses am Tag meine Sehnsucht und Verzweiflung mehr und mehr.

Doch kann das alles wirklich wahr sein? Nichts hat sich geändert. Sie, die mir immer wieder sagen, dass alles gut wird, dass alles so kommen wird, wie es kommen soll, haben nicht die Wahrheit gesagt, denn: Die Hochzeit soll heute stattfinden mit einem Mann, den ich niemals zuvor gesehen habe, wenn nicht noch ein Wunder geschieht.

Ich warte verzweifelt darauf, dass ein Wunder geschieht. Ich hoffe sogar darauf, dass Jeshuas Vater wirklich existiert, dass sich der Himmel auftut und er mich und Mutter hier herausholt. Doch nichts geschieht.

Dass der Mann, den ich Vater nennen muss, sich zurückverwandelt in den Mann, den ich einst kannte, als er Mutter noch liebte, darf ich darauf hoffen? Und doch: Ich weiß tief in mir, dass ich diese schreckliche Erfahrung brauche, um die Energie des Zorns in mir selbst zu transformieren. Ich weiß erst jetzt ganz sicher, dass ich zur Transformation des ungezügelten Zorns in mir immer und immer wieder inkarnieren muss, bis ich ihn in die reine Kraft der Göttin verwandelt habe. Diese Kraft des Zorns in mir ist mein größtes Potenzial und damit auch auf Erden meine größte Falle.

Ich weiß, dass dieser Zorn genau aus der Tatsache resultiert, dass Gaia, und mit ihr alle Frauen in allen Ländern dieser Erde, derart und noch schlimmer geschunden, geschlagen, unterdrückt, gequält und gesteinigt werden, wenn sie sich der Welt der Männer nicht unterordnen.

So ergebe ich mich nun meinem Los und werde die Frau eines Mannes, der genau diese Regeln lebt. Es geschah bisher kein Wunder, und ich weiß es tief in mir: Es wird auch jetzt kein Wunder geschehen, welches mich meinem Los entkommen lässt.

Leise Hoffnung ist jedoch immer noch irgendwo in mir, dass Mutters Mann mir einen Mann erwählt hat, der meiner würdig ist. Er war doch einst ein liebevoller und warmherziger Ehemann für meine Mutter. Vielleicht ist diese Seite noch in ihm? Ich kann es immer noch kaum glauben, dass ihm so wenig an mir liegt. Und doch, wenn ich in mich hineinspüre, so fühlte ich noch nie ein warmes Gefühl für den, den ich Vater nenne. Er ist mir so fremd, als wäre er nicht mein Vater.

Wenn er mir einen Ehemann erwählte, dem ich von meiner Mission berichten kann, der mich verstehen wird, dann bleibt mir die Hoffnung. Denn auch hier, in diesem Haus meiner Kindheit, kann und will ich nicht mehr leben. Zu sehr hat dieser Mann mich erinnert, wie tief die Dunkelheit auf Erden ist. Wenn es ein guter Mann ist, dessen Frau ich werden soll, kann ich meinen Weg weitergehen. An seiner Seite würde ich das Warten auf die Rückkehr Jeshuas ertragen können. Und doch ist dieses leise Wissen in mir, dass dem nicht so ist.

Der Augenblick naht unaufhaltsam, in dem sie mich holen werden, damit ich meinen Ehemann kennenlerne. Und schon dreht sich der Schlüssel im Schloss und die Tür öffnet sich. Der Mann, den ich Vater nenne, fordert mich auf, herauszutreten. Ich folge ihm mit gesenktem Kopf, damit er den Hass in meinen Augen nicht sieht.

Leise betrete ich den Wohnraum und erschrecke beim Anblick des Mannes, dem ich zum Fraß vorgeworfen werden soll. Alle meine Hoffnung auf eine sanfte Zeit schwindet, denn er betrachtet mich lüstern von Kopf bis Fuß, als würde er eine Sklavin auf dem Jahrmarkt erwerben. Tränen schießen mir in die Augen, und ich schäme mich vor mir selbst ob meiner Schwäche. Isis hilf, ist alles, was ich denken kann, bevor ich ihm fest in die Augen schaue.

„Aha! Eine stolze junge Frau, die mir die Herausforderung durch ihre Augen ins Gesicht schleudert", spottet er. „Dein Vater hat mich vorgewarnt. Ich liebe temperamentvolle Weibsbilder. Keine Angst, meine Kleine. Ich werde dich schon zähmen, wie ich es mit einem Vollblutpferd tue." Er geht um mich herum und entkleidet mich dabei mit seinen Blicken. Er greift mir in die Haare, zieht meinen Kopf nach hinten und zwingt meinen Blick in den seinen.

Die Göttin in mir schreit vor Empörung und Scham. „Rühre mich an, und ich werde dich töten", schreit es in mir, doch ich bleibe stumm. Angst und Verzweiflung umklammern mein Herz. Abgrundtiefer Ekel steigt in mir empor, als er seine harten Hände unter mein Kinn legt und mich jetzt schon an sich zieht, als sei ich sein Besitz. Ich will mich ihm entziehen, doch der Druck seiner Hände ist zu stark.

Ich beiße mir auf die Lippen, denn die physische Übermacht der beiden Männer in diesem Raum lassen es ratsam erscheinen, den Mund zu halten. Die Ehepapiere liegen auf dem Tisch, der Rabbi steht seitlich, mich missbilligend und abschätzend betrachtend. Ich weigere mich ein letztes Mal, doch er, den ich bisher Vater nannte, führt gewaltsam meine Hand in die Hand des fremden Mannes. Dann nimmt er noch einmal meine Hand, als ich mich weigere, die Unterschrift auf das Papier zu setzen. Er führt gewaltsam meine Hand, und mein Name steht krakelig auf dem Papier. Dann setzt er schwungvoll seine eigene Signatur darunter, und damit bin ich das Eigentum des Fremden. Mutters Mann hat mich verschachert wie einen alten Gaul, den er loswerden will. Mutter weint, und ich bin innerlich starr.

Plump legt der fremde Mann schon wieder seinen Arm um mich. Ich zucke nicht nur innerlich zusammen, denn ich erschauere unter meiner inneren und äußeren Abwehr. Seine Energie ist grob, seine Aura ist schwarz. Er ist das personifizierte Böse für mich. „Oh, große Mutter, warum muss mir das widerfahren. Ich bin eine unberührbare Priesterin", rufe ich innerlich verzweifelt in die Dimensionen des Lichts.

Doch er zieht mich trotz meiner Gegenwehr eng an sich, küsst mir den Mund, sein Speichel rinnt auf meine Lippen. Würgereiz erreicht meine Kehle, als ich ihn wie durch einen Nebel höre, während ich gegen meine Übelkeit kämpfe. Nie zuvor hat es jemand gewagt, derart über meinen Körper zu herrschen, wie er es jetzt bereits tut. „Nun komm, meine Schöne. Du wirst schon sehen, wir beide werden uns wunderbar vertragen, so lange du dich wie eine Frau meines Landes verhältst und meinen Befehlen folgst."

Die Sehnsucht nach der Zartheit von Jeshua verzehrt mich innerlich. Der Gedanke an ihn gibt mir kurzfristig

Kraft. „Ich bin eine freie Priesterin und werde mich niemals wie eine gewöhnliche Frau deines Landes verhalten! Und ich folge schon gar keinen Befehlen eines Barbaren", entgegne ich mit leiser, doch fester Stimme. Vater kommt auf mich zu, schlägt mir wieder und wieder ins Gesicht. Ich spüre, wie mein Gesicht anschwillt, schmecke das Blut auf meinen Lippen. Doch meine Tränen, die ich nur mühsam zurückhalte, gönne ich ihm nicht zum Triumph.

„Nun, wir werden das Wildpferd schon zähmen", lacht der Fremde hämisch. In mir fühle ich eine tiefe Angst aufsteigen. Woher kommt dieses mir so völlig neue Gefühl? Dunkle Erinnerungsfetzen an den Beginn der dunklen Zeiten auf Erden, durch Männer wie hier in diesem Raum, ziehen an meinem inneren Auge vorbei. Ich sehe Frauen, die schreiend davonrennen, und ich weiß, ich bin mitten unter ihnen. Die beiden Männer ziehen sich zum geschäftlichen Gespräch zurück, und ich bin mit Mutter zum ersten Mal seit drei Wochen wieder allein.

„Ich fühle die Angst in dir, meine Tochter. Wisse, es ist die Angst vor der Gewalt, die in allen Frauen dieser Erde lebt, seit die Dunkelheit auf Erden ihren Anfang nahm. Das ist es, was du im Tempel erfahren wolltest und dir so unmöglich schien. Du wolltest die Energien der weiblichen Kraft anheben. Doch ohne selbst diese Angst zu kennen, warst du nicht in der Lage, ganz einzustimmen in den Gesang von Gaia. Vielleicht brauchen wir gerade deswegen diese schrecklichen Erfahrungen, damit wir wissen, erfahren und lernen, was wir transformieren und heilen wollen."

„Oh, Mutter, versuche nicht mir einzureden, dass diese Erfahrungen unserem Wohl dienen", rufe ich entrüstet. „Dieser Mann wird mich niemals in die Knie zwingen. Und doch. Vielleicht hast du recht. Es war mir im Tempel nicht möglich, tiefer in die Mysterien der weiblichen Kraft einzudringen, da ich voller Verachtung für diese Männer, die diese Grausamkeiten an Frauen begehen, und für die Frauen war, die sich all dieses zufügen ließen und lassen. Doch nun habe ich diese Tiefe in mir selbst erfahren. Daher werde ich mich wieder mit der Schöpfung verbinden, um neu zu beginnen."

„Ja!", sagt sie bekräftigend. „So kenne und liebe ich dich. Deine Stärke ist es, die dich letztlich unantastbar machen wird. Ich hätte dich so gerne beschützt vor den Schritten deines Vaters. Doch er stand in hohen Schulden bei deinem jetzigen Ehemann und musste dich ihm übergeben!" Erschrocken hält sie sich die Hand vor den Mund und schaut mich ängstlich an. „Oh, das hätte ich dir niemals sagen dürfen", schluchzt sie laut auf.

Ich hole tief Luft. Mir wird schwarz vor Augen. Die Welle brodelt von ganz tief unten in mir hoch. „Er hat mich verkauft?", schreie ich, außer mir vor Zorn. „Er hat mich wie Schlachtvieh oder ein Opferlamm verkauft? Das wird er bereuen!" Die Männer stürzen aus dem Nebenraum herein.

„Was ist hier los. Was soll das Geschrei?", brüllt der Mann, den ich Vater nannte. „Du hast mich wie ein Stück Schlachtvieh an diesen Barbaren verkauft?", schreie ich ihm entgegen. „All dein Gerede von eigenem Haushalt, Verantwortung und Erhaltung des Geschlechts. Alles nur Lüge. Verkauft hast du mich! Ich rufe alle Kräfte der großen Göttinnen an, damit sie dich vernichten und in ewigem Bann gefangenhalten", verfluche ich ihn öffentlich.

Er schlägt mir hart ins Gesicht, sodass ich zu Boden stürze. „Schweig!", herrscht er mich an. Er tritt mir hart in den Unterleib, mir wird schwarz vor Augen, nicht nur vor Schmerz, sondern vor Demütigung und Ohnmacht. „Keine Tochter darf sich ihrem Vater widersetzen, keine Frau sich ihrem Mann. Meine Motive gehen Weibsvolk nichts an. Und das gilt auch für dich", wendet er sich Mutter zu.

„Vater, warum nur hast du dich so sehr verändert, was ist geschehen?", frage ich, einen Hoffnungsstrahl erfassend und mich daran erinnernd, dass Liebe die Dunkelheit durchbrechen soll. Er lacht mich, plötzlich unsicher geworden, an. „Dummes Geschwätz!", knurrt er. Dann verlassen beide Männer wieder den Raum.

In mir ist blankes Entsetzen. Hilflosigkeit überrollt mich, und Tränen des Grauens rinnen über mein Gesicht. Mutter nimmt mich sanft in den Arm. Wir halten einander in den Armen und weinen die Tränen, die alle Frauen dieser Erde miteinander teilen und verbinden.

„Mein Liebes", flüstert Mutter unter Tränen. „Du musst jetzt ganz tapfer und stark sein. Verbinde dich immer wieder mit deiner Priesterinnenschaft. Nur in dieser Kraft bist du gefeit gegen die Härte deines Mannes. Ich würde mein Leben dafür geben, dir diesen Weg zu ersparen, doch sind mir die Hände gebunden. Oh, hätte ich dir doch die Flucht ermöglicht. Doch nun ist es zu spät. Erinnere dich immer wieder daran, wie es einst war hier auf Gaia. Halte das Bild der vollkommenen Harmonie in deinem Herzen, und die Zeit, bis Jeshua zurückkommt, wird vergehen. Ich weiß, dass er alles daransetzen wird, dich zu finden."

Jeshua! Mein Herz verkrampft sich, wenn ich nur seinen Namen höre, wenn ich nur an ihn denke. Und heute schon wird ein Unwürdiger die Frau in Besitz nehmen und schänden, die er liebt. Ich werde für alle Zeiten beschmutzt und seiner unwürdig sein.

Mich schaudert bei dem Gedanken daran, mit diesem Fremden, der nebenan mit meinem Vater spricht, allein zu sein. Doch der Zeitpunkt rückt unaufhaltsam näher. Der Rückweg ist mir versperrt. Der Mann, der sich mein Vater nennt, hat meine Hand zur Unterschrift geführt. Ich bin eine verheiratete Frau. Und keine verheiratete Frau darf das Tempelheiligtum betreten.

Myriam betritt unser Haus. Ich sinke in ihre Arme und lasse meinen Tränen freien Lauf. Sie redet beschwichtigend auf mich ein. „Oh, meine geliebte Tochter. Wie sehr schmerzt mich deine Qual. Wie grauenhaft das alles für dich ist, fühle ich tief in meinem eigenen Herzen. Doch bitte versprich mir, nicht zu verzagen. Du erfährst gerade, was alle Frauen erfuhren und bis heute erfahren, seit die Dunkelheit sich auf die Erde senkte. Erinnere dich immer an das, was du in deiner Zeit im Tempel gelernt hast.

Ich weiß es tief in mir, es wird für dich nur eine kurze Zeit dauern, dann bist du wieder in der Freiheit, die jeder Frau gehören muss. Deine Mission ist festgeschrieben von dir selbst. Ich weiß es, denn ich war dabei, als du noch in der anderen Dimension warst. Dem gewählten Weg der Seele kann niemand entgehen, und nichts und niemand wird dich hindern können, deinen Weg zu gehen."

Ihre Worte geben mir neue Kraft, so, wie unser Zusammensein mir immer Kraft und Zuversicht gab. „Warum?", frage ich. „Warum sind diese Männer so? Warum schlägt und tritt mich der Mann, der sich mein Vater nennt? Warum demütigt er mich dermaßen und verkauft mich an einen wildfremden Menschen, der heute schon meinen priesterlichen Körper beschmutzen wird? Dieser Mann hat allein mit seinem Blick die Göttin in mir in den Schmutz gestoßen. Ich kann es kaum ertragen, mit diesem Menschen von dir und euch allen hier fortgehen zu müssen."

„Magdalena", sagt sie zart. „Sie sind so, weil sie nicht die Saat der Göttin in sich tragen und dem Übel dieser Welt folgen. So ist es, seit die erste Frau aus dem Reich der Göttinnen in einem menschlichen Körper diesen Boden der Erde betrat. Du hast deine Mission, diesen Samen der Göttin in eine neue Generation zu tragen. Darum habe ich mein Leben im Tempel aufgegeben, denn diese Mission, die ihr, Jeshua und du, beschritten habt, ist die wichtigste Mission, die je auf der Erde manifest wurde.

Du und Jeshua werdet die Basis legen, damit auch in einem männlichen Körper endlich die Liebe und Weisheit der Göttin Einzug halten. Adam wurde erschaffen ohne den Anteil der liebenden weiblichen Kraft. Aus ihm sind alle Männer dieser Erde hervorgegangen, bis heute. Du und Jeshua, ihr seid dazu bestimmt, der Erde eine neue Generation Menschen zu schenken, und alles wird sich fügen, damit die dunkle Zeit auf Erden sich dem Ende zuneigt.

Ich weiß, es ist ein wenig früh, darüber zu sprechen, und dir mag das unglaublich klingen. Doch die Zeit eilt, und schon sehr bald wirst du nicht mehr hier bei uns sein. Bitte, Liebes, verzweifle nicht. Gehe in dich, wenn du glaubst, es nicht mehr ertragen zu können. Tief in deiner Seele weißt du es, kennst du deinen Weg. Tiefes Mitgefühl mit der weiblichen Kraft auf dieser Erde und mit Gaia war das, was dir noch fehlte. Du hast niemals selbst die Demütigungen erfahren, die in den letzten drei Wochen dein Leben geprägt haben. Jetzt, in der Erfahrung all diesen Übels und in der Erinnerung an deine vergangenen Demütigungen wird dein Herz sich weiten für alle Frauen dieser Welt, für das Leid von Gaia mit ihren Töchtern und für die Wunden der Schöpfung. So findest du die reine Kraft der Göttin in dir, für deinen Weg.

Nein, es ist nicht so, dass du leiden musst. Siehe deinen Ehemann als Werkzeug für den Weg deiner Seele. Wo Worte uns nicht weiterbringen, wählt die Seele das Leiden. Daher benutze ihn als Wegweiser. Wie gerne würden Sarah und ich dir diesen Schmerz abnehmen, ihn dir ersparen, doch jede Seele wählt sich immer die Ecksteine, die sie auf den erwählten Weg zurückführt. Siehe daher diesen deinen Ehemann als Eckstein.

Erhebe deinen Kopf im Stolz des Bewusstseins, dass du eine Göttin bist. So hast du es im Tempel erfahren und gelernt. Wappne dich mit der Kraft, die in dir ist, die du transformiert hast, bleibe bei deinen Übungen und Meditationen. Sie werden in der nächsten Zeit dein einziger Halt und die einzige Rückbindung an dein wahres Selbst sein. Ich segne dich für deine Prüfung, die du heute antrittst. Bitte bleibe stark in dem Bewusstsein deiner göttlichen Seele, die selbst sich diesen Weg erwählt hat, und alles wird sich wenden."

Während Myriam zu mir spricht, werde ich innerlich immer ruhiger. Da ist dieses Wissen in mir, doch ich kann es nicht greifen. Warum machen wir selbst es uns derart schwer, anstatt einfach dem Weg unserer Seele zu folgen? Warum sind so viele Stolperfallen in uns selbst? Wäre ich nicht in meinem Zornausbruch davongelaufen, wäre alles ganz anders gekommen. Wie ausgeklügelt ist doch der Weg unserer Seelen, damit wir auf jeden Fall in unserem Sein weiterkommen.

„Liebe Myriam, ich danke dir von Herzen für deine warmen Worte. Dieses ist die Tiefe in dir, die mir noch fehlt. Und ja, du hast recht. Ich fand niemals den Zugang zu meinem Mitgefühl. In mir waren Stolz und Urteil darüber, dass Frauen sich so erniedrigen lassen, wie es allerorts geschieht. Ich kannte nur unser göttliches Sein im Tempel, in Einklang mit der weiblichen Kraft und der Schöpfung aus ihr. Ich kannte dein Sein, du, die du so stark und frei in dir bist. Selbst meine Mutter hielt ich in ihrer Ehe für frei.

Oh, wie sehr ließ ich mich täuschen, anstatt mich in sie einzufühlen. Ich wusste ja nicht, dass wir keine Chance gegen männliche, physische Überlegenheit haben als die, die in unserer Seele ist. Ich habe jetzt erfahren, dass ich körperlich nichts gegen einen gewalttätigen Mann ausrichten kann, und mein Herz ist erfüllt von Mitgefühl für alle Frauen dieser Welt, die keine Wahl haben. Doch am tiefsten ist das Mitgefühl für mich selbst geworden. Ich habe eine Wahl, denn in mir bin und bleibe ich frei. Ich werde mich in mein Schicksal fügen und an der Seite des Mannes, den der Mann, den ich bisher Vater nannte, mir aufzwingt, diesen Ort verlassen. Ich werde euch alle so schrecklich vermissen!"

Plötzlich rinnen wieder die Tränen aus meinen Augen, denn ich fühle schon jetzt, wie einsam ich sein werde. Ich fühle schon jetzt, wie sehr Myriam mir fehlen wird, die mir oft mehr Mutter war als meine eigene Mutter, weil sie mich fühlen konnte. Wie viel haben Mutter und ich versäumt, da sie mich schützen wollte vor der Wahrheit, die sie leben musste. Wie wenig hatte ich selbst hingeschaut. Mein ganzes Leben bestand bisher aus meinem abgeschirmten Leben im Tempel und den kurzen Augenblicken der Verbundenheit mit Jeshua. Oh, wie blind und egoistisch bin ich in meiner Jugend durch mein und das Leben der Frauen um mich herum gegangen.

Nun überschlägt sich alles. Die Männer kommen heraus. Der, der sich mein Ehemann nennt, nimmt meinen Arm, befiehlt ein paar Leute herein, die meine Sachen holen, und ordnet an, Abschied zu nehmen. Dieser ist nur noch sehr kurz, denn kurzentschlossen nimmt er mich aus dem Arm meiner Mutter auf seine Arme, trägt mich hinaus und setzt mich in den überdachten Wagen, der draußen wartet. Schamesröte überzieht mein Gesicht. Empörung wallt in mir hoch. Wie kann er es wagen, mich wie ein unmündiges Kind zu behandeln und mich davonzutragen. Selbst einem Kind würde ich das niemals antun. Doch ich beschließe zu schweigen, während die Kutsche sich in Bewegung setzt. Und schon entschwindet der Ort meinem Blick. Tränen vernebeln meine Sicht. Ich fahre einem ungewissen Schicksal entgegen. Glücklicherweise lenkt er den Wagen selbst, sodass ich meinen Gedanken folgen kann.

Tief hallen Myriams Worte in mir nach, und ich erkenne endlich die Wahrheit. Wie sehr haben die Riten im Tempel, in denen es darum ging, Mitgefühl für Gaia zu finden, mich gequält. In meinem Stolz verachtete ich die Frauen dieser Erde, und mit dieser Verachtung traf ich auch Gaia, ohne mir dessen bewusst zu sein.

Stolz und Zorn sind die Dinge in mir, die nach Erlösung schreien, wenn ich selbst mich befreien will. Ich muss und werde die Demut erlernen, die die Größe der Schöpfung, die Größe unserer eigenen Seele, uns abverlangt. Die Göttin in mir wird den Frauen dieser Erde die große Göttin der Schöpfung, die alles ist, zurückgebären.

Wir fahren in einen großen Hof ein, und ich steige gefasst und gestärkt aus dem Wagen. Der Mann, der mich sein Eigentum nennt, führt, nein, er schiebt mich in das große Haus, das Reichtum, Glanz, Luxus und Einfluss ausstrahlt. Eine unübersehbare Anzahl von Bediensteten steht in der goldglänzenden Halle, um mich zu empfangen. Ich bin geblendet von so viel Überfluss.

Die Bediensteten gehen vor mir in die Knie. Als ich sie bitten will, sich zu erheben, herrscht mein Mann mich an, seine Angestellten nicht zu verhätscheln. Eine junge Frau kommt zaghaft auf mich zu, und er stellt sie mir mit sarkastischem Unterton als meine persönliche Bedienstete vor. Sie schaut mich hasserfüllt an, und eine kalte Hand greift nach meinem Herzen. Erst sehr viel später soll ich erfahren, dass sie seine Geliebte ist. Doch was sollte mir das ausmachen? Je mehr Geliebte er sich nimmt, desto mehr lässt er mich in Ruhe.

Mein neuer Alltag

Am nächsten Morgen erwache ich geschwächt, geschunden und beschmutzt. Meine Albtraumhochzeit endete in einer Albtraumnacht. Nachdem ich mein Reinigungsritual, das ich im Tempel erlernte, mit meinen auserwählten Essenzen durchgeführt hatte, lag ich noch lange wach, in einem fremden Bett, in einem fremden Haus, mit einem schnarchenden Fremden an meiner Seite. Mir fehlte meine heilige Essenz, um das Ritual vollwertig zu erfahren. Ich grübelte lange, wie ich es schaffen kann, mir die notwendigen Mittel zu besorgen. In meiner Verzweiflung hatte ich diese wichtigen Dinge vergessen.

Er hat ausgiebig seine Stute zugeritten, wie er mir immer wieder zurief. Die Verzweiflung und der Abscheu ließen mich den Todesengel rufen. Welche Erlösung wäre der Tod für mich gewesen. Alles Wehren half nicht, denn er schlug mich so lange, bis ich ihn wehrlos über mich ergehen ließ. Nie zuvor, auch nicht im Hause meines Vaters, fühlte ich mich gedemütigter. Meine Sehnsucht nach Jeshua, nach seiner sanften Stimme und Hand wurde übermächtig in mir. Doch alles Verzweifeln, Beten und Weinen half nicht. Das Schicksal hatte für mich anderes im Sinn. Ich wusste, für Jeshua bin ich verloren, denn ich bin unrein geworden durch den Samen des Fremden in mir.

Im Haus finde ich mich recht bald zurecht und ordne den Haushalt, wie es von mir erwartet wird. Lediglich einen Raum erbitte ich für mich selbst, den er mir bewilligt. Hier richte ich mir meinen Tempel ein. Hier ist der Ort meiner inneren Ruhe und meines Friedens. In vielen Nächten, wenn der Fremde auf Reisen ist, begegne ich Jeshua in den Traumdimensionen. Diese schlafenden Zeiten werden zu meinem Lebensquell, denn hier finde ich Heilung, Trost und Zuversicht. Und egal wie die Nacht bei diesem Fremden war, mit dieser Erinnerung am Morgen habe ich die Kraft, einen neuen Tag durchzustehen. Ob Jeshua sich wohl ebenso wie ich an unsere nächtliche Begegnung erinnert? Wie wenig weiß ich doch in Wahrheit über ihn und sein Sein.

Nach kurzer Zeit, die mir jedoch wie eine Ewigkeit erscheint, wird mir klar, dass ein neues Leben in mir heranwächst, doch ich empfinde keine Freude. Ein fremdes Leben benutzt diesen meinen Körper, um sich selbst zu ernähren und mich an ein Haus zu fesseln, das nicht das meine ist. Ein unlösbares Band, das mich mit dem Fremden zu einer Einheit werden ließ, die ich nicht wollte, wächst in meinem Körper heran, dem Leben entgegen.

Meinen Zorn habe ich längst tief in mir vergraben, denn er zieht unweigerlich Schläge nach sich. Meinen königlichen Stolz, der jeder Priesterin zueigen ist, vergrabe ich ebenfalls tief in mir, denn er ist Stein des Anstoßes für ihn. Mir diesen Stolz auszuprügeln, ist seine selbsterwählte Mission, die er voller Hingabe ausübt.

Ich erwarte die Geburt eines Kindes, das niemals mein Kind sein wird. Es ist sein Kind, das ich für ihn trage, ernähre und in diese Welt entlassen werde. Welcher Missbrauch an uns Frauen! Die Zeit der Schwangerschaft ist jedoch auch eine tiefe Entspannung für mich, denn er lässt mich in Frieden. Hinzu kommt, dass Zuneigung zu diesem Wesen, das in mir zum Leben erwacht, in mir aufkeimt, je größer es wird. Es ist ein neues Leben. Nur die Göttin kann Leben schenken. Diese Göttin erwacht in mir. Sie nährt meinen priesterlichen Stolz, und mit ihm kehren meine Lebensgeister zurück.

So danke ich Gaia, dass ich erwählt bin, Leben zu schenken. Ich erkenne, es ist meine Mission, Gaia ihre Tochter als freie Frau in der Bewusstheit ihrer Stärke zurückzuschenken.

Als sein kleiner Sohn geboren ist, kehrt jedoch die Enttäuschung zurück. So sehr hatte ich mir eine Tochter gewünscht. Myriams Worte klingen in meinem Ohr, dass dem männlichen Sein die Gene der Göttin fehlen.

Niemals, so schwöre ich mir, wird aus diesem unschuldigen kleinen Jungen ein solch rohes Wesen, wie es sein Erzeuger ist. Ich beschließe, mich mit aller Liebe, deren eine Mutter fähig ist, um seine Erziehung zu kümmern und die Saat der Göttin, wenn sie schon nicht in seinen Genen ist, so doch in sein Herz zu senken. Ich sehe diesem kleinen Wesen in die Augen, und mein Herz schmilzt dahin vor seiner Hilflosigkeit.

Sechs Wochen dauert unsere vertraute Innigkeit, dann kommt er, nimmt das Bündel Mensch und erklärt, dass ich unfähig bin, seinen Sohn zu erziehen. Alles Weinen, Flehen und Bitten hilft nichts. Er verschwindet, und ich weiß, ich werde meinen Sohn niemals wiedersehen, bevor er erwachsen ist.

Da ist er wieder, der Zorn. Die Göttin in mir erwacht zu neuem Leben. Und ich weiß, wenn ich nicht aus seiner Nähe verschwinde, dann werde ich ihn töten, wenn er im Schlaf liegt. Die Kraft in mir wächst und wächst. Aus meiner Hilflosigkeit und Verzweiflung erwacht die Kraft der Göttin, die Leben schenkt und nimmt. Ich muss fliehen!

Doch wohin? Die Göttin in mir schreit: „Es ist egal! Nur weg! Es ist genug! Fliehe, bevor du ihn tötest, denn dann ist deine Mission für alle Zeiten gescheitert." Und ja. Die Stimme in mir, sie sagt die Wahrheit. Wenn ich meine Rache lebe, dann werden sie mich steinigen, und ich werde dem Tod nicht entgehen. So warte ich einige Tage, in denen ich folgsam seinen Anweisungen folge, bis er endlich zu einer Geschäftsreise aufbricht.

Meine persönliche Zofe befindet sich in einem seelischen Tief, sodass ich etwas Freiraum für mich finde. Ich erkläre ihr, dass ich einige Tage in meinen Räumen meditieren und fasten werde und nicht gestört werden will.

Sie kennt diese Zeiten in meinem Sein, wenn ich tagelang ohne Nahrung in meinem Tempel verbringe. So zuckt sie nur die Schultern und entschwindet meinem Blick.

In der Nacht, als die Bediensteten sich zur Ruhe begeben haben, ergreife ich mein Bündel, nehme genügend Münzen aus dem Schrank und verschwinde.

Ich trage meinen alten, roten Mantel aus dem Tempel. So weiß jeder, der mir begegnet, dass ich eine Priesterin des Tempels des Lichts und damit unantastbar bin. Ich entkomme unerkannt und entferne mich mehr und mehr vom Ort des Schreckens. In einer Herberge der Schwestern- und Bruderschaft des Lichts, die es an jedem Ort gibt, in der Reisende sich erholen können, erfahre ich durch einen sehr freundlichen Mann, der mich voller Ehrfurcht betrachtet, von Johannes, der am Jordan predigt.

Johannes, Freund meiner, unserer Kindertage. Mein Herz jubelt vor Freude und Erleichterung. Die Bilder überfluten mich. Jeshua, Johannes und ich spielend am Brunnen in unserem Dorf. Welch wundervolle Zeit hatten wir als Kinder miteinander geteilt, und wie lange lag diese zurück.

Ich erfahre, dass Johannes der Frau von Herodes Unterschlupf und Halt geschenkt hat. Mein Herz hüpft erneut vor Freude. Wenn mein alter Freund Herodes die Stirn bietet, dann wird er auch mir einen Weg weisen können.

Oh, wie tief sind wir Göttinnen gesunken, dass wir einen Mann brauchen, der uns in die Freiheit verhilft. Oh, wie wunderbar ist es, dass es heute wieder Männer gibt, die die Göttin schützen und ehren. Wie lange wird es noch dauern, dass die Göttin dieses Schutzes bedarf?

Johannes, der Gerechte

Ich erwache erfrischt, wie schon sehr lange nicht mehr, in einem fremden Raum. Ich fühle mich wunderbar. Ich habe es tatsächlich gewagt, ihn zu verlassen. Ein Lachen erhebt sich aus meiner Seele. Ich bin frei. Endlich wieder frei. Mir bleiben noch einige Tage, bevor er entdecken wird, dass ich verschwunden bin. Diese Tage muss ich nutzen, um für ihn unauffindbar zu werden.

Es ist mir bewusst, dass meine Flucht meinem eigenen Todesurteil gleichkommt. Wenn er mich findet, wird er mich der Gerichtsbarkeit übergeben oder mich mit eigener Hand töten. Doch ist der Tod besser, als noch einen Tag an seiner Seite zu verbringen. Ich kleide mich rasch an und zahle den kleinen Betrag für die Übernachtung. Dann mische ich mich unter das Volk und gehe zum Jordan, um nach Johannes zu suchen.

Nach langem Weg, auf dem ich mit jedem Schritt meine neue Freiheit genieße, fühle ich mich freier und freier und erreiche gegen Abend das Gebiet am Jordan. Schon von weitem sehe ich eine große Menschenmenge. Je näher ich komme, desto klarer wird mir, welchen Schritt ich ging.

Ich tat das Undenkbare, indem ich meinen Ehemann verließ. Sobald er das meldet, bin ich eine Gejagte. Mir droht der sichere Tod. Eine Rückkehr in den Tempel ist nicht möglich. Ich würde dort zwar aufgenommen, doch nur in den Räumen der verlassenen Ehefrauen oder derer, die ihrem Mann davongelaufen sind. Hier werde ich zwar Schutz finden, doch darf ich nie wieder an dem Leben im Tempel selbst teilhaben. So will ich mein Leben nicht leben. Und endlich sehe ich ihn: Johannes!

Laut und klar ertönt seine Stimme, während er zu den Anwesenden spricht. „Wahrlich, ich sage euch. Gott, der Herr, ist nicht zu finden in euren Schriften. Ich sage euch, es gibt keinen solchen Gott! Die Schriften sind Lüge, um euch zu verblenden. Die Schriften und der Gott dieser Schriften wollen euch gefangenhalten in der ewigen Dunkelheit, die dieser Gott selbst auf diese Erde brachte. Der Gott eurer Schriften ist ein Barbar, der sich von eurer Angstenergie nährt.

Erwacht, meine Freunde. Kehrt der Finsternis den Rücken, indem ihr den Schriften und den Schriftgelehrten keinen Glauben und keine Beachtung mehr schenkt. Ich bin die vollkommene Kraft, die durch mich wirkt. Du, jede und jeder Einzelne von euch ist die vollkommene Kraft des Lichts, wenn du sie in dir wiedererweckt hast.

Du trägst Gott in dir, denn du bist vollkommenes, göttliches Sein, wenn du dein Herz der Liebe, der Freiheit und der Quelle öffnest. Das gilt ganz besonders für euch, ihr Frauen, die ihr in Unterdrückung und Versklavung lebt. Niemals wurdet ihr erschaffen, um dem Mann zu dienen.

Ihr habt euch selbst erschaffen, um der Erde ihr Eigentum zurückzuschenken. Nur durch euch können Friede, Leichtigkeit und das universelle Leben auf die Erde zurückkehren, und damit in euer tägliches Leben."

Gebannt und ungläubig hängen die Menschen an seinen Lippen. Oh, wie sehr ich sein Feuer liebe. Er lässt seinen Blick über die Menschen wandern, senkt seinen Blick in dieses und jenes Auge. Dann erfasst sein Blick mich am Rande der Menschenmenge. Ein noch tieferes Leuchten tritt in seine Augen, während er festen Schrittes auf mich zukommt. Weit öffnet er seine Arme und ich bette meinen Kopf an seine Brust. „Willkommen, geliebte Freundin. So lange habe ich auf dich gewartet, und nun endlich ist der Augenblick gekommen, an dem deine Mission ihren Anfang nehmen kann. Komm und folge mir."

Er zieht mich wie in Kinderzeiten hinter sich her. Ich folge ihm gerne und willig. Vor den Menschen bleibt er mit mir stehen, dreht mich der Menschenmenge zu, und ich werde hochrot. Doch schon beginnt er zu sprechen: „Sehet, das ist die Göttin in Menschengestalt, der ich den Weg bereitet habe. Sie wird euch mit ihm, der nach mir kommt, in die Freiheit führen!"

Die Menschen vor mir gehen in die Knie, und ich glaube, im Erdboden zu versinken. „Johannes, was sprichst du von mir?", frage ich fassungslos. „Bitte, ihr lieben Menschen, erhebt euch!"

144

Johannes lächelt und wendet sich dem Jordan zu. „Komm, Magdalene, ich will dein Diener sein!" Verwirrt und sehr verlegen folge ich ihm an den Jordan. Hier nimmt Johannes meine Hände in die seinen. „Ich möchte dich erheben in deinen Stand als freie Priesterin des Lichts in ihrer irdischen Mission", sagt er feierlich und so ernst, dass alle meine Zweifel verschwinden.

Johannes beugt sich nieder, streift mir die Schuhe von den Füßen, zieht mich in das Wasser des Jordan und wäscht mir sanft die Füße. Ich bin so überrascht, dass ich völlig vergesse, ihm diesen Frondienst zu verwehren. Mehr als ein Jahr lang musste ich einem Mann die Füße waschen, den ich verabscheute, als Zeichen meiner Unterwürfigkeit, die ich verabscheute. Nun wäscht mein Freund aus Kindertagen mir die Füße und befreit mich damit von den langen Monaten der Unterdrückung durch einen Mann und damit von der Unfreiheit. „Ich verneige mich vor deiner Größe, Magdalene!"

Wieder erröte ich, doch die leise Stimme in mir erinnert mich an die Worte, die ich aus Myriams Mund vernahm. „Du hast eine Mission. Du wirst eine neue Generation Menschen der Erde zum Geschenk machen!" Über mir erhebt sich der Himmel in einem sanften Blau, ich schließe die Augen und spüre, wie die Göttin selbst über mich kommt. Mit einem tiefen Atemzug atme ich das köstliche Blau des Himmels in mich ein und fühle, wie ich mehr und mehr erfüllt werde mit der vollkommenen weiblichen Kraft der Quelle. Ich wende mich um, schaue auf die Menschen und höre mich sprechen:

„Liebe Freundinnen und Schwestern. Ich wende mich bewusst an die Frauen unter euch. Liebe Schwestern, erhebt euch in eure wahre Kraft. Ich bin hier, um euch den Weg zu weisen, wie jede von euch die göttliche Kraft der vollendeten Weiblichkeit in sich selbst erfahren und leben kann. Von heute an stelle ich mich in euren Dienst, Frauen meines Landes. Von heute an werde ich alles tun, damit eure Wunden heilen und ihr einem Leben in Freiheit entgegenschreiten könnt. Die Göttin, die ich bin, grüßt und ehrt die Göttin, die du bist. Jede Einzelne von euch soll erkennen und erfahren, wie stark die Kraft der Göttin in ihrer Weiblichkeit ist. Sie allein in dir kann unser Land und die Erde in die Freiheit führen."

Erstaunt über mich selbst wende ich mich Johannes zu. „Ich muss dringend mit dir reden. Gibt es einen Ort, an dem wir ungestört sind?" Er bittet die Menschen am Jordan, uns zu entschuldigen, und weist mir den Weg zu einem Zelt.

Der Innenraum ist angenehm kühl, und das Zelt ist luxuriös ausgestattet. Schnell erzähle ich ihm von meiner Ehe, meiner Erniedrigung und meiner Flucht. „Es ist mir eine Ehre, dass du zu mir gekommen bist, meine Freundin. Selbstverständlich stehst du unter meinem Schutz", sagt er fest. „Du bleibst hier bei mir, bis Jeshua kommt und ihr mit eurem gemeinsamen Weg beginnen könnt." Voller Dankbarkeit schaue ich ihn an, und erst jetzt wird mir richtig bewusst, dass ich wirklich wieder frei bin.

„Magdalene, du kannst bereits hier beginnen, so wie du es vor kurzer Zeit dem Volk angekündigt hast. Den Anfang hast du gemacht. Ich werde dir ein Zelt her- und einrichten lassen. Beginne mit den Frauen unseres Landes schon jetzt, hier neben mir am Jordan."

„Johannes, ich weiß, dass ich zu den Frauen sprach. Doch kenne ich nicht den Weg, wie ich zu ihnen sprechen soll. Mir ist nicht ganz klar, wie ich ihnen weiterhelfen kann. Ihre Männer werden sie steinigen lassen, wenn sie meinen Worten folgen."

„Es wird so sein, wie du es sagtest. Es sprach aus dir, denn es ist alles in dir selbst angelegt. Deine innere Führung wird deinen Weg leiten und bereiten. Vertraue auf dich und deine verborgenen Fähigkeiten. Dann wirst du voller Freude sein, und die Frauen unseres Landes werden deinem Beispiel folgen. Ich wusch dir die Füße und erhob dich damit in den Stand einer gleichwertigen Partnerin, so, wie es alle tun, die mir nachfolgen. Ihre Männer lass meine Sorge sein. Sie werden sich mit ihren Frauen wandeln, wenn du die Kraft der Göttin in ihnen erweckst. Doch du musst müde sein. Komm, ich lasse dir dein Lager bereiten." Damit geht er hinaus und überlässt mich meinen Gedanken.

Als ich am nächsten Morgen erfrischt erwache und mein Zelt verlasse, warten bereits einige Frauen auf mich. „Ich bin Sefarin", tritt eine junge Frau zu mir. „Bitte, ich möchte deine Worte hören. Ich möchte eine freie Frau sein wie du. Kannst du mich lehren, was ich vergessen glaube?"

Mein Herz wird ganz weit, als ich sie so hoffnungsvoll vor mir stehen sehe. Und endlich gelingt mir, was mir zuvor nie gelang: Ich fühle sie. Ich fühle den tiefen Schmerz der Erniedrigung vieler Inkarnationen und die Trauer darüber in ihrem Herzen.

Tiefes Mitgefühl für alle Frauen dieser Erde strömt aus meinem Herzen. Ich schaue ihr tief in die Augen und sage: „Sefarin, was immer in meinen Mächten steht, werde ich tun, um dir und euch allen hier zu helfen, die wahre weibliche Kraft der großen Schöpfergöttin in euch selbst zu erfahren. Nur indem Frauen in sich heil werden, kann die große Göttin, von der jede Einzelne von uns ein Teil ist, wieder Wurzeln auf der Erde fassen und die Erde in den Ort des Lichts zurückverwandeln, der sie einst war. Kommt, ihr Lieben, lasst uns einen anderen Ort wählen. Johannes wird sich um eure Männer kümmern."

Wie selbstverständlich führte ich sie weiter zum bereits errichteten Zelt.

Wir beginnen unsere erste Unterrichtsstunde, und ich erkenne, dass zuerst der Bildungsnotstand aufgeholt werden muss. Also beginne ich damit, den Frauen das Lesen und Schreiben beizubringen. Noch fühle ich mich geschwächt durch die letzten beiden Jahre meines Lebens, doch ich spüre, wie die Gegenwart dieser einfachen Frauen aus dem Volk mich meine Qualen mehr und mehr vergessen lässt.

Sie alle haben so viel mehr an Demütigen erfahren als ich, denn sie alle lebten bisher nach der Religion dieses Landes. Eine dunkle Religion, die alles, was weiblich ist, in tiefste Verdammnis stürzt.

Meine Aufgabe ist es, diesen Frauen, die mir vertrauen, zu beweisen, dass sie die wahren Besitzer des Universums sind. Meine Aufgabe ist es auch, in diesen geschundenen Seelen die Kraft der großen Schöpferin neu auferstehen zu lassen, damit die Vergewaltigung der Schöpfung, die seit vielen Jahrtausenden auf Erden stattfindet, endlich zum Ende gelangt.

Meine Lehrtätigkeit unter dem Schutz von Johannes

Nun lebe ich bereits seit drei Tagen hier am Jordan. Ich komme langsam wieder zu Kräften. Die Gegenwart von Johannes, und vor allem die abendlichen Gespräche mit ihm, lassen mich immer mehr meine alte Lebensfreude zurückgewinnen. Wenn nicht das Bewusstsein in mir wäre, dass ich durch meine Flucht eine Ausgestoßene bin, könnte ich mein neues Leben in vollen Zügen genießen. Doch die Angst vor der Gefangennahme wird mein Leben begleiten, so lange ich in Freiheit bin.

Die Gruppe der Frauen um mich herum ist mittlerweile auf fünfundzwanzig angewachsen. Sie lernen freudig, gerne und willig, und so ist heute ein ganz besonderer Tag, denn ich versprach, ihnen am Abend die Augen zu öffnen für das, was ihnen, allen Frauen dieser Erde, und ganz besonders der Erde selbst, angetan wurde, seit die Barbaren die Erde überfielen. So lässt Johannes ein sehr großes Zelt errichten, denn die Männer seiner Gefolgschaft wollen ebenfalls die Geschichte der Qualen der Erde vernehmen.

Das Zelt füllt sich sehr schnell mit Lebendigkeit, Lachen und fröhlichen Menschen. Als ich mich erhebe, verstummen sie in andächtigem Schweigen. Es überrascht mich immer noch, dass sie mir so respektvoll begegnen. Ich bitte die Anwesenden, die Augen zu schließen. Auch ich schließe meine Augen und fühle, wie die Kraft der Göttin mich erhebt und erfüllt. Sie zeigt mir Bilder, die ich tief in mir als die Wahrheit erinnere. „Sprich, meine Freundin! Erzähle ihnen, was du siehst", flüstert sie mir leise zu. Und ich beginne mit der Geschichte der Vergewaltigung unserer Erde.

„Einst, vor ewigen Zeiten, es mögen dreihundertfünfzigtausend Erdenjahre sein, war die Erde noch jung. Sie wurde geschaffen aus den Göttinnen von den Sternen. Krieg herrschte unter den Planeten. Die Abgefallenen bekämpften uns. Sie wollten das Universum beherrschen. Sie wollten Gott über alles sein. Unser wundervolles Planetensystem war explodiert unter den Experimenten der sich aus der Einheit Entfernenden. Dieser männliche Ausdruck der Quelle wurde immer härter, gewalttätiger und dunkler. Und je dunkler sie wurden, desto grobstofflicher wurden sie.

Sie entglitten dem positiven Einfluss der Nähe zur Quelle mehr und mehr. Sie vergaßen, dass es die Quelle gibt. Sie vergaßen, dass Quellebewusstsein Harmonie, Vollkommenheit, Freude ist. Sie hielten sich letztlich für die Quelle, für Gott selbst.

Das Universum, erschaffen aus allen weiblichen Kräften der Quelle, wurde durch die abgefallenen Männer dunkler und härter. Sie griffen uns an, wollten uns unterjochen oder auf ihre Seite ziehen. Doch viele Söhne und Töchter der Göttin, die die Bindung an die Quelle aufrechthielten, bewahrten sich ihre Liebe und ihren Glanz.

So begannen die ersten Kriege der Abgefallenen gegen die Lichten. Es war der Krieg im Universum der Dunkelheit gegen das Licht oder der Kampf der Bösen gegen die Guten. Alleine, wir kannten diese Begriffe nicht, doch ich verwende sie zu eurem besseren Verständnis.

Sie waren bereits so besessen von ihrer Idee, Herrscher über alles und jeden zu sein, dass sie uns mit ihren mentalen Kräften schwächen wollten. So lange wir unsere Anbindung an die Quelle hielten, prallten ihre Angriffe von uns ab. Damals entstand erstmals der Begriff „die Göttin", und unser lichtvolles Planetensystem Timarilamaa repräsentierte die Schöpferkraft der Quelle in allen Attributen ihrer Weiblichkeit. Da die mentalen Kräfte derer, die uns fremd waren, uns keinen tiefen Schaden zufügen konnten, entwickelten sie Geräte, die unsere Körper zerstören konnten. Ihr nennt diese Geräte bis heute Waffen.

Viele von uns hauchten ihre Seele in der physischen Form aus, die jedoch durchscheinend und ätherisch war. Wir schufen uns eine neue Form, denn die weibliche Kraft der Quelle, die ich von nun an „die Göttin" nenne, kann alles immer wieder neu aus sich selbst heraus erschaffen.

Nur sie ist die wahre Erschafferin allen Seins. So erschafft sie aus sich selbst heraus ihre Töchter und Söhne, die sie selbst ist. Es gab sie, diese liebenden Söhne, doch sie wurden von der Erde verbannt. Es gab immer schon Frauen und Männer aus der Göttin geboren. Doch die Dunklen vernichteten viele der Frauen und löschten die Männer aus, um sie durch neue Männer zu ersetzen, die sie selbst erschufen. Den ersten dieser Männer nennt ihr in euren Schriften Adam.

Unser wunderbarer Planet, Timarilamaa, explodierte in einem unerklärbaren Knall. Ein Aufschrei des unendlichen Entsetzens erschütterte unsere Dimension. Die erste Explosion durch die Kraft ihrer Waffen schleuderte uns aber auch sie in die Dimension, die heute die Erde und viele andere Planetensysteme beherbergt. Es ist dies unser Sonnensystem, wenn ihr zu den Sternen aufblickt. Doch es ist so unendlich viel größer, als eure physischen Augen es wahrnehmen können.

Wir fanden uns schnell zurecht, erschufen uns eine neue Heimat. Doch die Erfahrung ließ uns erahnen, dass wir Gegenmaßnahmen ergreifen mussten.

Die Abgefallenen hatten nichts gelernt aus ihrem Verhalten. Sie griffen uns weiter an, bis eines Tages der Zorn der Göttin in unseren Frauen und Männern erwachte. So wurde in uns die Kriegerin geboren. Wir sind die Kriegerinnen der Quelle.

Unsere Frauen stärkten ihre mentalen Kräfte, und unsere Männer bauten ihre Waffen nach, damit wir uns schützen können, wenn sie uns erneut angreifen. Erstmals fanden Kriege statt in unserer Erfahrung. Auch unsere Frauen nahmen teil an den Kämpfen. Sie waren erfolgreich, denn in ihnen war der tiefe Zorn einer Schöpferin gegen den Verrat des Lichts der anderen.

Nur die Göttin kann Leben schenken, und nur die Göttin hat das Recht, es zu nehmen. Der männliche Teil der Quelle dient der weiblichen Kraft. Er gibt sein Bild. Wenn der Göttin dieses Bild entspricht, dann nährt und ernährt sie dieses Bild, bis die Schöpfung vollkommen ist. Dieses war die Zeit, die ihr tief in euch als das Matriarchat erinnert, das auf Erden lange Zeit ebenfalls seinen Platz hatte. Die Erde ist ein Planet, geschaffen von Göttinnen, getragen von einer Göttin für die Göttinnen des Universums, in weiblicher und sanft liebender Gestalt.

In all diesen Wirren im noch jungen Universum beschlossen wir, die Erde zu erschaffen. Gaia wollte die Seele der Erde sein. Mit ihrem männlichen Dual wollte Gaia eine Insel des Lichts im Universum sein, damit wir wieder ganz nahe der Quelle sind. Gaia und viele ihrer Schwestern besaßen trotz ihres Schmerzes, weil wir unser Timarilamaa verloren hatten, die reinen Energien der Quelle. Diese Energien verdichteten wir, und es entstand die junge Erde, von Gaia beseelt.

Dieser junge Planet, den ihr Erde nennt, war vollkommen in seiner weiblichen Kraft. Nichts erinnerte an die destruktiven Kräfte, denen unser vollkommenes Timarilamaa zum Opfer fiel. Wir gründeten den Galaktischen Rat, dem

154

sich alle unterzuordnen hatten. Dieser Rat wurde gelenkt von den Reinsten unter uns, die das Licht der Quelle hier am fernen Ort am stärksten bündeln und leiten konnten. Sie waren und sind die Lenker des Lichts. Zu ihnen gehören Metatron und Miranlaya und zehn andere unserer kosmischen Schwestern und Brüder.

Wir erließen das Gebot, dass es den Abgefallenen strengstens untersagt war, das Kleinod der Göttinnen zu betreten. Die Erde war unser Heiligtum. Zu dieser Zeit lebten auch viele von euch bereits hier auf Erden. Doch ihr hattet nicht den Körper, den ihr heute besitzt. Wir waren ätherischer, zarter, fühlbar, und doch sichtbar. Ich werde es einfach halbphysisch nennen. Wir besaßen den gleichen Körper mit einer vollkommenen DNA. Damit besaßen wir auf Erden unser vollkommenes Schöpferpotenzial. Wir begegneten einander mit den Worten, die ich euch bitte, in Zukunft ebenfalls für euch zu nutzen: Ich grüße dich, Göttin, aus dem Licht der Quelle.

Wir hatten uns wundervolle, weiche Tierwesen erschaffen, mit denen wir spielten und lachten. Wir hatten unser Timarilamaa neu erschaffen, erfreuten uns an der vollkommenen Schöpfung, die uns beinahe noch schöner schien als Timarilamaa, und wussten, dass wir die Quelle hier neu verankern konnten, um wieder eintauchen zu können in das Bad der Liebe und der Heilung, wenn wir Trennung verspürten.

Hier auf der jungen Erde konnten wir uns endlich wieder frei von den Abgefallenen unserem schöpferischen Sein in der weiblichen Kraft der Liebe erfreuen. Unser Sein war Seite an Seite mit den Feen, den Elfen und den Zwergen, und auch die Tiere, aus der Quelle beseelt, waren sanft, wie die Quelle selbst es ist. Unsere Löwen lebten neben den Tigern, der Vogel ruhte neben der Katze, der Drache erhob sich majestätisch in die Lüfte und trug uns lachend von Land zu Land, von Kontinent zu Kontinent. Ja! Lasst diese Bilder ganz klar vor eurem inneren Auge wieder auferstehen. Ihr wart dort, sonst wäret ihr heute nicht hier!

In diesen Zeiten war es so, dass niemand Nahrung benötigte. Die Vögel, Katzen- und Hundewesen labten sich am Nektar und tranken das klare Wasser der Quellen und Seen. Wir irdischen Wesen in halbphysischer Form benötigten nur das Manna des Himmels und das Wasser unserer Flüsse, Bäche und Seen. Ihr nennt es heute Chi.

Wir bestellten weder die Felder, noch gingen wir sonst einer Diensttätigkeit nach, da wir uns alles so manifestieren und materialisieren konnten, wie es uns gefiel. Die Jagd, die Viehzucht, die ihr heute betreibt, waren uns fremd und unvorstellbar.

Wir sangen die klaren Kristalle von Timarilamaa in die fruchtbare Erde von Gaia, erneuerten immer wieder unsere Kräfte in den Kristalltempeln, die bereits wieder die

Energie der Quelle transportierten, und waren uns unserer vollkommenen Göttlichkeit bewusst, denn unsere DNA war göttlich und unverfälscht.

Doch eines Tages kam mit donnerndem Getöse, mit Feuer und Rauch, ein schreckliches Gefährt von den Himmeln. Ihm entstiegen fremde Männer und einige wenige Frauen, denen es untersagt war, die Erde zu betreten. Wir erschraken, denn sie waren so ganz anders als wir. Sie waren fest, beinahe grob und stofflich in ihrer Form. Sie kamen zwar von einem Planeten, dessen Atmosphäre der Erde sehr ähnlich, doch sehr viel dichter und grober war. So grob wie sie war auch ihr Fahrzeug und die Anzüge, die sie trugen, um sich vor der feinen Energie auf Gaia zu schützen. Und wir wussten: Sie bergen Gefahr für die Erde und unser Sein.

All unser Bitten half nichts, denn sie kamen mit Waffen. Jede Gegenwehr, jede Gegenrede wurde sofort geahndet, indem sie die Waffe auf eine von uns richteten. Unter dieser Gewalt verließ unsere Seele sofort den Körper und irrte voller Schrecken umher, bis eine liebende Seele sie fand und mit in unsere Heimat nahm. So geschah es, dass viele unter uns einen physischen Tod starben, der durch Gewalt ausgelöst wurde.

Bis zu diesem Augenblick legten wir unsere Körper ab, wenn wir uns für eine kurze Zeit von der Erde lösen wollten, um unsere Freunde in anderen Dimensionen zu besuchen. Nun waren hier Fremde, die uns gewaltsam unseres Körpers beraubten. Die Angst zog ein auf Gaia.

Diejenigen unter uns, die die Erde noch verlassen konnten, reisten zum Galaktischen Rat, um Hilfe zu holen. Die Söhne und Töchter der Göttin eilten herbei, um die Erde und unser Sein zu verteidigen und zu schützen. So gab es zum ersten Mal Krieg auf Erden.

Wir waren fassungslos. Unsere Brüder und Schwestern aus der Liebe, im Licht, mussten eine fremde Rasse bekämpften, auf unserem Planten, der durch die Göttinnen des Universums dem Erhalt der weiblichen Kraft gewidmet war und Schönheit, Harmonie und die Energie der Quelle weit ins Universum leuchten ließ.

Die Lebenskraft fremder grobstofflicher Männer von fernen Planeten war erstmals in das reine Reich der Erde eingedrungen. Die Erde wurde mit ihrem Blut getränkt. Ihrem Auftrag entsprechend, nährt die Erde alles, so auch das Blut der dunklen Macht. Oh, hätten wir dieses doch bedacht, als wir die Erde erschufen.

Es kehrte wieder Ruhe ein, nachdem die „Guten" die „Bösen" besiegt und verbannt hatten. Und doch war alles ein wenig anders geworden, denn die Angst war auf Erden erwacht.

Wir spürten eine schleichende Veränderung. Der große Kristall im Haupttempel wurde blasser. Er verlor sein reines, klares Licht, das das Licht der Quelle reflektierte. Die Anbindung an die Quelle wurde schwächer. Wir konnten uns das nicht erklären. Doch Angst ist eine drohende Macht, sie macht die reine Anbindung an die Quelle unmöglich. So vergruben wir mehr und mehr unserer Brüder und Schwestern aus dem Mineralreich ins Erdreich, damit sie nicht stärker verdunkelten und dort ihre heilenden Energien wirken lassen konnten.

Doch viel zu bald schon brach wieder mit rasendem Getöse ein Luftschiff in unser Leben ein. Diesem folgten weitere Schiffe. Es war eine Invasion der Dunkelheit. Wir versuchten zu fliehen, um erneut Hilfe zu holen. Doch mussten wir erkennen, dass wir die Erde nicht mehr verlassen konnten. Sie hatten einen dunklen Bann, einen Schutzschild, um die Erde gezogen. Dieser Schild existiert bis heute. So war es uns unmöglich, erneut den Galaktischen Rat um Hilfe zu bitten. Wir freien Göttinnen und Götter waren zu Gefangenen der Fremden auf der Erde geworden.

Aus ihren Schiffen entließen sie ihre Haustiere. Es waren grauenvolle Geschöpfe mit schrecklichen Reißzähnen und Waffen, die unsere Tiere nicht besaßen. Diese griffen unsere Tiere an und vernichteten sie, doch sie konnten sich nicht am ätherischen Blut unserer Schwestern und Brüder sättigen. Ebenso wenig, wie die Abgefallenen sich von unserem Blut sättigen konnten. So begannen die Fremden, neue Wesen zu erschaffen, indem sie die Gene unserer sanften Geschöpfe nahmen und diese mit denen ihrer Geschöpfe kreuzten.

Sie vergewaltigten unsere zarten Schwestern. Ihre Nahrung waren unsere Energien des Abscheus, des Ekels und der Angst. Du kennst die Energie, wenn ein Mensch in deiner Nähe Angst und Schrecken verbreitet. Solche Energien lähmen alles lichtvolle Sein. Sie erzeugen entsprechende Gegenenergien. Diese Gegen- und Angstenergien waren es, durch die die Fremden sich ernährten. Und sie tun es bis heute. Darum entsagt der Angst, dann entzieht ihr den Dunklen die Nahrung.

Die Erde wurde dunkler und dunkler. Unsere Freunde aus dem Naturreich hatten sich zurückgezogen. Unsere Tiere veränderten sich. Sie entwickelten Zähne, Klauen, Stacheln und andere Waffen. Doch auch unsere Körper wurden grobstofflicher, denn das Licht der Quelle konnte die Erde nicht mehr ausreichend erreichen. Der Schutzschild machte unsere Verbindung zur Quelle immer schwieriger bis unmöglich.

Nur einige wenige der „Alten und in der Weisheit verbliebenen" unter uns, die angstfrei waren, weil sie wussten, der physische Tod ist ihre kurzfristige Befreiung, blieben an geheimen Orten und nutzten die Tore, die die Dunklen im Schutzschild halten mussten, damit sie die Erde in ihren donnernden Maschinen verlassen konnten. Diese Tore wurden von unseren Eingeweihten offen gehalten, um ein wenig Licht der Quelle auf die Erde herunter zu transformieren. Diese Tore gibt es bis heute, und ich war eine der Priesterinnen dieser Tore.

Doch zurück zu den Anfängen. Je grobstofflicher Mensch und Tier wurden, desto mehr dienten wir den Fremden und ihren Tieren als Nahrungsquelle. An allen Enden der Erde schlugen sie tiefe Schluchten in den Körper Gaias, um die galaktischen Schätze, die Gaia in sich barg, zu stehlen. Sie begannen, die Erde auszuplündern.

Viele von uns verließen freiwillig diese Dimension, indem sie die irdische Hülle abstreiften. Doch der Bann und der Schutzschild, die um die Erde lagen, machten es unmöglich, diese Atmosphäre zu verlassen und zurückzukehren in die lichten Dimensionen, die wir alle noch kannten. So mussten wir immer wieder in einen neuen physischen Körper eintreten und wurden körperlich mehr und mehr zu dem, was ihr heute als euren Körper betrachtet.

Unsere letzten Priesterinnen, die mit letzter Kraft die Anbindung an die Quelle erreichen konnten, brachten Lemuria in Sicherheit. Lemuria ist immer noch auf dieser Erde. Doch ist es so feinstofflich, dass niemand es je wird finden können, bis der Bann gelöst ist und das Licht der Quelle die Erde wieder durchflutet.

Wir jedoch waren eingetreten in das Rad des Lebens und Sterbens, des Karmas und des Gefangenseins in einer Energie, die uns unerträglich erschien. So siedelten wir um auf einen anderen Kontinent. Es war der Kontinent, den ihr heute Atlantis nennt.

Da wir, die ursprüngliche Erdenrasse, aus der Göttin uns selbst in das Leben auf Erden geboren, immer noch telepathisch verbunden waren, erfuhren wir, dass die Fremden an einigen, weiter entfernten Orten der Erde Menschen erschaffen hatten, aus ihren und den Genen der Erdenbewohner. Uns graute vor dieser Niedertracht. Das war ein Frevel gegen die weibliche Kraft, die die Erde ist. Es war ein Frevel gegen die Göttin, die sich selbst aus der Quelle gesungen und mit der Erde einen Planeten erschuf, der die schöpferische Kraft der großen Mutter repräsentierte. Doch unsere Körper wurden dichter, je länger der Bann um die Erde lag.

Grauen breitete sich aus, denn wir erfuhren, dass die Fremden unsere Männer, die Söhne der Göttin, mordeten, wo immer sie sich aufhielten. Die Söhne der Göttin wurden von der Erde gemetzelt mit ihren grausamen Waffen, die jeden von uns innerlich zu Stein werden ließen. Dafür schufen sie den neuen Mann, den die Schriften Adam nennen.

Die neuen Männer, aus der Retorte geboren, überzogen die Erde. So kamen immer mehr Männer in diese Welt, denn seither nennen wir die Erde die Welt. Es ist nun eine Welt, denn wir sind abgeschnitten von der Energie der Quelle, wenn wir uns nicht in Kontemplation mit der Quelle verbinden.

Vom Galaktischen Rat wurde empfohlen, den neuen Erdenmännern, denen die DNA versiegelt wurde, damit sie willige Diener der Dunkelheit waren, Frauen mit dem Gen der Göttin an die Seite zu stellen, um das Gleichgewicht wieder herzustellen. So erschufen unsere Freunde die ersten Frauen mit dem Gen eines der unseren und dem Gen der lichtvollen Götter in den Aufstiegsebenen.

Diese Frauen begaben sich freiwillig an die Seite der geschaffenen Männer auf Erden. Ihr kennt dieses Geschehen auch aus euren Schriften des einen Paares, das Adam und Eva genannt wird. Doch es waren unendlich viele, denn es dauerte nur wenige Tage, um einen neuen Mann zu züchten. So beschloss der Galaktische Rat, dass die neuen Frauen der Erde in den Luftschiffen der lichten Lenker durch ihre Frauen geboren werden sollten. Viele ihrer Frauen stellten sich freiwillig für das Werk der Liebe zur Verfügung. Sie gebaren die Mädchen, die nach Erdenzeit nach 14 kosmischen Tagen ihre volle Reife erlangt und ihr Bewusstsein der Göttin in sich selbst bewahrt hatten.

Die Fremden wurden zornig. Sie vergewaltigten die ersten Frauen. Diese gebaren die Söhne der Fremden. Jedes Entfernen der Frucht musste die jeweilige Frau mit einem gewaltsamen, grauenvollen Tod bezahlen. So überzogen mehr und mehr dieser Mischwesen die Erde. Die geschaffenen Männer der Fremden wurden immer mehr abgelöst durch die natürlich geborenen Söhne der gefallenen Engel der Schriften.

Nur wenigen Frauen gelang es, die Saat der Göttin in einem ihrer aufgezwungenen Söhne zu säen, denn nach einem Jahr kam der Vergewaltiger, stahl ihr den Sohn und schulte ihn in Grausamkeit. Dem Stolz der Söhne schmeichelte dieses, denn sie wurden zu Machthabern über die Menschen erhoben und damit zu den Handlangern derer, die sie „die Götter" nannten und bis heute noch nennen.

So entstand eine ganz neue Menschheit auf der Erde. Die durch unsere Schwestern in den Himmeln geborenen Frauen wurden weniger, und neue Frauen, die vom ersten Atemzug an die Angst in sich aufnahmen, bevölkerten die Erde. Diese neuen Menschen verehrten die Fremden. Sie machten die „Bösen" zu ihren Göttern, deren Söhne, die durch Vergewaltigung entstanden, zu Aufsehern, Predigern und Schriftgelehrten. Erdenfrauen, die dem Reiz der Fremden erlagen und ihnen freiwillig Söhne gebaren, wurden reich beschenkt und die Söhne als „Söhne der Götter" den Menschen als Könige und Machthaber vorangestellt.

Und immer wieder gab es Kämpfe unter den Fremden. Unsere Frauen, die sich eine feinere Struktur bewahrt hatten, wurden vermehrt Opfer ihrer physischen Gier, und bald gebaren auch wir Mischwesen. Die Priesterinnen in den Tempeln waren sehr oft Opfer ihrer Infiltration. Sie besudelten die reinen Gefäße der Göttin mit ihrer Saat des Bösen.

Daher erschufen wir die Rituale, die ihr bereits durch mich erfahren durftet, damit auch ihr wieder rein werdet in eurem körperlichen Tempel. Ihr könnt das alles in den Schriften lesen. Eure gefallenen Engel haben die Erde verseucht, geschunden und die Frauen dieser Erde zu Teufeln degradiert. Diese Erde gehört den Göttinnen, doch sie haben sie der Göttin geraubt. Aber Gaia lässt sich nicht rauben. Gaia bleibt in ihrer Kraft und hofft auf euch, dass ihr sie und uns befreit. Ich tue alles dazu, damit dieses geschehen kann.

Die Kinder, die die Priesterinnen gebaren, wurden vor die Tore des Tempels gelegt. Es war uns gleichgültig, was mit ihnen geschah, denn sie waren die Frucht der Dunkelheit. Die Priesterinnen reinigten ihren physischen Tempel, und wenn das Glück ihnen hold war, blieben sie vor weiteren Übergriffen verschont. Sehr oft jedoch kam es vor, dass sie erneut das Opfer der Fremden wurden, denn der reine Körper und die starke Energie, sei es jetzt Zorn, Angst oder Wut, einer Priesterin ist, was sie weitaus mehr nährt als die Körper, die durch sie ins Leben kamen. Die Töchter der Frauen, die sie liebten, wurden mit den Brüdern vermählt, damit die Blutlinie rein bleiben konnte.

Der Anführer der Fremden ist der, der seine Mutter tötete. Er bannte ihre Seele an einen dunklen Ort, den ihr als

Hades kennt. Nur Frauen haben die Macht, diesen Bann zu brechen. Das geschieht, indem wir aufstehen, ihnen die Stirn bieten und unsere Söhne jenseits ihrer Lehren erziehen. Das geschieht, indem ihr aufhört, ihren Gott anzubeten, denn er ist ein Ungeheuer, der nur eines will: eure Kraft und eure Energie, denn das ist seine Nahrung.

Er belegte seine Mutter, und damit alle Frauen auf unserer Erde, mit dem Bann der Machtlosigkeit. Indem die gefallenen Engel die Frauen schlugen, vergewaltigten, ihnen fremde Brut in den Leib pflanzten, sie folterten und töteten, verbannten sie die Göttin in jeder Frau an den dunklen Ort, auf den sie bis heute auf ihre Befreiung wartet. Und bis heute droht euch die Steinigung, wenn ihr auch nur ein wenig von ihren Verboten abzweigt.

Ich bin hier auf dieser Erde, um diese Befreiung zu bewirken. Entsagt dem Übel. Kehret euch eurer inneren göttlichen Kraft zu, und die Erde wird schon bald wieder zu dem wundervollen Ort, der euer Herz so sehr berührte, als ich von der Anfangszeit auf diesem Planeten sprach.

Töchter der weiblichen, schöpferisch liebenden Kraft der Quelle. Erinnert euch, dass dieser Planet Erde unser Eigentum ist. Bietet den Eindringlingen die Stirn, indem ihr euch wieder erinnert an die Kraft, die in jeder von euch angelegt ist. Legt sie ab, die Angst, euren Körper zu verlieren, wenn ihr euch den Geboten widersetzt. Es ist nur der Körper. Eure Seele ist unsterblich.

Das gilt auch für die Männer hier in diesem Zelt. Wenn du ein Sohn der Göttin bist, dann stelle dich dieser Kraft. Ehre deine Frau und damit die Kraft von Gaia in ihr. Schütze deine Frau vor den Übergriffen der Eindringlinge. Erhebe dich in die Kraft der Kriegerin in dir, denn das ist es, was die Erde jetzt braucht, wenn wir endlich die Dunkelheit besiegen wollen!"

Ich fühle, wie die Kraft, die durch mich sprach, sich leise zurückzieht. Tief erschüttert bin ich ob der Bilder und Worte der liebenden Stimme in mir. Neue Kraft erfüllt mich, und tiefe Empörung tritt still an ihre Seite.

Tiefes Schweigen herrscht, als ich ende. Ich weiß, es ist für so viele ein Frevel, wenn ich fordere, dass sie ihrem Gott entsagen. Doch auch Johannes predigt ihnen diese Worte. Steter Tropfen höhlt den Stein. Gemurmel wird hörbar. „Da hat sie sich ja eine schöne Geschichte ausgedacht, um Frauen auf einen Platz zu stellen, der nur uns Männern gebührt", brüllt plötzlich eine laute Männerstimme.

„Wer sagte das?", erregt sich Johannes. Eine Frau weist auf einen Mann. „Mein Mann sagte diese Worte, Meister!" Johannes springt auf ihn zu und reißt ihn hoch. „Hinaus! Kein Mann, der so denkt, gehört zu meinem inneren Kreis!" Damit befördert er ihn vor die Tür. „Und du?", wendet er sich sanft zu der jungen Frau um. „Willst du deinen Mann nicht begleiten?"

„Nein, Meister. Magdalenas Worte haben mein Herz tief erklingen lassen. Bitte, lasst mich bei euch bleiben, damit ich ihre Mission als die meine erfahren kann. Bitte, lasst mich helfen, diese wundervolle Erde wieder erstehen zu lassen." Ihr Blick sucht den meinen, und wir versinken in tiefer Verbundenheit, ganz ohne Worte.

„Ich warte auf mein Weib", schallt es vom Zelteingang herein. Ich nehme sie bei der Hand, gehe mit ihr vor das Zelt und bitte sie, ihm ihre Entscheidung mitzuteilen. Er ist außer sich vor Zorn, doch die Leibwache Johannes bringt ihn rasch fort. Wir hören noch die Drohungen, die er ausruft, und leichtes Bangen erfasst mein Herz.

Die nächsten Tage bleiben ruhig, so vergessen wir den Vorfall und verrichten unsere Aufgaben am Volk Palästinas. Johannes lehrt die Männer, ich lehre und schule die Frauen. Doch erreicht uns die Kunde, dass Johannes' Gefangennahme angeordnet ist.

Johannes wird unruhig. Er will und muss den Jordan verlassen, doch er wartet auf den, der nach ihm kommen soll. Im Schutz der Menschenmenge sind wir sicher, doch wenn die Nacht sich neigt, sind nur noch seine eigenen Wachen anwesend. So verlegen wir unser Nachtlager in die Wüste und verwischen die Spuren im Sand. Bei Tagesanbruch sind wir wieder am Jordan und tun unser Werk.

Jeshua und Magdalena
Unsere Mission auf Erden beginnt

Das Leben beginnt – Es werde Licht

Es war ein langer arbeitsreicher Tag. Viele Frauen haben heute ihr Reinigungsritual empfangen. Es kommt leider immer wieder vor, dass eine Frau in der Nacht durch ihren Mann Vergewaltigung und Schläge erfährt. Johannes fordert dann die Männer zur Reue und Rechenschaft. Hier in unseren Reihen ist es streng untersagt, Gewalt gegen eine Frau auszuüben. Doch wenn ein Mann dieses Gesetz übertritt, dann hilft ihr mein Reinigungsritual mit den heiligen Essenzen aus dem Tempel. Wie oft kam es vor, dass eine Meute von Männern den Tempel überfiel und sich an den Priesterinnen verging. Sie wollten die Reinheit der Göttin zunichte machen, doch unser Ritual hob diese Verunreinigung wieder auf. Meine Frauen hier am Jordan sind dankbar und glücklich, wenn dieses Ritual auch sie wieder heilt.

Meine Tinktur, die die körperlichen und seelischen Spuren reinwäscht, neigt sich dem Ende entgegen. Ich werde die benötigten Früchte und andere Zutaten besorgen müssen, um neue herzustellen.

Ich liege, über den Tag nachsinnend, im Sand am Ufer des Flusses, als Daniel, einer der Wachleute, kommt und mich zu Johannes bittet. Es ist sicherlich Zeit zum Aufbruch. So erhebe ich mich rasch, um baldmöglich unser Nachtquartier aufzusuchen. In der Ferne scheint das Lagerfeuer, und viele Menschen sind noch an den Ufern.

Neben Johannes erblickte ich eine männliche Gestalt. Ich fühlte, wie mein Herz zu klopfen beginnt. Kann das wirklich wahr sein? Mein Herz schlägt schneller, und Tränen treten mir in die Augen.

Die vertraute Energie, die mir entgegenweht, ist die Energie von Jeshua. Ich beschleunige meinen Schritt und erkenne ihn jetzt ganz deutlich. „Oh, große Göttin. Er ist wieder da!", jubelt mein Herz. Ich beginne zu laufen. Nun schaut auch er auf, stutzt, springt auf und eilt mir mit großen Schritten entgegen. Ich fliege nur so in seine Arme, voller Freude, ihn endlich wieder zu spüren. Tränen rinnen aus meinen Augen, als mir bewusst wird, dass wir einander wiedergefunden haben.

„Meine Geliebte, wie sehr habe ich mich um dich gesorgt. Wie glücklich bin ich, dich wohlbehalten und gesund hier bei Johannes vorzufinden", sind seine ersten Worte nach diesen drei langen, schrecklichen Jahren. „Jeshua, es tut mir alles so leid", beginne ich. Doch er verschließt mir den Mund mit einem warmen Kuss. „Pssst, nein, meine Geliebte. Nichts muss dir leidtun. Es ist alles gut. Komm, lass uns zurückgehen zu Johannes."

Hand in Hand gehen wir zu Johannes. Ich kann nicht genug bekommen von seinem Anblick. Jeshua ist erwachsener, reifer geworden und wird nun wieder ganz ernst. So kenne ich ihn, in seiner Ernsthaftigkeit. Wie sehr lag es mir immer wieder am Herzen, ihn zum Lachen zu bringen, und wie glücklich war ich, wenn es mir gelang. Doch heute ist er hier, um Johannes zu bitten, sich vom Jordan zu entfernen, denn es droht Gefahr. Da Johannes das ja bereits weiß, erfahre ich, dass Johannes nur noch auf ihn gewartet hat. Morgen früh will er die Gegend verlassen und in eine sicherere umsiedeln.

Sie erzählen mir, dass Johannes Jeshua am Nachmittag bereits eingewiesen und dem Volk als seinen Nachfolger vorgestellt hat, und ich erfahre von dem sensationellen Auftauchen seines Vaters. Obwohl ich es kaum glauben kann, erfasst mich so etwas wie Hoffnung, dass es diesen Vater, den ich bisher für eine Märchenfigur hielt, tatsächlich gibt. Ich bin von Ehrfurcht erfüllt und bedaure, dass ich nicht ebenfalls Zeugin dieses Schauspiels sein konnte. Wir feiern unseren Abschied von Johannes, und ich danke ihm noch einmal für seine wundervolle Unterstützung, die er mir geschenkt hat.

Die Nacht verbringen Jeshua und ich in warmer und inniger Umarmung. So sehr hatten wir einander herbeigesehnt. Jeshua erzählt mir von seiner Zeit in Indien, Persien und Tibet. Die weisesten der Weisen dieser Länder hatten ihn unter anderem gelehrt, wie er seinen Körper beherrschen und in tiefer Meditation die Weisheiten des Universums in sich selbst vertiefen kann. Sie hatten ihm mentale Fähigkeiten übermittelt, die direkt auf den Körper und alle Materie wirken. Tiefreichende Kontemplationsfähigkeiten wurden auf ihn übertragen. Er erklärt mir, dass es Fähigkeiten sind, die er nicht bei seinem Vater erlernen konnte, denn dieser besitzt keinen physischen Körper in der Dichte, wie er uns zu eigen ist.

Der neue Morgen erwartet mich als eine neue Frau. Alle meine Erfahrungen der letzten Jahre scheinen sich von mir zu entfernen. Mein Herz ist voller Jubel und Glückseligkeit. Ich verabschiede mich von Jeshua, da meine Frauen mich erwarten, denn auch ihn erwarten die Menschen. Unser Abschied von Johannes ist kurz. Eines Tages werden wir uns wiederfinden und vielleicht gemeinsam in ein anderes Land reisen.

Als der Abend vorrückt und Jeshua immer noch nicht zurückgekehrt ist, erfasst mich die alte Angst, ihn erneut verloren zu haben. Ich bin mit drei Frauen allein am Jordan. Eine ungewohnte Stille beherrscht die Luft. Hier, wo gestern Abend noch unzählige Menschen waren, Johannes mit seinem kleinen Heer das Zepter in der Hand hielt und ich mein Wiedersehen mit Jeshua feierte, sind heute nur noch vereinzelt Menschen zu sehen. Ich erhebe mich und gehe auf eine Frau zu, die völlig erschöpft zu sein scheint. „Wir haben ihn verloren", sagt sie. „Er ist immer tiefer in die Wüste gegangen. Er ist ein Wundermann, denn er isst und trinkt nicht. Ich musste zurückkehren, sonst wäre ich in der Wüste verloren."

Mir ist nun klar, dass Jeshua sich in der Wüste verborgen hält, weil er noch nicht bereit ist, sein Lehramt anzutreten, und Friede senkt sich erneut in mein Herz. Er wird zu mir zurückkehren, wenn die Menschen sich zerstreut haben. Und so ist es. Am nächsten Vormittag vernehme ich seine vertraute Stimme. „Komm, Geliebte, mein Vater erwartet uns!" Mein Herz macht einen freudigen Sprung, und ich folge ihm, als sei es das Selbstverständlichste von der Welt. Und das ist es auch.

In der Dimension des Lichts in meinem physischen Körper

Doch das was nun kommt, trifft mich unvorbereitet. Mir ist klar, dass wir zu seinem Vater gehen, doch glaubte ich, dass wir zu Josef und Myriam gehen. Jeshua führt mich jedoch tief in die Wüste. „Es ist Zeit, dass du meinen Vater über den Wolken kennenlernst und dich einiger Schulungen und Energieanhebungen unterziehst. Deine Vorbereitungszeit als Priesterin hat dich energetisch so weit angehoben, dass du den Energiewechsel erfahren kannst", sagt Jeshua geheimnisvoll.

Ich erstarre mitten in der Bewegung. „Du willst mir allen Ernstes sagen, dass es da oben deinen wirklichen Vater gibt?", frage ich fassungslos.

„Aber ja doch, Liebes! So oft erzählte ich dir von meiner zweiten Familie dort oben, dass du es nun glauben solltest", entgegnet er etwas unwirsch ob meiner Zweifel.

Und schon landet neben uns ein kleines, fremdartiges Fahrzeug. Jeshua nimmt mich an die Hand und zieht mich hinein. Noch will ich mich sträuben, da ich ängstlich werde. Doch die Energie, die aus seinen Händen in meine Hände strömt, lässt mich ruhiger werden. Ich setze mich neben ihn in dieses Gefährt. Es sind Sessel, wie ich sie nie zuvor gesehen habe. Am Steuer sitzt ein leuchtender Mann und lächelt mich freudig an. Meine Angst verfliegt, und voller

Spannung nehme ich wahr, wie das kleine Fahrzeug sich in die Luft erhebt und uns dem Himmel entgegenträgt. Ich bin viel zu erstaunt, um ängstlich zu sein.

Wir steigen höher und höher, und die Landschaft wird ganz klein unter uns. Schon sehe ich die Erde unter uns liegen. Sie ist wunderschön. Ein leichtes Erinnern steigt aus meinem Unterbewusstsein hoch. Ein Erinnern daran, als ich dieses blaue Juwel erstmals sah, in einer anderen Dimension. Ich sehe aus dem Fenster. Um uns herum ist es dunkel. Die Sterne scheinen zum Greifen nahe, und in der Ferne sehe ich ein riesiges, silberglänzendes, rundes, doch flaches Objekt, auf das wir uns in unserem kleinen Fahrzeug zubewegen. Eine Tür öffnet sich, und unser Fahrer landet sicher und weich. Ich bin noch immer ganz sprachlos vor Erstaunen, und Jeshua sieht mich sanft lächelnd und liebevoll an.

Nun senkt sich eine Kuppel um unser Gefährt. „Was ist das?", frage ich. „Diese Kuppel wird zu deinem Schutz herabgesenkt, Magdalene", entgegnet Jeshua. Du musst erst an die höhere Schwingung hier angepasst werden, daher wird jetzt Erdatmosphäre in diese Kuppel eingelassen, damit wir dich langsam an die Erhöhung anpassen können."

Schon öffnet sich die Tür, und mir treten Tränen der Freude und des Unglaubens in die Augen, denn Myriam erwartet mich. Ich werfe mich in ihre Arme. „Oh, Myriam.

Was machst du hier? So lange habe ich dich vermisst, und nun stehst du plötzlich vor mir!" Sie schiebt mich ein wenig zurück, sieht mir lange in die Augen und sagt lächelnd. „Du bist erwachsen geworden, meine Liebe, und du bist wunderschön geworden in deinen Prüfungen. Sei willkommen, hier im Reich des Lichts, das du im Tempel immer wieder heruntergelenkt hast. Du bist nun mitten in dem Licht, das du so sehr ersehntest. Ich bin hier, um dich vorzubereiten, so, wie du einst vor vielen Jahren hier warst, um mich vorzubereiten, als ich ein junges Mädchen war. Wir müssen deinen Körper präparieren, damit du die hohen Energien hier erfahren und integrieren kannst."

Mir schwirrt der Kopf. Doch Jeshua schaut uns freudig an und nickt nur ununterbrochen mit dem Kopf. „Ich war hier und habe dich vorbereitet?", frage ich ungläubig. Fieberhaft suche ich in meiner Erinnerung, doch sie will sich nicht einstellen. „Das kommt schon wieder", sagt Jeshua völlig sicher. „Ich werde euch beide jetzt allein lassen und meinen Vater begrüßen!" Schon verschwindet er durch die Wand der Kuppel, und ich bin mit Myriam allein. „Wie hat er das gemacht, wie konnte er so einfach durch diese Wand gehen? Sie ist doch fest." Meine Hand fasst an die Wand, und sie fühlt sich fest an.

„Liebes, er ist hier zu Hause. Er kann sich der veränderten Dichte sofort anpassen und durch Wände gehen, die dir als Wand erscheinen. Doch wenn du diesen Ort verlässt, dann wirst du das ebenso können, wie du es jetzt bei Jeshua bestaunst", sagt Myriam lächelnd. „Doch nun komm, ich muss dich jetzt für eine kurze Strecke in diesen Schutzmantel hüllen. Spüre nur einfach tief in dich hinein, und du wirst dich erinnern, dass du all das für mich tatest." Und tatsächlich, die Erinnerung kehrt zurück. Ich kenne auf einmal die Wege. Mein Energiesystem führt mich, und ich bin nicht einmal erstaunt, dass keinerlei Ängste in mir sind.

Myriam stellt mich ebenso in den Tank, wie ich es einst mit ihr tat. Ich spüre erstmals die seidige Flüssigkeit, die sich völlig trocken anfühlt, an mir emporsteigen, mein Gesicht erreichen und über mir zusammenfließen. Es ist ein wundervolles Gefühl von Licht, Leuchten und Freiheit.

Ich fühle, wie sanfte Energie über jede meiner Poren in mich eindringt. Ich fühle die Heilung tief in mir, nicht nur energetisch, sondern vor allem auch physisch. Alle Schande, die der Mann, den mein Vater mir erwählt hatte, mir körperlich zugefügt hat, heilt auf vollkommene Weise tief in mir und in meinem Unterleib. Ich fühle, wie mein Körper sich zurückbildet, als hätte ich niemals ein Kind geboren. Es ist ein wunderbares, befreiendes Gefühl. Viel zu schnell nimmt Myriam die schützende Hülle von mir. Sie lächelt. „Nein, das ist nicht zu früh, meine Tochter. Es ist genau der richtige Augenblick. Du bist wunderschön in deinem goldenen Glanz."

Und ja, ich schaue an meinem bloßen Körper hinunter. Er ist goldglänzend und leuchtend. Ich leuchte ebenso wie der Mann, der uns hierher brachte. Das ist es, was die Menschen für einen Engel halten. Ich kichere in mich hinein. „Bin ich auch im Gesicht so golden?" Myriam greift hinter sich und reicht mir einen Gegenstand, in dem ich mich sehen kann. Alles ist golden. Mein Gesicht und meine roten Haare sind zu Gold geworden. Ich fühle mich königlich und tiefe Ehrfurcht vor mir selbst.

„Komm, mein Liebes", sagt Myriam sanft. „Ich möchte dich jetzt zu deinem zukünftigen Mann und dem Vater meines Sohnes führen." Wir wandern durch silbern glänzende Gänge, und ich fühle mich geheiligter in jedem Augenblick, den ich hier verbringe. Eine wunderbar warme Energie erfüllt hier die Räume, und schon betreten wir einen Raum, in dem helles Lachen klingt. Ich sehe als erstes sie: Sanada! Sie tritt auf mich zu. „Oh, wie schön ist es, dich hier zu sehen. Wie sehr erfreut es mein Herz, dass du deinem Weg gefolgt bist und nun hier in unserer Mitte bist."

Mir stockt der Atem. Ich stehe tatsächlich vor meiner eigenen großen Seele, die mir in so vielen dunklen Stunden aus meinem Inneren heraus Trost und Hoffnung schenkte. Ganz ehrfürchtig versinke ich in ihrer Aura. Neue Heilung erfüllt mich, und ich bin jetzt ganz frei von allen irdischen Dingen. „Komm", sagt sie, indem sie meine Hand ergreift. Ihre Hand ist ätherisch und doch fest. Sie führt mich zu dem Wesen, das meine Träume durchstreift.

„Das ist Sananda, Jeshua und gleichzeitig sein Vater",

sagt Sanada. „Da wir hier gemeinsam euer Sein auf Erden lenken und betrachten, konntet ihr die langen Trennungen unbeschadet in eurer Liebe überstehen."

Das ist der Mann, den ich immer hinter Jeshuas Augen finde. Er ist wunderschön. Zwar sind Jeshuas Züge ähnlich, doch sie sind nicht von dieser ätherischen Schönheit. Zumindest nicht auf der Erde. Denn jetzt, wo er neben seinem Vater steht, sind sie ein Bild, wie Zwillinge. Voller Ehrfurcht schaue ich auf ihn, der mich mit seinen Augen freudig umfängt. „Wie wunderschön du geworden bist", ist alles, was er sagt. „Ich bin sehr glücklich, dass du dich für diese Inkarnation entschieden und die Mission, der Erde das Licht zurückzuschenken, angetreten hast. Du hast meine große Hochachtung, in Dankbarkeit für die Mission Gaia!"

Verlegen suche ich die Sicherheit, indem ich Jeshua ins Auge fasse. Er führt mich zu einem weichen Sessel und drückt mich sanft hinein. „Komm erst einmal an und fühle dich zu Hause", sagt er sanft. Eine wunderschöne Frau kommt auf mich zu. „Ich bin Miranlaya, wenn du dich erinnerst, und ich freue mich von Herzen, dass du dir die Reinheit bewahrt hast, uns hier in unserer Dimension zu besuchen."

Mein Herz wird ganz weit. Leichtes Erinnern eines Bildes von Miranlaya und der jungen Myriam erreicht mich. Ich erhebe mich, gehe zu den Fenstern und schaue hinunter auf die Erde. Mein Herz seufzt, wenn ich an die Schönheit denke, die Gaia einst zu eigen war. Miranlaya legt mir sanft die Hand auf die Schultern. Gemeinsam betrachten wir ihren wundervollen Körper, und auch heute dehnt Gaia sich aus. Sie reicht herauf, legt ihre ätherische Hand auf mein Herzzentrum, schaut mir freudig und liebevoll in die Augen und sagt nur ein Wort. „Danke, meine geliebte Schwester!"

Ich bin erfüllt von vollkommener Freude, und doch brennen so viele Fragen in mir. Gaia zieht sich wieder zurück, und Miranlaya führt mich hinaus. Wir betreten einen strahlenden Raum. Dieser Raum leuchtet aus sich selbst heraus. Die Umgebung wird mir immer vertrauter, und endlich bin ich ganz und gar angekommen. „Lass mich deine Fragen beantworten", lächelt Miranlaya.

Wir nehmen Platz in einer einladenden Sitzgruppe, und Miranlaya beginnt zu sprechen.

„Du brauchst deine Fragen nicht zu stellen. Ich höre sie in meinem Herzen", lächelt sie mir in ihrer strahlenden Pracht zu. „So lass mich dir erklären, wer wir sind und wer ihr seid.

Ihr seid zurzeit Wesen der Erde. Wir sind Wesen aus den Dimensionen des Lichts. Du nimmst uns körperlich wahr, so, wie wir dich körperlich erfahren. Da ihr nicht aufsteigen könnt in die Dimensionen des Lichts, so lange ihr einen Körper habt, steigen wir zu euch herab, verdichten unsere ätherischen Körper und kommen euch in diesen Räumen entgegen. Ihr nennt diese Räume Luftschiffe, und tatsächlich, wenn wir in diesen Transportmitteln auf die Erde hinabsteigen, dann sind es auch Luftschiffe.

Obwohl wir keinen physischen Körper haben, können wir euch in eurer Dimension erscheinen, wie wir es hier auch tun. Höhere Schwingung kann niedere immer durchdringen. Sie kann sich verfestigen, daher ist es uns möglich, auf die Erde zu gehen und euch in physischer Form zu erscheinen. Allein das Anfassen von uns ist euch dort unten nicht möglich. Daher halten uns so viele für Engel. Dass du dich hier in diesen Bereichen aufhalten kannst, liegt daran, dass du in deiner Ausbildung zur Priesterin gelernt hast, hohe Energien auf die Erde zu transformieren, diese zu halten und zu lenken. Hier in der Zwischendimension über der Erde, in der wir uns befinden, kannst du dich trotz deines physischen Gefährts frei bewegen, weil du die notwendigen Vorbereitungen auf Erden erfahren hast. So, wie du es auch mit deinen Töchtern machen sollst, wenn sie zu dir kommen."

„Töchter?", rufe ich ganz aufgeregt. „Nein, Miranlaya, bitte, ich möchte keine Töchter in diese Welt dort unten bringen. Zu dunkel sind die Zeiten für eine Frau."

„Beruhige dich, liebe Schwester", sagt sie, sanft und milde lächelnd. Ich war zu voreilig, doch ich bin sicher, du wirst sehr glücklich sein, der Erde wunderbare Frauen zu schenken, wenn du deine Schulung hier abgeschlossen hast. So lass mich fortfahren. Wir sahen deine Qual und deinen Schmerz ob der Misshandlung deines Körpers durch einen Erdenmann. Wir kennen auch deine Zweifel, dass du für Jeshua nicht mehr rein genug bist. Du hast es jedoch gespürt, alle körperlichen Spuren wurden geheilt. Du bist, technisch gesehen, eine Jungfrau", hebt sie lächelnd ihren Blick in meine Augen.

„Ja, ich spürte die Heilung in mir, als ich in dem wunderbaren Bad stand."

„Dieses Bad, Magdalena, ist reines verfestigtes Licht der Quelle, das alle Zellen deines Körpers regeneriert und in einen vollkommenen Zustand zurückversetzt. Diese Heilung spürtest du. So lass alle Zweifel nun gehen. Du bist rein, wie es einstens Myriam war. Du bist auserwählt, nein, besser: Du hast dich selbst, hier in dieser Dimension, vor deiner Inkarnation auserwählt, der Erde neue Töchter zu schenken, die die göttlichen Gene aus beiden lichtvollen Anteilen der Seele tragen. In eurer Vereinigung können erstmals Menschen hervorgehen, die den göttlichen männlichen Anteil in Vereinigung mit der Göttin in sich tragen. Dazu hat Jeshua sich selbst auserwählt, und du willst mit ihm diese Mission teilen. Darum seid ihr gemeinsam in diese Inkarnation gegangen. Das alles entspricht der großen Seele, die du bist, und wir ehren dich für deinen Beitrag."

„Du weißt, dass ich dort unten gesucht werde?", frage ich zaghaft. „Was, wenn sie mich finden? Sie werden mich töten, und ich kann diesen Weg nicht beenden." Tränen treten mir in die Augen. Sorge erfasst erneut mein Herz, denn endlich durfte ich hier erkennen, wie wichtig mein Auftrag für die Erde ist. „Sorge dich nicht, Freundin meiner Seele. Natürlich können wir dir nicht garantieren, dass es nicht geschieht. Doch was in unseren Kräften steht, so weit wir eingreifen dürfen, werden wir tun, dich zu schützen. Bleibe nur immer und zu jeder Zeit in deiner neu gewonnenen Kraft."

Sanada und Myriam setzen sich zu uns. Ich kann es immer noch kaum glauben. Hier sitzen zwei Erdenfrauen mit zwei Himmelsfrauen, als sei es der selbstverständlichste von allen Seinszuständen.

„Ja, das ist es!", lacht Sanada schallend. Die Fröhlichkeit der drei Frauen neben mir ist so überschäumend, dass ich unweigerlich in ihr Lachen einfalle. Wenn ich mir das dumme Gesicht meines Vaters vorstelle, wenn er uns so sehen könnte, kann ich kaum enden zu lachen, doch schon fällt mir Sarah ein, meine Mutter. Wie schön wäre es doch, wenn sie hier bei uns sein könnte.

„Deine Mutter hat einen anderen Weg gewählt", beantwortet Sanada schon meine Gedanken. „Deine Mutter hat den Weg gewählt, dir die Ebene zu bereiten und die Basis zu legen, so, wie Myriam es für und mit Jeshua tat.

Auch du bist nicht das Kind deines Vaters, sondern das Kind eines der Unseren. Sarah kam ebenso wie du heute damals hierher, um dich zu empfangen. Allein der Mann, den sie sich erwählte, vernichtete das Licht in ihr, weil sie nicht deine überirdische Stärke besaß. Sarah wird bald die Erdebene verlassen und zu uns zurückkehren. Ihr Auftrag auf Erden ist erfüllt."

Ich zucke leicht zusammen bei diesen Worten. „Ich habe es immer geahnt, dass er nicht mein Vater ist", stürzt es aus mir heraus. „Und doch, wer ist dann mein Vater? Ich bin nicht das Kind eines irdischen Mannes?"

„Der, der dir Vater ist, ist gleich nebenan bei Jeshua, denn er ist auch sein Vater. Genetisch seid ihr Halbge-schwister mit unterschiedlichen Müttern", erweitert Miran-laya mein Bewusstsein. „Nur in dieser genetischen Ver-bindung könnt ihr die Neuen Kinder auf die Erde bringen, die den Mut, die Kraft und die Fähigkeiten besitzen, aus der Erde einen neuen Ort zu machen. Im Gegensatz zu Jeshua hast du allerdings dein irdisches Karma mit in die-se Inkarnation genommen. Das war und ist die Falle, in die du erneut hineingelaufen bist. Und sorge dich nicht, wir werden nicht zulassen, dass der dunkle Fürst dir Schaden zufügt. Jeshua ist jederzeit mit eurem Vater verbunden. Er wird ihm die Schritte weisen, die dich in die Freiheit füh-ren, damit ihr eurem Auftrag unbehelligt entgegengehen könnt."

Tiefer Friede zieht in mich ein. Dachte ich eben noch, der glücklichste Mensch unter dem Sternenzelt zu sein, hier inmitten dieser wunderbaren Frauen, fühle ich nun nur noch Erleichterung, Frieden und eine tiefe Freude, dass der Mann, den ich Vater nannte, mit mir nichts gemein hat. „Warum wusste ich das nicht ebenso, wie Jeshua es wusste?"

„Weil dein Karma es nicht zuließ. Du hast Erdenleben gelebt und dir erwählt, mit genau dieser Kraft in dir in diese Inkarnation zu gehen. Diese Kraft, die du als Zorn kennst, ist die schöpferische Kraft aller Göttinnen. Du hast das bereits selbst erkannt. Diese Kraft wolltest du transformieren. Daher war es vereinbart, dass du über deine Herkunft erst dann unterrichtet wirst, wenn du diese transformiert hast. Du hast gelernt, deinen Zorn zu transformieren, sodass diese Energie dir zum Segen gereicht. Darum ist jetzt die Zeit reif, dich einzuweihen in das Geheimnis deiner Herkunft", sagt Sanada sanft und ergreift meine Hand. „Liebes, du bist ich, und du bist aus Sananda. So seid ihr zwei, du und Jeshua, Fleisch geworden aus einem Sein, Seele aus einer Seele, Licht für die Welt aus dem Licht der Liebe."

Sananda betritt mit Jeshua an der Seite den Raum. Ich sehe beide nun mit ganz anderen, mit ganz neuen Augen. „Vater", sage ich freudig. Oh, wie glückselig bin ich, dass hier mein Vater vor mir steht, wie ich ihn mir mein Leben lang erträumte, wenn ich das grobe Wesen neben meiner Mutter betrachtete. Jetzt weiß ich endlich, dass ich ihn mein Leben lang herbeigesehnt habe. Jetzt weiß ich endlich, dass auch meine Mutter ihr Los auf sich nahm, um der Mission Gaia ihr Leben zu schenken, oder eher noch, es zu opfern. Denn ihr Leben an seiner Seite war und ist bis heute grausam geworden.

Sananda kommt strahlend auf mich zu. „Geliebte Tochter, endlich darf ich mich dir zu erkennen geben." Ich gehe auf ihn zu. „Vater, ich möchte so unendlich gerne von dir in die Arme geschlossen werden." Und noch während ich spreche, zieht er mich sanft in seine Energie, in seine Aura, in seine unendliche Liebe. In dieser Energie vergesse ich alle Schmach, die ich durch Männer auf der Erde erfuhr, denn ich weiß, das hier ist wahres Mannsein. Es ist die Energie, die auch Jeshua tief in sich trägt, die mich immer wieder berührte, die mich die Hoffnung auf Erden nie ganz verlieren ließ. Diese Energie in die Männer unserer Erde zu tragen, wird mir nun klar, war der Auftrag, den ich selbst mir gab, hier an der Seite der liebenden Wesen, die nun bei mir sind.

Jeshua steht etwas ratlos, und ich erkenne, dass auch er nicht wusste, wer ich in Wahrheit bin. Sananda erklärt ihm die Zusammenhänge, und Jeshua schaut mich auf eine ganz neue Weise, mit noch tieferem Respekt an, als je zuvor. Ich fühle seine Gedanken in mir. Auch ihm wird erst jetzt richtig bewusst, welche wertvolle Mission uns miteinander verbindet. Die letzten Puzzleteile fügen sich für ihn zusammen.

Miranlaya erhebt sich. Herein kommt ein strahlendes Wesen, das alles andere verblassen lässt. „Das ist Metatron", stellt Miranlaya ihn mir lachend vor. Welche strahlende Energie diesen Raum erhellt. Ich fühle mich plötzlich ganz klein.

„Nein, du wunderbare, große Seele. Finde sie sogleich zurück, deine Kraft. Vor der Macht eurer weiblichen Kraft verblasst jedes Wesen, das sich als männlich präsentiert. Für dich, Magdalena, ist es an der Zeit, diese deine Kraft so felsenfest in dir zu integrieren, dass nichts sie jemals wieder aus dir verbannen kann. Darum erscheine ich dir strahlender als alles andere. Ich komme gerade aus dem Bad in der Quelle, um euch mit diesem Licht, das alles ist, zu umhüllen, zu stärken und zu einem Magneten für Alles-was-ist zu erheben. Und schau, Miranlaya neben mir erstrahlt in eben diesem Licht. Jeshua und Magdalena, lasst euch umhüllen und durchdringen von unserer Aura, damit ihr gefestigt seid für den Weg auf die Erde, den ihr bald wieder antretet."

Es ist wahr, auch Miranlaya, die kurze Zeit abwesend war, erstrahlt in diesem reinen Glanz, der alles vergessen lässt, was es auf Erden an Übel gibt. Wir tauchen gemeinsam ein in das Aurafeld von Metatron und Miranlaya. In diesem Aurafeld schließen wir den Bund für unser Leben auf Erden. Hier findet unsere Heilige Hochzeit statt, im Licht der Quelle, die durch Metatron und Miranlaya heruntertransformiert wird, so weit, dass wir darin nicht verglühen.

Jeshua singt plötzlich einen hellen, klaren Ton, der direkt aus seiner Seele kommt, und auch ich stimme automatisch ein in seinen Gesang. Ich fühle, wie unsere Auren verschmelzen, wie unsere Körper sich durchdringen. Wir scheinen uns aufzulösen und eins zu werden mit Metatron, Miranlaya, Myriam und Sananda. Ich fühle, wie meine Grenzen zerfließen und bin eins mit allen hier anwesenden Seelen, wie ich es nie zuvor erfahren habe, seit ich diese Dimension verlassen habe.

Metatron und Miranlaya ziehen langsam ihre Aura zurück, und ich fühle, wie unsere Formen sich wieder festigen. War ich soeben frei von jedem Ichgefühl, formt sich langsam mein Körper wieder in sein Bild, und auch Jeshua steht wieder als er selbst vor mir. „Das war wunderbar", sage ich freudig und doch sehnsüchtig. Ich fühle, dass ich nun wieder ein vollkommenes, göttliches Wesen bin.

Ich bin die Kraft der Großen Quelle der weiblichen Kraft. Jeshua ist die Kraft der Großen Quelle der wahren, liebenden, männlichen Kraft. Wenn wir diese unsere Kräfte vereinen, werden wir der Erde die Töchter schenken, die diese Kraft in die Zukunft tragen werden. Die weibliche Kraft in ihrer vollkommenen Synthese kehrt durch uns zurück auf die Erde.

Ich schaue auf und erkenne meinen Mann. In der Energie der Quelle, soweit sie für uns erfahrbar war, wurden wir hier in diesen heiligen Räumen zum Paar geweiht. Wir sind nun ein durch Gott und Göttin verbundenes, gesegnetes Paar, das gleich seinen Weg zurück in die Dimension antreten wird, um Gaia zur Heilung zu verhelfen. Unser Gesang hat ein Wesen gerufen, das sich, wenn die Zeit reif ist, zu uns begeben und als unsere Tochter die Erde bereichern wird.

Metatron erklärt mir jetzt, dass wir die Saat säen. Er erklärt mir, dass es viele Erdenjahre dauern wird, bis diese Saat aufgeht.

Du, die oder der du jetzt diese Zeilen liest, wisse, diese Zeit ist jetzt!

Die Zeit der Ernte steht bevor. Entzünde dein Licht an deiner Erinnerung und erhebe deinen Kopf in der stolzen Gewissheit, dass dein Weg als Frau und dein Weg als Mann des Lichts der Weg der Erfüllung unser aller Mission auf Gaia ist.

Wir danken dir!

Heimkehr

Wir genießen noch einige freudige Augenblicke im Kreis unserer Lieben hier im All. Miranlaya erklärt mir, dass es Dimensionen, wie wir sie auf Erden benennen, nicht gibt. Es gibt Dichte, und je dichter die Energie, desto physischer werden wir oder das Mineral, die Pflanze, das Tier. Sie sind jederzeit in der Lage, sich zu uns herabzubegeben, indem sie ihre Energie verdichten und körperliche Gestalt annehmen. So konnte Sananda immer unter den Menschen wandeln, sie lehren und anleiten, ohne selbst Mensch zu sein. Ich erinnere mich wieder meiner Begegnungen mit ihm, während ich in einem menschlichen Körper lebte.

Wir Menschen hingegen sind nur in der Lage, in die feineren Ebenen einzutauchen, wenn wir Körper und Geist unserer Seele angepasst haben, wenn wir unsere Energiebahnen gereinigt und so weit verfeinert haben, dass diese hohen Energien, wie sie hier im Lichtschiff sind, unsere Energiekanäle nicht verbrennen.

So war meine Vorbereitung im Tempel, in der ich die Priesterschaft des Lichts erreichte, meine Vorbereitung auf diesen wunderbaren Tag, den ich hier und heute erfahren darf. Doch nun neigt die Zeit auf der Erde sich dahin, dass wir in diese dichtere Schwingung zurückkehren wollen. Unser Weg beginnt, und ich bin zuversichtlich, dass sich alles so einrichten wird, dass unsere Mission ein voller Erfolg wird.

So kehren wir zurück aus der Dimension, die mich zu einer vollkommen vereinten Kraft mit allen Göttinnen in den höheren Dimensionen auf allen Ebenen meines Seins werden ließ. Das kleine Zubringerschiff bringt uns und Myriam zurück an jenen Ort in der Wüste, an dem es uns abholte.

Als wir den Jordan erreichen, laufen meine Schülerinnen uns voller Sorge entgegen. Aufgeregt reden sie auf uns ein. Sie rufen: „Wie konntet ihr so lange überleben?" Voller Verwunderung schaue ich sie an. Wir waren nur einen Tag auf dem Lichtschiff, und ich verstehe ihre Aufregung nicht. Doch sie sagen uns, dass wir seit 40 Tagen vermisst werden. So entstand das Märchen darüber, dass Jeshua 40 Tage in der Wüste fastete. Myriam und ich, die wir ja mit ihm waren, wurden gestrichen. Sananda lächelt mich wissend an.

Ich bin erstaunt, denn dort oben ist nach meinem Gefühl nicht einmal ein Tag vergangen. Myriam nimmt mich zur Seite und erklärt mir, dass die Zeit oberhalb der Erdatmosphäre anders verläuft. Unser Zeitgefühl richtet sich nach dem Magnetfeld der Erde und der Geschwindigkeit der Erdumdrehung. Außerhalb der Erdatmosphäre gibt es ein Sein, doch keine Zeit.

Wenn wir nicht in einem physischen Körper sind, dann leben wir, wenn wir unsere Seele bereits erreicht und integriert haben, im ewigen Jetzt. Wir denken weder an das, was war, noch an das, was sein wird oder sein könnte. Das Jetzt ist die Ewigkeit. Daher erscheinen uns andere Dimensionen, die über der Dritten liegen, zeitlos zu sein.

Doch mich beruhigt diese lange Spanne an Erdentagen. Schöpfe ich doch die Hoffnung, dass der Mann, den alle für meinen Ehemann halten, längst aufgegeben hat, nach mir zu suchen.

Meine Mission:
Freiheit für die Frauen dieser Erde

Wir, Myriam, Jeshua, meine kleine Frauengruppe und ich, begeben uns nach Vaters Anweisungen an den See Genezareth, wo die ersten männlichen Begleiter Jeshuas auf ihn warten. Es ist ein stilles, kleines Dorf, doch die Kunde unserer, SEINER Ankunft hat sich bereits verbreitet. So sind sehr viele der Schüler von Johannes im Dorf, die den Messias erwarten. Mir ist bewusst, dass ich immer in seinem Schatten stehen werde. Doch der Jubel der Menschen, die ihn empfangen, ist weitaus größer, als ich erwartet habe.

So gehen Myriam und ich mit unseren Frauen in das Dorf. Serafin hat hier eine Freundin, der sie die frohe Kunde überbringen will, dass eine Göttin unter ihnen ist, die sie die wahre Freiheit lehrt. Es strömten immer mehr Frauen mit ihren Kindern auf den Dorfplatz, um mich in Augenschein zu nehmen. Ich sehe den Schmerz in ihren Gesichtern, und die ausgemergelten Gesichtchen der Kinder berühren mich tief in meinem Herzen. Ein kleines Mädchen kommt zaghaft auf mich zu. „Mutter sagt, du machst uns frei?" Ich knie vor ihr nieder und lächele sie an. „Sagst du mir deinen Namen?", fragte ich sie. „Ich heiße Binah", sagt sie, immer noch zaghaft, doch ihr Blick sucht bereits meinen.

„Und du machst deinem Namen alle Ehre, kleine Binah. Magst du sagen: Ich bin Binah? Binah bedeutet Weisheit, und es zeugt von großer Weisheit, dass du bereits jetzt die Sehnsucht nach Freiheit in dir spürst. Magst du in meine Schule kommen?" „Oh ja, sehr gern", jubelt die Kleine. „Ich darf wirklich in eine Schule?", dreht sie sich zu ihrer Mutter um.

„Nein, Binah. Du weißt, dass Mädchen keine Schule besuchen dürfen", ruft die Mutter entrüstet. Der kleinen Binah stürzten die Tränen aus den Augen. Sie zieht sich zurück, so, wie es den kleinen Mädchen mit der Muttermilch bereits eingegeben wird. „Sei nicht traurig. Ich rede mit deiner Mutter", rufe ich ihr nach. Binah dreht sich zu mir um, und ein tiefes Vertrauen tritt in ihre Augen, als sie mich zaghaft und hoffnungsvoll anlächelt.

„Ihr Frauen hier in diesem Dorf. Seht, ich komme mit vielen, die ihrem alten Leben den Rücken kehrten. Wie fühlt ihr euch in eurer Unterjochung? Fühlt alle, die ihr hier vor mir steht, tief in euch hinein. Schließt die Augen, fühlt die Bitterkeit, die euch zeichnet. Was ist es, was dort tief unter all den Konventionen, denen ihr unterworfen seid, schlummert? Ist da nicht ein tiefer Schrei der Verzweiflung? Ist da nicht der Schrei nach Freiheit in jeder Einzelnen von euch?"

Mehr als fünfzig Frauen stehen mit geschlossenen Augen vor mir. Ein Seufzen schwillt an. Manche Frauen beginnen zu weinen, andere wieder verlassen den Platz. Zurück bleiben 15 Frauen. Als ich sie bitte, die Augen zu öffnen, schauen sie sich gegenseitig verwirrt an. Die kleine Binah kommt auf mich zu, ergreift meine Hand und sagt: „Priesterin, ich will dir folgen. Ich will frei sein!" Jetzt treten mir die Tränen in die Augen, als ich diese Auserwählte der Göttin in ihrem kleinen Körper, so fest in ihrem Wissen an und durch meine Hand fühlte, die ich nun ganz fest drücke. Ich gebe ihr durch meine Hände die Energie der Quelle, die ihr Herz heilt von den Verletzungen ihres jungen Lebens.

Ihrem Beispiel folgend, treten nun die anderen Frauen ganz nahe an mich heran. „Wie können wir frei sein, Herrin?", fragt schüchtern eine junge Frau, die einen Säugling an der Brust trägt.

„Ja, wie soll das gehen?", fragen nun einige andere.

„Was war es, was du tief in dir fühltest, Schwester?", frage ich die junge Frau mit dem Baby. „Herrin, ich fühlte in mir einen tiefen Zorn, wie ich ihn bisher nie zu fühlen wagte. Ich fühlte, dass alles, was uns über uns Frauen gesagt wird, eine Lüge ist. Ich fühlte, dass uns etwas gestohlen wurde und wird, was unser natürliches Recht ist. Allein, was es ist, das kann ich noch nicht greifen, nicht fassen, nicht erklären. Ich fühle nur diese tiefe Traurigkeit, dass großes Unrecht geschieht." Die anderen Frauen nicken, während sie die Tränen aus ihren Augen wischen.

„Ja, meine Schwester, und nenne mich nicht Herrin. Nenne mich Schwester, denn ich bin nicht höher als du.

Ändert eure Art des Redens, denn mit diesen Worten stellst du dich unter mich. Das ist nicht dein Platz, meine Freundin. Ich werde euch gerne unterweisen, wie ihr die Freiheit in euch selbst findet. Wenn du diesen Weg beschreiten willst, dann folge mir nach und stelle dich hier an meine Seite."

Ich setze mich in den Sand und warte. Binah setzte sich wie selbstverständlich leise und still neben mich und hält meine Hand. Ihre Mutter tritt zu uns. „Willst du meine Tochter wirklich lehren, eine freie Frau zu sein, ohne dass sie von der Obrigkeit der Steinigung überreicht wird?", fragt sie scheu.

„Ja, meine Schwester, und all das möchte ich auch dich lehren, wenn du deine Angst überwindest. Schau! Dort hinten ist der, den ihr für den Messias haltet. Er spricht mit euren Männern. Niemand darf und wird mir und ihm folgen, der oder die an den alten Regeln der Unterdrückung festhalten will. Wir werden die Gemeinde der Freiheit, des freien Geistes, hier in diesem Dorf gründen, und du, deine Tochter und ihr alle seid eingeladen, diesen Weg mit unserer Unterstützung zu gehen!"

Eine selbstbewusst wirkende, junge Frau tritt auf mich zu. „Ich bin Rahel. Bitte lass dich von uns Meisterin nennen. Wir sind noch nicht in Wahrheit deine Schwestern. Lehre uns deine Meisterschaft, dann erst sind wir würdig, dir Schwester und Freundin zu sein." Oh, wie klug sie sprach.

Ich schaue ihr voller Freude in die Augen, denn sie hat erkannt und mich als Lehrerin in ihr Leben eingeladen. „Liebste Rahel", wende ich mich ihr zu: „Ich sehe deine Stärke, deine Größe hinter deinen Worten. Nennt mich Meisterin, und ich werde euch lehren, die Meisterin in euch selbst zu erkennen und ans Licht des Lebens zu befördern." Die Augen der Frauen nehmen von einer Sekunde zur anderen wieder den vertrauten Ausdruck an, den sie hatten, bevor ich zu ihnen sprach. Sie starren auf einen Punkt hinter mir. Ich wende meinen Kopf, um die Ursache zu ergründen, und sehe, dass Jeshua mit den Männern auf uns zukommt.

„Nein, fürchtet euch nicht", sage ich verständnisvoll. „Er ist nicht so, wie ihr die Männer kennt. Eure Männer sind bei ihm, also sind seine Worte, genau wie die meinen, bei euren Männern auf fruchtbaren Boden gefallen. Habt Vertrauen in die Neue Zeit, in der wir jetzt leben. Habt Glauben daran, dass Jeshua eure Männer auf den Weg führt, damit ihr alle in Freiheit leben und sein könnt."

Schon erreicht Jeshua mich und zieht mich sanft zu sich hoch. „Geliebte, diese Männer hier sind mit mir gekommen, um ihren Frauen die Füße zu waschen." „Oh, nein, welch ein Frevel", ertönen Rufe unter den Frauen.

Doch Jeshua tritt vor und spricht. „Wie ich sehe, haben die Worte meiner Geliebten euer Herz erreicht. Doch was nutzt all dieses, wenn eure Männer nicht umdenken und die Göttin in euch erkennen, die ihr unter all den Konventionen, die euch anerzogen wurden, deren Opfer ihr Töchter und Söhne der Großen Mutter seit Ewigkeiten seid? Der Frevel besteht darin, dass ihr alle ausnahmslos das Füßewaschen am Mann praktizieren müsst. Das geschieht nicht der Sauberkeit wegen. Es geschieht, damit ihr täglich daran erinnert werdet, dass ihr die Geringeren seid. Und das ist die Lüge der Dunkelheit, die euer Leben, eure Seele und euer Land gefangenhält. Ich sage euch: Keine Frau ist weniger wert als ein Mann. Kein Kind ist weniger wert als eine Frau oder ein Mann. Ihr alle seid Ausdruck der Großen Gottheit. Ihr alle seid die Freiheit, die geknechtet wurde. Und ihr alle, die ihr mutig seid, euer Leben in Würde und Freiheit zu leben, seid eingeladen, die alten Regeln neu zu definieren!"

Die Frauen senken verlegen die Augen, während ich aus den Augenwinkeln wahrnehme, wie einige Männer den Frauen die Krüge aus den Händen nehmen und zum Brunnen laufen. Sie kehren zurück, knien vor ihren Frauen nieder und waschen den sich sträubenden Frauen die Füße.

Ich sehe bewundernd zu, wie immer mehr der Frauen stiller werden und aufhören, sich den Männerhänden entziehen zu wollen. Kichern erklingt. Männergelächter mischt sich ein, und dann sitzen vor uns mehr als fünfzehn strahlende, lachende Paare, die sich gegenseitig die Füße waschen.

Der erste Bann ist erlöst. Ich atme tief aus. Jeshua und ich schauen uns gegenseitig bewundernd an ob des ersten, so einfach scheinenden Erfolges.

Myriam tritt zu uns. „Nein, es war nicht einfach! Es ist die Kraft eures Vaters und eurer eigenen Erkenntnisse, die aus euch beiden strahlt, die diese Wandlung geschehen ließ. Obwohl ich es wusste, sehe ich erst jetzt, wie gesegnet ihr beide seid in eurem authentischen und gemeinsamen Wirken. Das, mein Sohn, meine Tochter, lässt mich sicher sein, dass meine Wahl die richtige war!" Sie wendet sich den lachenden Paaren zu, die noch immer auf dem Boden sitzen und nicht fassen können, welche Wandlung sich in ihrer Beziehung innerhalb eines Nachmittags vollzog. „Ihr lieben Freundinnen und Freunde, gibt es Räume in diesem Ort, in denen wir uns ausruhen können? Gibt es Räume, in denen wir euch schulen können, bis wir weiterziehen müssen?", erhebt Myriam ihre Stimme.

Ein Mann springt auf. „Ich bin Simon. Mein Bruder und ich werden deinen Sohn durch das Land begleiten, Priesterin des Lichts", wendet er sich an Myriam. „Mein Haus ist groß. Ich lade euch ein, in meinem Haus zu wohnen, so lange ihr wollt. Meine Scheune ist gemütlich und sauber. Sie ist gut geeignet als Schule, so lange ihr uns die Ehre geben wollt, in unseren Reihen zu verweilen." Jeshua legt Simon die Hand auf die Schulter und nimmt seine Einladung dankend entgegen.

Rahel tritt hinzu, und ich erkenne, dass sie die Frau dessen ist, den Jeshua sich als Begleiter erwählte. „So seid ihr alle, die ihr unseren Weg für euch selbst erwählt, eingeladen, morgen zur neunten Stunde im Hause des Simons zu sein, damit wir unsere Schulungen beginnen können. Und nun lasst uns gehen, unser Tag war lang, und unsere Häupter möchten sich zur Ruhe legen!"

Der Dorfplatz leert sich rasch. Wir gehen in das Haus von Simon. Ich bin erschöpft, doch in mir voller Frieden, Ruhe und Zuversicht. So sehr ersehnen die Menschen die Freiheit. Ich fühle, die Zeit ist reif, ein neues Bewusstsein in allen diesen wunderbaren Menschen zu erwecken, um die Zukunft neu zu schreiben.

Wir verbringen einen wunderbaren Abend im Haus unserer neuen Freunde, und es steht fest, dass Sarah mich als meine erste Jüngerin begleiten wird.

Die Würde der Göttin in jeder Frau

Am nächsten Morgen warten die Menschen aufgeregt und freudig schnatternd vor der Scheune in Simons ausgedehntem Garten. Die Bediensteten haben auf unsere Anweisung hin die Scheune in zwei Räume unterteilt. Wie durch Zauberhand entstanden zwei fest abgetrennte Räume, in denen wir wirken können, ohne uns gegenseitig zu stören. In einem der Räume werden Myriam und ich die Frauen und Mädchen und im anderen Jeshua mit Unterstützung von Josef, seinem Ziehvater, die Männer und Knaben unterrichten.

Ich schaue in die Runde und stelle fest, dass die Runde, seit wir die Menschen gestern auf dem Dorfplatz verlassen haben, erheblich angewachsen ist. Ich zähle dreiunddreißig Frauen in allen Altersklassen und neunundzwanzig Mädchen. Myriam bittet die Mädchen, sich zu erheben und mit ihr in den Garten zu gehen. Sie lehrt die Mädchen die Schau der Elfen und Feen in den Blumen und Pflanzen im Garten am See. Ich wende mich den Frauen zu. „Habt ihr Fragen an mich, bevor wir mit dem Unterricht beginnen?", frage ich in die Runde.

„Ich bin Schoschana", erhebt sich eine junge Frau. „Ich möchte dir danken, dass du das alles für uns tun willst. Wir haben dir ein Geschenk mitgebracht, als Zeichen unseres Danks." Sie kommt auf mich zu. „Meisterin, was können einfache Frauen wie wir dir schenken, was nicht sowieso schon dir gehört? Doch haben wir das Bild gemalt, das du gestern auf dem Dorfplatz ermöglicht hast. Ich bin die Malerin dieses Ortes und folgte der Bitte der Frauen."

Damit überreicht sie mir eine Schriftrolle aus reinstem Leinen. Als ich die Rolle enthülle, erkenne ich Jeshuas, Myriams und mein Gesicht, als schaute ich in einen Spiegel. Vor uns erhebt sich die Szene der Männer, die ihren Frauen die Füße waschen. Es ist ein wunderbares Abbild der neuen Freiheit, die die Menschen dieses Ortes gestern erfahren haben. „Oh, wie wunderbar das ist", schaue ich sie bewundernd an. „Welch großartige Gabe der Göttin in dir ist, das möchte ich dich lehren, Schoschana, wenn du es für dich begehrst. Und wie sehr würde es mein Herz erfreuen, wenn du mich lehren mögest, so die Wahrheit auf Leinwand zu gestalten, wie es die Göttin dir schenkte."

Errötend schlägt sie die Augen nieder. „Meisterin, es wird mir eine Ehre sein. Ich danke dir für deine Anerkennung und deine Worte, die mein Herz berühren." Sie wendet sich um und geht zu ihrem Platz. Ich schaue noch immer fasziniert auf das Bild. Als ich den Blick hebe, schauen die Frauen mich erwartungsvoll an. Sie warten gespannt auf den Beginn unserer Lehrstunde. So lege ich das Gemälde beiseite, räuspere die Spuren der Ergriffenheit aus meiner Stimme und beginne.

„Ich fühle und sehe in den meisten von euch die Spuren von Misshandlung und den Schmerz in euren Leibern durch gewaltsames Eindringen in euren physischen Tempel, und vor allem in eure Seele. Denn wisset, meine Schwestern: Dein Körper ist dein Tempel. Dieser Tempel beherbergt die Schöpfergöttin tief in dir. Du, die du eine Frau bist, bist vollkommener Ausdruck der Schöpfung, die durch dich, und nur durch dich allein, ihren Ausdruck findet!

Mein Wille ist es, dass du, jede Einzelne von euch hier, diese Kraft in dir wiederentdeckst. Mein Wille ist, dass du, jede Einzelne von euch hier, diesen Willen in sich selbst entwickelt, der wahre Ausdruck der Göttin in dieser Zeit, hier in diesem Land zu entdecken, zu kräftigen und zu leben. Dazu ist es wichtig, dass wir zuerst die Wunden deines Körpers heilen, damit du dich von diesen Schmerzen befreien kannst, bevor wir uns den Wunden deiner Seele zuwenden.

Damit wir Vertrauen fassen und unsere Seele vor der anderen entblößen, möchte ich euch daher meine ganz persönliche Geschichte erzählen, wenn ihr sie hören wollt." Die Frauen stimmen eifrig zu, und ich erzähle ihnen von der Schmach, die mir widerfuhr, von meiner Flucht und meiner Heilung in einfachen und schlichten Worten.

Als ich ende, sehe ich Tränen in vielen Augen. Dieses tiefe Mitgefühl resultiert aus ihrem eigenen Schmerz. So lade ich sie ein: „Welche von euch, meine Freundinnen, hat als Erste den Mut, sich uns allen hier anzuvertrauen?"

Langes betretenes Schweigen erfüllt den Raum, und auch ich schweige, denn ich habe den Weg bereitet für ihre Heilung. Beschreiten müssen sie ihn allein. Schoschana erhebt sich.

„Ich werde den Anfang machen und ich gebe zu, dass es mich ängstigt, Dinge zu benennen, von denen es uns untersagt ist, sie an das Licht der Öffentlichkeit zu bringen. Und doch, ich weiß, es ist nicht Eine hier in diesem Raum, die nicht Ähnliches, Gleiches oder Schlimmeres erfahren hat. Ich weiß, meine Enthüllung ist hier in diesem Raum aufgehoben und wird in eurem Herzen bewahrt." Sie erzählt von ihrem Leben, von ihrer Kindheit, in der sie ihrer Würde beraubt wurde, von ihrer Erfahrung davon, dass ein Mädchen nichts wert ist und sich den Jungen und später den Männern unterzuordnen hat.

Sie erzählt vom Übergriff ihres Vaters auf ihren Kinderkörper, von den Augenblicken, in denen ihre Seele zerbrach, von den Übergriffen des Mannes, den ihr Vater ihr erwählte und von ihren tiefen Gefühlen, von Grund auf unrein, schlecht und böse zu sein, so, wie die Schriften und Schriftgelehrten es lehren. Sie spricht von ihren Träumen, in einer besseren Welt zu erwachen, und weiß doch tief in sich selbst, dass sie es nicht wert ist, denn sie ist nur eine Frau.

Alle Frauen hören ihr andächtig zu, denn Schoschana erzählt ihrer aller traurige Geschichte. Nach und nach schildert jede einzelne Frau ihr Leben und ihre Geschichte. Am Ende des Tages sind sich alle so nahe wie noch nie. Ein tiefes Bündnis ist unter den Frauen gewachsen, und mein Herz quillt über von Mitgefühl und dem festen Willen, diese Frauen, die sich mir anvertraut, mir ihr Herz geöffnet haben, mit vollkommener Heilung zu erfüllen, wie sie in diesen dunklen Zeiten für eine Normalsterbliche möglich ist.

„Geliebte Schülerinnen. Ich danke euch für euer Vertrauen. Ihr seid heute so stark zusammengewachsen wie noch nie zuvor. Ihr erkennt, ihr sitzt alle im selben Boot, denn ihr teilt das gleiche Schicksal. Und ihr teilt dieses Schicksal mit allen Frauen dieses Landes und dieser Erde. Nichts trennt euch voneinander, darum könnt ihr einander Heilung schenken. Lasst uns den heutigen Tag beenden. Geht zurück in eure Häuser und lasst euch von euren Männern mit aufrechter Wirbelsäule und hoch erhobenem Kopf die Füße waschen. Das ist eure Aufgabe für den heutigen Abend. Bevor ihr nachher, nachdem die Kinder zurückgekehrt sind, den Raum verlasst, kommt bitte jede Einzelne von euch noch einmal zu mir. Ich möchte ihr Kraft meiner Hände das Licht der Wahrheit in ihr Herz senden, damit sie sich vorbereiten kann auf die Befreiung, die sie morgen erfahren wird."

Kaum habe ich geendet, stürmen fröhlich lachende Mädchen in den Raum. Sie springen voller Freude auf ihre Mütter zu und erzählen von einem herrlichen Tag, den sie mit Myriam verbracht haben. Myriam hat sie in die Geheimnisse der Anderswelt eingeführt, und viele von ihnen haben bereits Feen, Elfen und sogar die sehr scheuen Zwerge sehen und wahrnehmen können. Die Mütter sind voller Überraschung. Einige wollen entgegnen, dass es so etwas nicht gibt. Doch Myriam ruft mit fester Stimme in den Raum:

„Meine Freundinnen, hier in diesem Raum. Zerstört nicht den Kindern die Wahrheit, die sie heute erfuhren, nur weil ihr unwissend seid. Indem ihr ihnen wegnehmen wollt, was sie heute erfahren haben, misshandelt ihr sie ebenso, wenn auch auf andere Weise, wie ihr euer Leben lang misshandelt wurdet. Öffnet euer Herz und eure Liebe für eure Töchter, denn sie tragen das Erbe der Zukunft in sich.“

Berührtes Schweigen sinkt in den Raum. Viele Frauen nehmen ihre kleine Tochter jetzt einfach nur an ihr Herz und versenken ihr Gesicht im Haar ihres Kindes. Und ich höre ihre Gedanken, wenn sie wehmütig fragen: „Warum stand mir niemals, als ich Kind war, jemand so zur Seite?“

„Erinnere dich immer daran, was du dich jetzt fragst. Vor dir steht die Zukunft der Erde. Ehre und achte sie, auch wenn ihr Körper noch klein ist. Ehre und achte auch dich, denn ohne dich und deine Töchter gibt es für die Erde keine Zukunft. Und nun geht nach Hause, meine Lieben, damit wir uns morgen erfrischt wieder zusammenfinden.“

Wie vereinbart, bleibt jede der Frauen vor mir stehen. Ich verbinde mich durch das Portal mit dem Bewusstsein der liebenden weiblichen Energie der Quelle selbst, so, wie ich es im Tempel lernte. Diese Kraft sende ich den Frauen über ihre Hände in ihr Herz. Mit einem neuen Leuchten in ihrer Aura verlassen sie die Unterrichtsräume. Andächtig vor ihrer neuen Erfahrung des Sich-Öffnens gehen meine Frauen zurück in ihren Alltag.

Auch Jeshua beendet seinen Unterricht. Die Männer verneigen sich ehrerbietig vor Myriam und mir, und wir gehen in unseren Abend im Kreise unserer neuen Freunde und Begleiter.

Während wir uns über die Erfahrungen des Tages austauschen, bittet Jeshua mich, ihm einen Balsam zu segnen, den er morgen einsetzen wird für die Männer, die seinem Weg der Gleichheit folgen wollen. Er hat zur Heilung ihrer Wunden aus Kräutern und Mineralien einen ähnlichen Balsam gefertigt, wie ich es im Tempel für uns Frauen gelernt habe.

Ich frage Simon, ob es möglich ist, in den Unterrichtsräumen ein Badehaus einzurichten, und Simon verspricht mir, dass dieses bis zum nächsten Morgen fertig ist. Jeshua ist begeistert von meiner Idee und erbittet für sich das Gleiche. Auch dieser Wunsch wird bereitwillig bestätigt. So danken wir unserem Freund Simon, den Jeshua bereits aus der Akademie seiner Kindheit kennt, und begeben uns erschöpft zur Ruhe.

Myriam wird morgen ein weiteres Mal den Mädchen die Wunder der Schöpfung zeigen. Ich und Jeshua hingegen werden die Wunden der Kultur, in der wir leben, in den Menschen heilen, die sich uns anvertraut haben. Das Leben beginnt.

Das heilende, heilige Bad der Maria Magdalena

Am nächsten Morgen erwache ich erfrischt und voller Freude. Nachts in meinen Träumen war ich im Reich der Göttinnen. Erfüllt mit dieser Energie, begebe ich mich in unseren Unterrichtsraum. Die Frauen stehen ratlos vor dem großen Becken, das Simons Bedienstete in der Nacht aufgebaut haben, und fragen sich aufgeregt, was ich wohl heute von ihnen verlange. Myriam ruft wieder die Mädchen zu sich, die sich ihr lachend und freudig anschließen. „Ich wünsche euch allen, dass ihr euch heute Abend völlig frei, rein und groß fühlt in eurer Würde als Abbild der Schöpfermutter allen Lebens", ruft sie, lachend und voller Mitgefühl für alles Leid Gaias, in den Raum. Dann wendet sie sich fröhlich den Mädchen zu. Wir hören die lachenden Stimmen sich langsam entfernen.

„Willkommen, ihr Göttinnen, die ihr vor mir steht", begrüße ich freudig die Frauen vor mir. Verlegen kichernd schauen sie sich um. „Gestern habt ihr eure Seele entblößt. Heute bitte ich euch, euren Körper zu entblößen und in ein heilendes Bad einzutauchen. Ich möchte euch vertraut machen mit dem Ritus meines Tempels, damit euer Körper alle Spuren jeglicher Schändung ablegen kann. Diese Schändungen aus allen Inkarnationen sitzen tief, in jeder Zelle deines Körpers. Jede Zelle deines Körpers beinhaltet die Erbsubstanz, die DNA. Diese ist der Kode deiner Göttlichkeit. In deiner DNA ist alles angelegt, was je war, ist und sein wird. In ihr ist alles angelegt, was du bist, was dich ausmacht.

Als einst die, die ihr die Götter oder heute Gott nennt, den Mann erschufen, setzten sie eine Klammer in die DNA. Diese Klammer verhindert, dass ihr euch erinnert, wer ihr in Wahrheit seid. Sie hindert euch daran, in eure wahre Kraft aufzusteigen. Das, was euch von eurer DNA zur Verfügung steht, ist das, was gerade notwendig ist, um euren Körper mit dem Allernotwendigsten zu versorgen. Sie verhindert damit ebenfalls, dass ihr an eure wahre Kraft gelangt, wenn ihr euer Bewusstsein nicht erweitert.

Doch nicht die Götter waren es, die den weiblichen Körper erschufen. Die Göttinnen des lichten Universums waren es, die die Töchter der Göttinnen gebaren, um sie den von den Elohim erschaffenen Männern an die Seite zu stellen.

So wisset, meine Schwestern, es waren nicht die Elohim, die euch aus einer Rippe des Retortenmannes erschufen. Dieses sind die Lehren der Finsternis, um euch von eurer wahren Kraft zu entfernen und dem Mann untertan zu sein. Nein! Es waren die Göttinnen und Götter aus den lichten Dimensionen des Universums, die euch dazu auserwählten, die Göttin auf die Erde zurückzubringen.

Eure Seele hat damals eingewilligt, diesen Abstieg zu vollziehen, um Gaia, die das Reich aller Göttinnen ist, von der Dunkelheit zu befreien. Doch dazu mussten sie ebenso, wie es bei Adam der Fall war, auch eure Erbsubstanz verringern. Hätten wir dieses nicht getan, wären diese Männer vor euch auf die Knie gefallen oder hätten euch getötet, weil sie euren Glanz nicht ertragen hätten.

Jetzt ist die Zeit gekommen, eure Erbsubstanz in den Zustand eurer wahren Göttlichkeit zurückzuversetzen, die Klammer zu lösen und die Göttin auf Erden und in euch selbst neu erwachen zu lassen. Aus diesem Grund sind Myriam, Josef, Jeshua und ich hier bei euch, um euch darin zu schulen, euch selbst zu heilen von den Wunden der dunklen Zeit und das Licht auf die Erde zurückzubringen. Das Lösen der Klammern setzt voraus, dass eure Zellen geheilt und gereinigt werden, denn die Erinnerung an jedwede Unterdrückung, an jedwede Pein und Folter wohnt in jeder eurer Zellen.

Darum ließen wir hier ein Badehaus für euch Frauen errichten, und nebenan eins für eure Männer. Ich gab eine Substanz nach meinem Geheimrezept aus dem Tempel der ISIS in das Wasser, die tief in euren Körper und damit in jede eurer Zellen eindringt. Ihr seht reines Gold und Rosen auf der Oberfläche, und im Becken verteilt sind edle Steine. Alles gemeinsam wird euch sanft und kraftvoll unterstützen, eure innere Heilung zu erfahren. Dieses Bad wird jeden Missbrauch, jede Gewalt, die in euren Zellen verankert ist, heilen und euch von den alten Fesseln, die der Bann der Dunkelheit um euch legte, befreien. Darum legt eure Kleider ab und euren Körper in das warme Wasser."

Verlegen schauen sie auf das goldschimmernde Wasser. Einige kichern, was mich zugegebenermaßen immer wieder leicht nervt. Dieses Getue ist einer Göttin nicht würdig, doch es wird noch einige Zeit brauchen, bis die Göttin in ihnen erwacht. Daher erspare ich ihnen eine Ermahnung, wie sie mir aus dem Tempel geläufig ist. „Das Wasser sieht so anders aus!", bemerkt eine der Frauen.

„Deliah, das Wasser sieht anders aus, weil es kein normales Wasser ist, wie du es aus dem Brunnen kennst. Dieses Wasser ist die reine Heilkraft der Schöpfergöttin. Es ist angereichert mit reinem Gold, mit pulverisierten edlen Steinen und dem verdichtetem Licht der Quelle, sowie einigen pflanzlichen Zutaten von der Erde, die ich dir nicht benennen kann, weil das Rezept geheim ist. Die Substanz, die dieses Wasser enthält, kann und darf nur von den eingeweihten Priesterinnen der Göttin hergestellt und angeboten werden.

Nun entledigt euch eurer Kleider, meine Freundinnen. Legt die falsche Scham ab, die euch ebenfalls durch die Paradiesgeschichte einpflanzt wurde. In unseren Tempeln kannten wir diese Scheu voreinander nicht, weil wir frei aufwuchsen. Wenn ihr frei sein wollt, legt die Scham ab und genießt das heilende Bad."

Nach und nach lassen die Frauen ihre Gewänder fallen und steigen in das lauwarme Wasser. Als sie, mit dem Kopf auf dem Randstein ruhend, ausgestreckt im warmen

Nass atmen, lege ich einige große Kristalle der Göttin in das Becken, senke meine Hände hinein, und während ich durch meine Hände die Energie des Lichts in die Flüssigkeit leite, beginne ich zu sprechen.

Einweihungsmeditation
Die Göttin erwacht, DNA-Heilung

„Meine Schwester, meine Freundin, du, die du ich bist. Fühle die Sanftheit, die dich umgibt. Fühle das warme Wasser des Lebens und der Heilung, wie es deinen Körper umspült. Fühle, wie die Flüssigkeit durch deine Poren in deinen Körper eintritt und jede Zelle deines physischen Körpers durchflutet. Fühle dabei, wie sich jede Zelle deines Körpers regeneriert, reinigt und von Licht erfüllt wird. Gehe mit meinen Worten, indem du die Bilder, die ich dir mit meinen Worten male, vor deinem inneren Auge sichtbar werden lässt.

Ich rufe das Licht der Quelle, uns zu schützen. Eine goldene Kuppel, aus dem Licht der Quelle erschaffen, schwebt sanft über diesem Raum, senkt sich über uns, umhüllt diesen Raum und hüllt uns vollkommen ein in göttliches Licht. Fühle, wie du auf allen Ebenen geschützt bist.

Und nun lausche meinen Worten.
Lass dich weit zurücktreiben in der Zeit. Immer weiter zurück, bis zu der Zeit, als die Erde noch jung und voller Unschuld war.

Sieh dich, sieh uns, inmitten einer herrlichen Kristall-stadt in zarten Gewändern, die unseren ätherischen Kör-per umhüllen, über sanfte Wiesen und Hügel wandern.

Fühle, wie vollkommen du bist in dieser zauberhaften Natur, in dieser zauberhaften Landschaft, die tief in dir selbst, auch heute noch, lebendig ist.

Einst, als die Erde noch jung war, wusstest du um dei-ne innere Größe, denn du warst verbunden mit allen Göt-tinnen des Universums. Du warst voll bewusste weibliche Energie der Quelle selbst. Du konntest die Erde verlassen, und du konntest wieder auf die Erde zurückkehren, wie es dein Verlangen war.

Du warst vollkommen. Wo dein Gefühl war an diesem Ort, warst auch du. Dachtest du Licht, dann warst du im Licht, dachtest du DU, dann warst du bei diesem DU. Fühl-test du Liebe, dann warst du Liebe. Diese Vollkommenheit ist auch heute noch in dir. Du musst dich nur daran erin-nern, um sie wieder zum Leben zu erwecken."

Ein tiefes Seufzen der Erinnerung erklingt aus dem Wasser. Völlig entspannt liegen die Frauen vor mir, um-hüllt von dem goldschimmernden Nass, und auf vielen Gesichtern schwebt ein sanftes, erinnerndes Lächeln.

Ja, schau dich weiter um. Sieh die herrlichen Wälder, die Ebenen, die sanften Hügel. Sie schimmern in unwirkli-

chen Farben, wie du sie in diesem Land, in dem du heute lebst, nie zuvor wahrgenommen hast. Tauche ein in die Farbenpracht der jungen Erde. Die Erinnerung ist in jeder deiner Zellen gespeichert.

Und lass weiterhin die Flüssigkeit, in der du ruhst, deinen Körper umspülen. Lass sie deine Haut durchdringen, in deinen Körper einfließen und jede Zelle deines Körpers heiligen.

Hier in diesem herrlichen Land, vor langer, langer Zeit, siehst du sanfte Tiere dich umspielen. Unsere Tiere haben weder Zähne noch Klauen. Sie sind so vollkommen, wie du selbst es bist. Freue dich an diesen wundervollen Wesen, die sich selbst in der Göttin erschufen, indem sie sich in der Quelle selbst in das Tierindividuum formten, uns allen und sich selbst zur Freude.

Nun sieh in der Ferne einen herrlichen Tempel aus glitzerndem Kristall, durchwoben mit dem feinsten Gold, das die Erde uns schenkt. Die Erde birgt das reine Licht der Quelle in ihrem Schoß und verwandelt es zu verdichtetem Licht, das sich uns als Gold präsentiert. Schwebe mit mir sanft und freudig auf unseren Kristalltempel der allumfassenden Heilung und Freude zu.

Schau nur, das Portal ist aus reinstem Gold. Eingelassen sind glasklare Kristallplatten. Schau durch die Kristalle hinein. Erkenne die riesige Halle der Rückbindung.

Das Portal öffnet sich. Fühle weiter, wie die Flüssigkeit deinen Körper durchflutet. Betritt JETZT den Kristalltempel des Lichts der Göttinnen, aus der Quelle in das Sein manifestiert.

Schau dich um. Erinnere dich! Erinnere dich JETZT!

Durch die Wände aus reinstem Kristall siehst du draußen das Land leicht verschwommen und die herrlichen Farben der Natur doch ganz klar.

In der Mitte der riesigen Halle erkennst du einen herrlichen Kristall, der dreimal größer ist als du selbst. Du fühlst, dass sie weiblich ist. Sie schillert in allen Facetten des Lichts. Nie zuvor sahst du einen derart riesigen Kristall von solch wundervoller Schönheit, Kraft und weiblicher Ausstrahlung. Sie trägt die Energie der liebenden Göttin, der liebenden Kraft des weiblichen Anteils der Quelle, so, wie sie sich einst aus der Quelle manifestierte.

Betrachte dir die Kristallin. Staune, freue dich und bade in ihrem Licht.

Der Raum liegt in einem sanften Halbdunkel, das doch von innen heraus leuchtet und strahlt. Du erkennst, dass die Helligkeit, die dem Raum seine majestätischen Farben verleiht, aus der Kristallin selbst kommt. Nimm es wahr, öffne dich und erlaube dir, diese Göttinnenenergie zu trinken.

Es ist dies die Kristallin Oruluah. Es ist die Kristallin, die sich direkt aus der Quelle selbst manifestiert und das Licht der Quelle an dich verschenkt, die du dich nun noch näher zu ihr begibst.

Je näher du kommst, desto mehr erkennst du ein herrliches weibliches Wesen. Sie scheint im Kristall zu schweben. Sie winkt dir freudig entgegen, breitet ihre Arme aus, dehnt sich aus, wird größer und größer.

Sie ist die Aura des herrlichen Kristalls. Sie ist die Seele von Oruluah. Betrachte dir die Vollkommenheit der Göttin, die den Kristall beseelt. Sieh die zarten Bänder, die von der Quelle aus direkt zu ihr herabreichen. Diese zarten Bänder hüllen sie vollkommen ein und durchdringen sie. Sie gehen von der herrlichen Göttin zurück zur Quelle und sind in ununterbrochenem Fluss. Oruluah ist es, die die Seele aller Kristalle herbeiruft und die Erde mit ihrem Segen erhellt.

Die Kristallin leuchtet stärker und stärker, je größer Oruluah wird. Schon scheint sie den ganzen Raum zu erfüllen. Du stehst jetzt direkt in der Aura von Oruluah, wirst eingebunden in ihre Aura.

Gehe jetzt ganz dicht an die Kristallin heran. Lege deine Hände auf ihren glasklaren Körper des Kristalls und fühle…

Fühle, wie du eintauchst in Oruluahs Aura.

Du bist jetzt ganz und gar eingehüllt von ihrer Aura. Ihre Aura nimmt dich schützend auf. Sie umhüllt dich, sie durchflutet dich. Sie durchflutet auch alle deine Körper, die du nicht sehen kannst. Sie durchflutet deinen physischen Körper, deinen Ätherkörper, deinen Emotionalkörper, deinen Mentalkörper.

Fühle das Licht, das sie ist. Fühle die vollkommene Kraft der Heilung für alles, was unheilig ist in dir, für alles, was in dir entfernt von deiner Größe ist. Fühle hier und jetzt deine eigene göttliche Kraft, wie sie war, als du dich aus der Quelle selbst individualisiert hast. Nimm diese Kraft hier in der Aura von Oruluah bewusst in dich auf. Integriere sie jetzt ganz fest neu in dir.

Bade in der Aura von Oruluah und fühle es. Fühle, wie sich jede einzelne deiner Zellen mit Licht anfüllt. Fühle, wie jede einzelne deiner Zellen in diesem Licht erneuert wird. Fühle, wie du in dir, in all deinen Körpern ganz heil und lichtvoll wirst.

Fühle, wie alles von dir abfällt, was nicht mehr vollkommen ist. Fühle, wie du ganz und gar durchflutet wirst vom Licht der Quelle. Fühle, wie du JETZT alles abstreifst, was dich in all deinen Leben, seit du erstmals die Erde betratest, belastet hat.

Atme alles aus. Atme alles, was du nicht bist, in die Aura von Oruluah und nimm wahr, wie es sich auflöst. Nimm wahr, wie alle deine erfahrenen Belastungen, jeglicher Missbrauch deiner weiblichen Kraft sich in der Aura von Oruluah in reines Licht verwandeln und als reines Licht zu dir zurückkehrt. Lausche nun den sanften Worten von Oruluah, die sie jetzt zu dir spricht.

„Schwester! Ich freue mich von Herzen, dass du den Weg zu mir zurückgefunden hast. Erinnere dich unserer Vereinbarungen, als die Zeiten auf Erden uns trennten. Ich versprach dir, immer für dich hier an diesem Ort zu sein, wenn du dich erinnerst. Es ist wundervoll, dass du dich erinnerst, denn nun kannst du endlich die Heilung der Wunden, die deine Leben dir schlugen, erlösen, befreien und deine dir ureigene, alte Kraft der Großen Göttin allen Lebens für dich zurückfordern.

Genieße die Freude des lebendigen Lichts, wenn meine Aura dich durchflutet. Fülle dich auf mit dem Licht der Quelle, das durch mich für dich transformiert wird. Sieh, wie du strahlst. Du strahlst jetzt aus dir selbst heraus.

Wisse, dass du mich immer erreichen kannst, wenn du die Schwere der Dimension, in der dein Körper zurzeit zu Hause ist, verlässt. Du musst nur deine Augen schließen, dich an Lemuria und damit an mich erinnern, und schon bin ich bei dir, um dir Heilung und das Licht der Quelle neu in deinem Sein zu integrieren. Lemuria lebt. Du kannst es *jederzeit erreichen, wenn du nur deine Augen schließt und dich erinnerst. Denn es lebt in dir.*

Schau hinein in meinen Körper. Der Kristall, den ich beseele, spiegelt dir jetzt dein wahres, reines Bild wider.

Schau, wie wunderschön du bist. Du bist schön wie einst, als du erstmals unsere, aus der Liebe der Göttinnen erschaffene Erde betreten hast. Du bist rein wie einst, als du erstmals unsere Erde berührt hast.

Sieh dich von innen heraus leuchten und strahlen, erfüllt mit dem Licht der Quelle, das golden flimmernd aus dir heraustritt und dich in ein leuchtendes Gewand der Liebe hüllt. Genieße dein eigenes Sein, du strahlender Stern des Lebens.

Atme und fühle dich so, wie du selbst dich einst erschaffen hast. Du bist ätherisch und schön. Du kannst alles durchdringen. Meine heilende Aura durchdringt dich. Diese Heilung führt dich zurück zu dem Zustand, den du einst besessen hast, als deine Seele sich auf der Erde formte.

Du bist heil und ganz in dir selbst.

Schau tief in meinen kristallinen Körper hinein. Hier siehst du sie, deine vollkommene DNA, die ich aus deiner Zelle empfangen habe. Sieh die beiden vollkommenen

Bänder, die umeinander tanzen. Siehst du die Klammer, den Bann, den die Dunkelheit um sie legte?

Diese Klammer gilt es jetzt zu lösen, damit du dich noch tiefer erinnerst. So schau auf meine Hände. Ich öffne die Klammer mit dem vollkommenen Licht der Quelle. Nimm wahr, wie das gebannte Wissen nach oben strömt in die Bereiche des Potenzials, dessen du bisher gewahr werden konntest.

Nimm wahr, wie die Teile, zu denen du bisher Zugang hattest, die dein Leben steuerten, jetzt zu leuchten beginnen. Spüre in dich hinein und erfahre dein neues Wissen um die Vollkommenheit aller Schöpfung.

Atme das heilige Wissen mit deinem physischen Körper jetzt ganz tief in dich ein.

Nutze die Zeit, denn ich werde die Klammer ein wenig tiefer wieder anlegen müssen, wenn deine Phase der Heilung für heute vollendet ist. Schau daher ganz genau hin und nimm wahr, wie Licht deine DNA erhellt, erweitert und dein göttliches Potenzial dir vermehrt wieder zu eigen wird.

(Pause)

Nun lege ich die Matrix deiner erweiterten DNA in eine deiner Zelle zurück. Sie wird jeder Zelle in deinem phy-

sischen Körper die neue Botschaft verkünden. In sieben Tagen wird jede Zelle deines physischen Körpers deine neue DNA tragen.

Kehre nach diesen sieben Tagen zurück zu mir, wenn du magst. Kehre so lange und so oft zu mir zurück, hierher an diesen Ort des universellen Lichts und der Weisheit der Göttinnen allen Seins, bis dein ursprüngliches Potenzial wieder vollkommen ist. Ich werde für dich hier in meinem Körper die Klammer immer wieder öffnen und nach unten verschieben, bis du von ihr erlöst bist.

Und nun, meine geliebte Freundin, möchte ich dich bitten, in dein reales Leben zurückzukehren. Verlasse diesen Kristallpalast, genieße noch ein wenig das Bad deines physischen Körpers, und dann lebe dein neues Potenzial für eine neue Erde, für dein neues, befreites Frau-Sein."

Ich entlasse Oruluah aus meiner Energie und nehme meine Hände aus dem heilenden Wasser, in dem die Frauen jetzt völlig in Frieden und neuer Freiheit ruhen.

„Liebe Schwester. Komm! Komm mit mir und verlasse an meiner Seite den herrlichen Kristallpalast. Verabschiede dich von Oruluah und kehre mit mir zurück an den Ort, an dem dein Körper ruht.

Hier ruhst du in dem warmen, zart duftenden Wasser des Lebens. Spüre dich, wie du neu erwacht bist.

Spüre dich, wie eine ganz neue Lebendigkeit dich erfüllt.

Spüre dich, wie du zu neuer Kraft erwacht bist. Und wisse: Kein Mann kann dich je wieder verletzen, es sei denn, du stimmst zu.

Du kannst deinen Körper und deine Seele zu jeder Zeit in diesen herrlichen Zustand zurückversetzen, egal, was geschehen ist.

Und nun öffne langsam wieder deine Augen. Trockne deinen Körper und lege deine Gewänder an."

☆☆☆

Langsam kehren sie aus der alten Welt zurück und öffnen nach und nach ihre Augen. Ein ganz neues Leuchten liegt in ihren wunderschönen Augen, und meine Seele ist erfüllt von Freude, dass ich die Mittlerin sein darf, die diese wundervollen Energien transportieren und diesen Frauen ein neues Heilsein vermitteln darf.

Nachdem meine Frauen wieder angekleidet in der Runde sitzen, teilen sie einander ihre Erfahrungen mit. Ich bin tief bewegt von der Veränderung, die in den letzten Stunden mit jeder Einzelnen geschehen ist. Es gibt kein Gekicher mehr, nur noch reines, fröhliches Lachen vieler Göttinnen lässt den Raum vom Licht widerhallen. Sie sehen die eigene Verwandlung in den strahlenden Augen der anderen.

Von draußen kommen fröhliche Kinderstimmen näher. Kleine Mädchen, aus denen die Kraft der Sonne, die sie den ganzen Tag aufgenommen haben, und die Freude der Naturgeister, denen sie begegneten, mit denen sie spielen durften, betreten fröhlich an Myriams Seite unsere Runde.

Die Mädchen stutzen leicht, als sie in die neuen Antlitze ihrer Mütter schauen. Dann geht ein noch tieferes Strahlen der Erkenntnis und der Freude über die kleinen Gesichter.

Die Mädchen laufen zu ihren Müttern, schlingen fest die Arme um die Frau, die sich jetzt aus der Mutter zur verständnisvollen Freundin wandelte. Mit einem Seufzer der Erleichterung und des Wiedererkennens der Göttin in sich selbst setzen die Mädchen sich auf den neuen Schoß ihrer Mütter. Sie erzählen freudig von Elfen, Feen, Zwergen und wundervollen Tieren, denen sie begegneten. Die Mütter hören ihren Töchtern verwundert zu, doch alle glauben jedes Wort, das die Mädchen ihnen voller neu erwachtem Vertrauen schenken.

Myriam schaut mir warm und wissend in die Augen. „Ich verneige mich vor deiner Größe, Schwester meines Herzens", sagt sie sanft und wissend, während sie ihre Hände in die meinen legt.

Als die Wiederbegegnung der neuen Mütter mit ihren erwachten Töchtern leiser wird, gebe ich jeder Frau ein Fläschchen der herrlichen Badeessenz.

„Nimm immer dieses Bad in dem herrlichen Tempel, aus dem du heute zurückgekehrt bist. Du kannst damit jederzeit alles heilen, wenn du dich aus deiner jetzigen Einheit gefallen fühlst. Kehre nach sieben Tagen zurück zu Oruluah, wenn du es möchtest, und beginne den Zyklus der Heilung von neuem.

Nun lasst uns diesen Raum verlassen. Eure neuen Männer warten auf euch.

Sorgt euch nicht, meine Freundinnen. Eure Männer erfuhren Ähnliches, so, wie es dem Mann gebührt, unter der Leitung von Jeshua. Eure Söhne erfuhren Ähnliches wie eure Töchter unter der Leitung von Josef, dem Ehemann meiner Freundin Myriam. Jetzt ist es an der Zeit, eure Familien in Freiheit und Sanftmut neu zu vereinen.

Wir werden euch in Kürze verlassen und unseren Weg durch das Land antreten. Ihr hier an diesem Ort werdet unsere erste kleine Gemeinde der freien Menschen in Palästina sein und bleiben, wenn ihr eure neue Erfahrung in euer tägliches Sein integriert. Habt einen wunderschönen Abend im Kreise eurer Lieben. Gute Nacht!"

Ein leichter Schatten erreicht ihre Augen in der Erkenntnis, dass unsere Anleitung bald schon zu Ende ist. Ich rufe Deliah hervor. Sie ist die Göttin unter den Frauen des Dorfes, die von allen respektiert wird.

„Meine Freundinnen hier, ich werde Deliah anleiten, euch zu unterstützen, wenn ihr Hilfe braucht. Deliah ist die Einzige unter euch, die keinen Mann an der Seite hat und keinen Mann an ihrer Seite dulden möchte. So bitte ich euch, für ihren Schutz zu sorgen. Als Dank für eure Unterstützung versprach sie mir, euch die Anleitungen zuteil werden zu lassen, in die ich sie unterrichte, als Dank für ihren Malunterricht, den sie mir zuteil werden ließ. Während sie mich malen lehrte, lehrte ich sie vieles, um ihre Heilkräfte zu aktivieren. So übergebe ich euch eure Schwester als die Weise des Dorfes, wenn es euer aller Wunsch ist."

Deliah steht errötend und verlegen neben mir. Zustimmung hallt aus den Worten der Frauen und Mädchen vor mir. „JA! Deliah ist die Einzige, der wir immer vertrauen konnten."

So ist es besiegelt. Myriam und ich werden Deliah in den letzten, uns hier an diesem Ort verbleibenden Tagen schulen und unterrichten, damit sie den Frauen an diesem Ort Halt und Stütze sein kann.

„Wir treffen uns morgen, wenn die Sonne aufgeht, wieder hier in diesem Raum. Morgen werden wir euch die

Grundlagen des Lesens und Schreibens lehren. Deliah ist dieser Kunst mächtig, sie wird euch dann die Feinheiten lehren, damit ihr frei werdet von den Auslegungen der Schriftgelehrten. Ich wünsche mir, dass jede Einzelne von euch ihre eigene Schriftgelehrte wird."

„Oh, es ist uns untersagt", ruft eine Frau erschreckt aus der Runde.

„Sarah", sagt Myriam sanft. „Nur das, was euch untersagt ist, ist das, was euch frei macht!"

„Keine von euch muss das tun", sage ich, mich vom Ausgang her umwendend. „Ihr seid frei zu wählen, euch über die Verbote zu erheben. Ihr seid frei zu wählen, ob ihr frei sein wollt. Verbote dienen dazu, den Zustand aufrechtzuerhalten, den jede Einzelne von euch heute durchbrochen hat.

Treffe jede Einzelne von euch heute Nacht ihre eigene Wahl. Freiheit und Wissen oder Unfreiheit, Nichtwissen und das Dasein einer Sklavin.

Nun kommt, meine Freundinnen. Lasst uns den Tag beenden und kehrt, bis der neue Tag erwacht, zurück in eure Familie.

Als wir den Raum verlassen, erwarten uns die Männer, die ihre Schulung und Reinigung durch Jeshua erfahren haben, mit freudigen Augen. Ganz neu und frei gehen sie, ihre strahlenden Söhne an der Hand, auf ihre Frauen und Töchter zu. Manche umarmen sich freudig, andere schauen sich, endlich erkennend, in die Augen.

Ein neuer Friede ist in diesem Dorf erwacht. Dieses wird die Insel sein, zu der wir jederzeit zurückkehren können, wenn das Leben dort draußen uns auffordert, an einem Ort der Ruhe neue Kraft zu tanken.

Jeshua legt liebevoll den Arm um meine Schultern, zieht mich sanft an sich, und ich versinke wie immer in seinem Strahlen. Nun erst wird mir klar: Jeshua kam ohne den Bann seiner DNA auf diese Erde.

„Noch fünf Tage sind es, meine Geliebte, die wir hier noch verweilen können. Dann ist es an der Zeit, in das Land zu gehen und den Menschen unsere Botschaften zu überbringen", sagt er, nachdenklich den Familien nachschauend.

Unsere erste öffentliche Heilung

Eine weinende Frau kommt mit einem blutenden Kind in den Armen auf uns zugelaufen. Jeshua und ich laufen ihr entgegen. „Oh, Meister, Meisterin. Ihr kennt mich nicht. Doch meine Tochter wurde von einem wilden Hund angegriffen. Bitte helft mir. Rettet mein Kind!"

Ich nehme ihr sanft ihre blutüberströmte Tochter aus den Armen, während Jeshua die Frau bei den Schultern fasst. „Beruhige dich, Schwester. Weine nicht. Beruhige deine Sinne. Deine Tochter wird leben. Magdalena nimmt ihr gerade die Schmerzen und stillt den Fluss ihres Blutes. Schau. Dein Kind ist schmerzfrei und ruhig. Nun ist es wichtig, dass auch du ruhig wirst, damit wir deiner Tochter helfen können, sich selbst gesunden zu lassen."

Die Frau wird ganz ruhig und schaut wie gebannt auf mich und ihr Kind. Ich lege das Mädchen auf die warme Erde, streichele ihre Stirn, halte ihre Hände und leite die Energie der Quelle in ihren blutenden Körper. Myriam nimmt die Mutter an die Hand und spendet ihr Trost. Unsere Schüler kehren zurück. Sie bilden einen schützenden Kreis um uns.

Jeshua schaut mich fragend an und ich nicke ihm zu. Ich bin bereit.

Sanft nehme ich je einen Fuß des Mädchens in meine Hände. Jeshua legt seine Hände auf ihr Kronenchakra. Ich öffne mich ganz den Energien der Quelle, nehme sie in mich auf, verbinde mich mit Oruluah und nehme auch ihre Energie der heilenden Kristalle in mich auf. Dieses Licht bündele ich in meinem Herzzentrum und vereine es mit dem reinen Quelllicht. Diese kraftvolle Energie sende ich direkt in die Füße des kleinen Mädchens, das nun ganz sanft in meinen Händen ruht und schläft.

Auch Jeshua bündelt das Licht der männlichen Qualitäten der Quelle mit dem reinen Licht des Diamanten im Mittelpunkt der Erde, der zu dem Mädchen gehört. Diese Energie lässt er in ihr Kronenchakra einfließen. Unser beider Energien treffen und verbinden sich in ihrem Herzzentrum an dem Ort, an dem das vollkommene Abbild des Menschen wohnt. Wir verstärken den Fluss der Energien, sodass das reine Abbild in ihrem physischen Körper Gestalt annehmen kann. Jeshua sendet sein Bild der vollkommenen Matrix ihres kleinen Körpers an ihr Zellgedächtnis und heilt mit seinen Gedanken ihren Ätherkörper.

Wir sehen, wie die Wunden sich langsam schließen und bleiben in unserer Versenkung der Vereinigung unserer heiligen Energien in ihrem Herzzentrum. Atemlose Stille und Staunen sind rund um uns.

Plötzlich schlägt das Mädchen die Augen auf. Es lächelt mich an und versinkt in meinen Augen. „Danke", flüsternd es ehrfurchtsvoll in meine Augen hinein. „Du bist ein wunderschöner Engel!"

Ein Lachen erklingt in meiner Kehle. „Nein, meine kleine Göttin. Ich bin kein Engel. Ich bin Magdalena. Komm, steh auf. Deine Mutter möchte dich gerne begrüßen." Sie erhebt sich. Ihr Körper ist vollkommen wiederhergestellt. Ihre Psyche ist geheilt, und es bleiben keinerlei Narben zurück. Doch bevor sie zu ihrer Mutter geht, die erstarrt auf ihre gesunde Tochter schaut, wendet die Kleine sich Jeshua zu. Die Mutter wirft sich weinend vor unsere Füße, während sie ihre Tochter umarmen will.

Doch diese befreit sich aus dem Griff der Mutter, nimmt zaghaft Jeshuas Hand und schaut zu ihm hinauf. „Du bist ein Gott, hat mir ein Engel gesagt." Jeshua geht zu der Kleinen in Augenhöhe in die Knie.

„Wie ist dein Name?", fragt er sie.
„Ich heiße Johanna!"
„Johanna. Ich bin kein Gott. Ich bin dein Bruder. Ich bin nur dann ein Gott, wenn du mir glaubst, dass du selbst eine Göttin bist, so wie alle Frauen und Mädchen auf dieser Erde Göttinnen sind." Johanna legt ihre Ärmchen vertrauensvoll um seinen Hals, versinkt tief in seiner Aura und ich spüre, wie Jeshua ihr eine stärkere Energiedusche direkt in ihren Körper sendet. Sie atmet mit geschlossenen Augen tief ein. „Ich war krank und hatte ganz böse Schmerzen. Ihr beide", und damit nimmt sie auch meine

Hand, „habt alles wieder gesund gemacht. Das kann nur ein guter Gott."

Wir übergeben Johanna ihrer Mutter, die immer noch wie erstarrt abwechselnd in meine und dann in Jeshuas Augen schaut. Erneut wirft sie sich vor uns in den Staub. „Oh, welch ein Wunder. Oder ist es Teufelswerk?" Sie jammert, lamentiert und klagt, voller Verwirrung, ob sie sich nun freuen soll über die wundersame Heilung ihrer Tochter, oder ob sie Angst vor dem Teufel persönlich auf sich nehmen muss.

Ich ziehe sie, innerlich widerstrebend, hoch. Natürlich, sie ist unschuldig an ihren Zweifeln, doch der Zorn über die Lehren, die den Menschen gegeben werden und sie so weit von sich und ihrer innewohnenden Göttlichkeit entfernen, steigt in mir auf. „Frau!", rede ich sie streng an. „Komm zu dir. Du warst Zeugin dessen, was hier geschah. Du siehst, dass dein Kind von innen heraus strahlt, und doch vergleichst du unser Sein mit denen eines Teufels, den es nur in deiner Phantasie gibt?" Sie zuckt zusammen unter meinen Worten, und ich bereue die Strenge meiner Stimme.

„Glaube mir", sage ich sanfter werdend, „dein Kind ist erfüllt und geheilt durch die heilige Energie der höchsten, liebenden Gottheit, die es gibt. Dein Kind hat erkannt, dass es die heilende Kraft der Göttin selbst ist, denn nicht wir haben es geheilt. Deine Tochter selbst tat es unter unseren Händen in unserer Mittlerrolle der Energien, die nichts als Gesundheit, Vollkommenheit und Liebe sind. So gehe denn mit deiner Tochter nach Hause und lege es ab, eine dumme Frau zu sein." Damit wende ich mich von ihr ab und gehe wieder an Jeshuas Seite.

Jeshua tritt vor und ruft laut: „Bevor ihr nun geht, hört mich. Ihr wart Zeugen einer Heilung, die das Natürlichste auf dieser Erde ist. Allein euer Glaube verhindert, die Natur der Quelle zu erkennen und zu erfahren. Wenn ihr diesen Ort verlasst, dann fordere und verlange ich von euch, Stillschweigen zu bewahren über das, was ihr gesehen habt. Sprecht zu niemandem über die Heilung der kleinen Johanna, wenn ihr unsere Freunde seid. Wir wollen im Hintergrund unsere Werke an der Menschheit und der Erde vollbringen und nicht zum Messias erhoben werden, der ich nicht bin. Ich bin nicht der Messias eurer Schriften. Ich kam nicht, um eure Gesetze zu lehren. Ich kam schon gar nicht, um euren dunklen Gott auf den Thron zu heben. Ich bin gekommen, euren Gott und sie alle als das zu entlarven, was sie in Wahrheit sind: Werkzeuge, um euch in der Knechtschaft und der Sklaverei eines dunklen Gottes gefangen zu halten.

Daher bewahrt Schweigen über die Geschehnisse des heutigen Tages. Erkennt einfach für euch selbst, dass in der vollkommenen Vereinigung der weiblichen und der männlichen Kraft, so, wie ihr sie bei Magdalena und mir saht, Heilung auf allen Ebenen geschehen kann. Und nun geht in eure Häuser. Es war ein langer Tag für uns alle."

Jeshuas und meine Hand finden zueinander. Seite an Seite gehen wir in das Haus von Simon. Ich höre Myriam mit Josef lachen, die uns ebenfalls Seite an Seite folgen. „Was erfreut dein Herz, Myriam?", frage ich sie neugierig. Sie lacht schallender. „Das ist eher Schadenfreude. Du sahst nicht den Blick von Johannas Mutter! Ihre Entrüstung darüber, dass ihr beide Hand in Hand von dannen geht, lässt das Herz einer Göttin lachen. Vor dieser Dummheit in so vielen Seelen dieser Welt, die der Dunkelheit folgen, verblasst alles, was göttlich ist. Allein die Tochter ist es, die das Dasein der Mutter rechtfertigt. Ich sah die Größe dieses Kindes, und es erfreute mein Herz und das Herz der Großen Mutter, dass dieses Kind sich über seine Mutter erheben wird. Wie wundervoll war der heutige Tag!"

Wir lächeln einander verstehend an. So viele Frauen werden uns begegnen, die, egal, was sie erfahren und sehen, nicht wissen wollen. So viele Frauen werden ihre Augen verschließen und an ihren alten Riten festhalten wollen. Und doch: Die Wenigen, deren Herz wir mit unserem Sein erreichen, werden es sein, die die Erde in das Licht der Quelle tauchen, nach der so viele dürsten.

Der Tag war lang, und ich sehne mich nach Ruhe und der Wärme von Jeshuas Armen. Gemeinsam besprechen wir den weiteren Ablauf in den nächsten Tagen, bevor wir ins Land aufbrechen. Mir wird leicht bange, denn ich weiß, es ist wahrscheinlich, dass die Häscher meines, mir aufgezwungenen Ehemanns dort draußen auf mich warten.

Jeshua liest meine Gedanken, fühlt meine Gefühle wie ich die seinen. Sanft drückt er mich an sich. Sein Trost und sein Mitgefühl lindern in mir die aufkommenden Ängste, und erlöst schlafe ich ein, einem neuen, aufregenden Morgen entgegen.

Auf der Wanderschaft

Die nächsten Tage sind angefüllt mit Unterricht. Die Frauen haben sich für ihre Freiheit entschieden. Sie wollen das Schreiben und Lesen erlernen. So verbringe ich meine Vormittage mit dem Unterricht der Frauen und den Nachmittag mit der Unterrichtung von Deliah, während sie mich tiefer einführt in die Kunst des Malens. Deliah ist eine feinfühlende und fröhliche Frau, die durch ihre angeborene Weisheit eine schnell lernende Schülerin ist. Als einzige Frau hier in unserem Dorf hat sie sich weitestgehend ihre Unabhängigkeit bewahrt, trotz aller dunklen Erziehung in jener Zeit. Es bereitet mir große Freude, mit solchen Frauen zu arbeiten, die ihre Befreiung als Geschenk der Quelle selbst erfahren und das neu Erlernte sofort umsetzen.

Doch heute ist der Tag des Abschiednehmens gekommen. Jeshua hat nun bereits sechs seiner männlichen Begleiter des inneren Kreises um sich versammelt, die in den letzten Tagen hier eintrafen. Mich begleiten elf Frauen, die zu meinem inneren Kreis zählen. Sie wollen mehr erfahren und lernen, damit sie selbst das Erlernte an andere Frauen weitergeben können, die für unsere Lehren offene Ohren und Herzen haben.

Myriam und Josef nehmen Abschied von den Kindern, die sie in den letzten Tagen in die Mysterien der Schöpfung eingeführt haben. Die Kinder winken ihnen weinend nach. Manche laufen uns hinterher und wollen uns begleiten, doch die Mütter holen ihre Kinder ein. Wir sehen beim Zurückschauen, dass sie ihre Kinder liebevoll in den Arm nehmen. Unsere Lehren tragen Früchte. An diesem Ort hat die dunkle Erziehung keinen Raum mehr. Der Trost, dass wir zurückkehren werden, lindert ein wenig ihren und unseren Abschiedsschmerz.

Wir begeben uns auf die Route nach Jerusalem und werden an jedem Ort einige Tage verweilen, um die Menschen zu lehren und zu schulen. Ein wunderbares Gefühl der Freude begleitet uns. Haben doch die Menschen hier am See ein völlig neues Lebensgefühl erfahren und sind fest entschlossen, die neue Freiheit, die jetzt in ihrem Leben ist, aufrechtzuerhalten.

An jedem Ort, an dem wir uns aufhalten und lehren, wächst unsere Anhängerschar. Von jedem Ort ausgehend begleiten uns mehr und mehr Menschen. Die Kunde über den neuen Messias und die weisen Frauen an seiner Seite verbreitet sich weiter und tiefer in das Land hinein. So kommen uns immer mehr Menschen auf unserem Weg entgegen. Andere erwarten unsere Ankunft ungeduldig, denn die Kunde, dass wir Heilung bringen, lässt die Menschen neue Hoffnung auf eine bessere Welt schöpfen.

Meist lehren wir am Tag Frauen und Männer gemeinsam, Seite an Seite. Doch wo es notwendig erscheint, weil sie zu sehr gefestigt sind in ihrem alten Glauben an die Trennung zwischen den Geschlechtern, trennen wir

Frauen und Männer und unterrichten den geschlechts-spezifischen Teil in unserer Funktion als Göttin und Gott unter Göttinnen und Göttern. So geschieht es immer wieder, wenn wir einen Ort verlassen, dass eine völlig neue Freiheit einzieht und Männer und Frauen in gegenseitiger Achtung erwachen.

In unseren Reihen werden die alten Rituale des Füßewaschens der Männer durch ihre Frauen abgeschafft. Ich bin glücklich, wenn ich erfahren darf, dass immer mehr Männer unseres Landes bereit sind, unsere und seine Lehren von Freiheit und Gleichheit anzuerkennen und ihr Leben neu danach ausrichten. Die Dankbarkeit der Frauen, die eine völlig neue Stellung in ihrer kleinen Gesellschaft erfahren, lässt unser Herz vor Freude schneller schlagen.

Doch leider sind es auch oft gerade die Frauen, die jegliche Art von Neuerung ablehnen und an den alten Riten festhalten wollen. Sie fürchten die Rache des Gottes, dem sie durch ihren Glauben unterworfen sind. Mein Herz quillt jedes Mal über von Mitgefühl, wenn ich erfahre, dass die Angst vor der Strafe eines Gottes, den es nicht gibt, verhindert, dass eine Frau in ihre selbstverständliche Größe hineinwächst. Ist es ja nicht nur die Frau selbst, die ihre Unfreiheit wählt. Sie wählt sie ebenfalls für ihre Kinder.

Die Abende gehören dem inneren Kreis. Zu diesen Auserwählten zählen meine Begleiterinnen und die näheren Begleiter Jeshuas sowie Freunde, die ihr Apostel nennt. Diese Lehrstunden teilen wir miteinander, indem wir gemeinsam oder einzeln, je nach Thema des Abends, unsere Freundinnen und Freunde in die höheren Mysterien einweihen, für die das normale Volk noch nicht bereit ist.

So bauen wir innerhalb eines Jahres eine stabile Gruppe um uns auf, die unsere Lehren irgendwann auch ohne unser Beisein an ihre Mitmenschen weitergeben kann. Lästig, ja, beinahe schon peinlich, sind die immer wieder auftretenden alten Muster unter den Männern. So ist ganz besonders der, den ihr als Petrus kennt, derjenige unter seinen Jüngern, der mich am tiefsten anfeindet. Er will mich trotz aller Lehren und des positiven Lebensgefühls unter uns immer wieder auf dem Platz hinter Jeshua wissen. Doch Jeshua lacht ihn aus, küsst mich offen auf den Mund und legt ihm nahe, die Runde zu verlassen, wenn er unser Leben und unsere Lehren infrage stellt.

Myriam ist mir immer wieder Halt, wenn ein Streit mit Petrus sehr heftig ausfällt. Er ist innerlich zermürbt vor Eifersucht, denn er will neben Jeshua an erster Stelle stehen. Sein Ehrgeiz, alles zu erfahren, was Jeshua in sich birgt, wächst von Tag zu Tag. Seine Erkenntnis, dass in mir mehr und tieferes Wissen ist, lässt sein Herz vor Eifersucht hart werden.

Obwohl er mit Jeshua in der Akademie aufgewachsen ist, fand er niemals den tiefen Zugang zu den Mysterien, wie sie für Jeshua völlig selbstverständlich sind. Es ist ihm von Anfang an ein großer Stein des Anstoßes, dass es ebenso viele Frauen wie Männer im inneren Kreis gibt und er sich uns Frauen unterordnen soll, statt über uns zu herrschen.

Nach einem heftigen Streit zwischen Jeshua und Petrus, in dem Jeshua immer wieder auf die Heiligkeit der Schöpferin verweist, verlässt Petrus unsere Runde, um in seinen Heimatort zurückzukehren. Ich atme innerlich auf. Die Disharmonie schwächte unsere Gemeinschaft, entzweite sie, und es waren zwei Parteien entstanden. Wie sollen wir den Frieden, die Freiheit und das Licht in die Welt tragen, wenn es uns in unserer kleinen Gemeinde nicht gelingt?

Nachdem Petrus weg ist, treten wieder Frieden und Ruhe ein. Johannes ist zum besten Freund für Jeshua geworden. Meine beste Freundin ist und bleibt Myriam. Mit ihr kann ich alles besprechen, wenn mir unser Weg zu beschwerlich erscheint. Immer öfter sehne ich mich nach einem eigenen Zuhause. Unsere Zelte sind zwar komfortabel und gemütlich, doch das Herumziehen von Ort zu Ort macht mir mehr und mehr zu schaffen, je mehr wir uns Jerusalem nähern.

Der Friede droht zusammenzubrechen, als einige Tage nach seinem Fortgehen Petrus des Abends unser Zelt betritt. Er würdigt mich keines Blickes, wirft sich vor Jeshua auf die Knie und bettelt: „Meister, ich tat Unrecht, indem ich dein Wort infrage stellte. Bitte lass mich wieder an deiner Seite sein. Mich dürstet nach deinen Worten und deiner Weisheit." Tränen sind in seinen Augen, und ich fühle die Ehrlichkeit seiner Gefühle für Jeshua. Jeshua schaut mich an, dann wendet er den Blick zu Petrus:

„Simon, erhebe dich. Es ist deiner unwürdig, vor mir im Staub zu liegen. Du hast dich ganz klar entschieden. Du willst die Frau an meiner Seite, die in Kürze meine Ehefrau sein wird, von meiner Seite verdrängen. Das werde ich niemals dulden, denn sie und ich haben etwas, das dir völlig fremd ist. Ohne sie bin ich handlungsunfähig, so, wie alle Männer handlungsunfähig sind, die nicht erkennen, dass sie ohne die Kraft der Göttin nichts bewirken können.

Mit deinen veralteten Ansichten, die nicht weichen wollen, dass Frauen minderwertig sind, bist du für mich als Mitglied des inneren Kreises untragbar. So lange du nicht lernst, dass du ohne die Frauen auf dieser Erde nichts bist, es dich nicht einmal gäbe, es sei denn, du wärst ein Retortenmann, kann ich dich nicht zu meinen Freunden und Begleitern zählen. Doch ich überlasse meiner Frau die Entscheidung. Ihrem Urteil wirst du dich beugen." „Ja, Meister", sagt Simon unwillig, denn er weiß, das ist die einzige Möglichkeit für ihn, wieder Teil unserer Gemeinschaft zu sein. So wendet er sich mir zu.

Ich schaue ihm fest in die Augen, befehle meinem aufwallenden Ego, das die Macht genießen will, zu schweigen und versuche, ihn zu erfühlen. Was ist es, das ihn als Bittsteller zurückkehren lässt? Lange lese ich in seiner Seele, bis er die Augen vor mir senkt. Doch ich habe genug gelesen. Sein Anliegen ist das Anliegen seiner Seele, von meiner und Jeshuas Energie in seine eigene Bewusstheit geführt zu werden. So erhebe ich meine Stimme: „Simon, ich frage dich. Bist du bereit, mich ohne Wenn und Aber als Meisterin anzuerkennen und meinen Anweisungen ebenso zu folgen, wie du das mit denen von Jeshua tust? Und wenn ja, bist du bereit, deine verstaubten Vorstellungen von Rangordnung unter den Töchtern und Söhnen der Göttin endlich abzulegen und mich als die Göttin zu ehren, die ich bin?

Ich lese in deiner Seele, dass du das nicht wirklich willst. Doch bist du willig, die Schulungen, die wir dir gaben, um dein Ego in seine Schranken zu weisen, zu transformieren? Und bist du willig, unser aller Auftrag zu teilen, den Menschen in diesem Land die Freiheit zu schenken? Wenn du das bejahen kannst, dann will ich deinen erneuten Eintritt in den inneren Kreis unterstützen.“

Er schaut mich überrascht an. „Danke, Magdalena“, war alles, was er sagt. Er wendet sich um und verlässt unser Zelt. Lange sehe ich ihm sinnend nach, bis ich Jeshuas Stimme vernehme. „Magdalena, das war eine sehr weise Entscheidung. Gerade Petrus hat die Führungsqualitäten, die dieses Land braucht, wenn wir von ihnen gehen. Er wird unsere Lehren verbreiten, wenn wir längst gegangen sind. Doch zuvor muss er seinen Stolz besiegen und seine dunklen Anteile erlösen. Ich fühle längst, wie sehr du dich nach einem festen Ort sehnst. Glaube mir, Geliebte, nur noch eine kleine Weile, und wir werden all dies finden. Doch zuvor müssen wir hier den Boden bereiten für die Freiheit in den Herzen der Menschen."

„Oh, Jeshua, ich weiß, wie richtig alles ist, was du sagst. Du weißt es, auch ich bin voller Freude hier mit dir. Und doch …, ich sehne mich tatsächlich immer wieder danach, in einem festen Haus mein Haupt zur Ruhe zu legen. Sehne mich danach, unsere eigene Familie zu gründen. Und doch weiß ich, es sind kindische Wünsche, die meinem angelernten Frauenbild entsprechen. Es ist nicht das wahre Leben, das ich mir ersehne. Und doch ist da das Wissen, dass wir Kinder in diese Welt bringen sollen. So sagte es deine Mutter zu mir. Doch wie sollten wir Kinder haben bei dem Leben, das wir leben? Niemals haben wir einander derart berührt, und niemals werde ich deine Frau sein können, denn ich bin gebunden an den anderen."

„Magdalena, verzage nicht. Sei sicher, es wird sich alles so fügen, wie es geplant war und ist. Schon bald wirst du frei sein, das fühle ich ganz tief in mir. Komm, lass uns den Tag beenden. Es war ein langer Tag, und morgen liegt eine weitere Reise vor uns." Ich fasse wieder Hoffnung auf meine äußere Freiheit, denn ich vertraue ihm. Lange liege ich wach, grübelnd, ob meine Entscheidung, Petrus betreffend, die richtige war. Doch die nächsten Tage werden es zeigen.

Immer wieder ertappe ich mich dabei, dass mir die Verantwortung, die ständige Präsenz, die ich zeigen muss, manches Mal zu viel wird. Und immer wieder keimt in mir der Wunsch auf, ein normales Leben als freie Frau an der Seite meines freien Mannes zu führen. Wie wundervoll muss es sein, völlig unbekannt durch das Land zu reisen und ein anonymes Leben zu leben, nur verantwortlich für sich selbst.

Doch dort draußen schlafen Frauen, die mich brauchen. Diese Frauen hoffen darauf, dass ich ihnen die Mysterien zeigen kann, die sie tief in sich selbst erinnern. „Ja, Magdalena", sage ich halblaut zu mir selbst in die Dunkelheit hinein, „dieses Leben, das du dir in deiner Sentimentalität wünschst, ist nicht das Leben, das du dir einst wähltest. Du lebst genau so, wie du es von Beginn an wolltest." Mit diesem Gedanken schlafe ich ein und treffe in den Weiten des Bewusstseins auf Sanada. Ihre Gegenwart gibt mir neue Kraft für den Weg, den wir morgen weiter beschreiten werden. Morgen werden wir aufbrechen.

Viele Menschen treffen bereits heute hier ein, die uns entgegenkommen und begleiten wollen zu dem Ort, an den das Schicksal uns führen wird. Diese vielen Menschen, die immer wieder unsere Präsenz brauchen, für die wir von morgens bis abends da sein wollen und müssen, sind es, dich mich immer wieder die Sehnsucht spüren lassen, einfach einmal alleine zu sein. Einfach unerkannt zu sein. Doch je tiefer wir ins Land ziehen, desto bekannter werden unsere Gesichter und Taten.

Die Entdeckung

Gegen Mittag erreichen wir hügeliges Land. Unsere Begleiter schlagen unsere Zelte auf, denn Tausende von Menschen strömen uns entgegen. Ich kann es gar nicht fassen, wie viele Menschen von uns hörten, die uns begegnen und unsere, besonders seine Lehren hören wollen. Die Gedanken der letzten Nacht sind verflogen. Ich sehe nur noch die Hoffnung in tausendfacher Gestalt, die uns umgibt. Wir sind umzingelt von Menschen.

Jeshua löst sich aus unserer Runde, bewegt sich auf einen Hügel zu und beginnt zu sprechen. Seine Stimme hallt laut und doch sanft über das Land. Die Menschen verstummen und lauschen gebannt seinen Worten. Auch ich setze mich abseits, genieße es, nicht reden, nicht für irgend jemanden da sein zu müssen, und lausche ebenfalls verträumt seinen wunderbaren Worten von der Göttlichkeit in jedem Menschen, von Liebe, Segen und Licht auf Erden.

Die Zeit scheint stillzustehen. Hin und wieder unterbricht das Lachen oder Weinen eines Kindes die Stille. Sinnend schaue ich mich um, höre seine klare Stimme, die von Frieden, Gleichheit und Brüderlichkeit spricht und bin fasziniert davon, wie viel Charisma aus ihm erstrahlt. Tausende von Menschen sind in tiefer Stille vereint, indem sie seinen Worten lauschen und sie in sich aufnehmen.

Ich betrachte ihn, wie er dort oben steht und mit einer Sicherheit die Wahrheit seiner Worte, seiner Gefühle und seines Seins die Menschen zu neuer Hoffnung führt. Wie sehr bewundere ich ihn immer wieder. Seine Gelassenheit und seine stete Ruhe in sich selbst. So oft geht mein Temperament mit mir durch, wenn ich ihn zwingen will, jetzt endlich mit mir zurückzukehren an den See und unsere erste Gemeinde noch einmal aufzusuchen. Doch er beharrt nur leise aber bestimmt auf seiner, unserer Mission.

Als er endet, entsteht Tumult. Bewaffnete Soldaten bahnen sich ihren Weg durch die Menge. Einer von ihnen ergreift einen Stein und fordert die Menschen auf, den Gotteslästerer zu steinigen. Er jedoch kommt festen Schrittes auf die Männer zu und fragt sie, wessen sie ihn beschuldigen. Mir bricht der Schweiß aus. Eine solch große Menschenmenge ist immer unabwägbar. Was, wenn sie den Worten der Soldaten folgen? Ich gehe hinzu, will ihn schützen, doch höre ich die leise Stimme in mir, die mir liebevoll sagt, dass er geschützt ist. Und schon sehe ich, wie die Menschen, zu denen er sprach, ihn schützend in ihre Mitte aufnehmen. Jeshua ist sicher, und mein Herzschlag normalisiert sich.

Die Soldaten wenden sich um. Einer unter ihnen erfasst mich mit seinem Blick. Er stutzt, geht weiter, dreht sich abrupt um und schreit: „Das ist die Frau des Bardor. Fasst sie!", ruft er laut. „Sie wird des Ehebruchs und des Diebstahls bezichtigt und per Haftbefehl gesucht."

Laute Stimmen der Empörung erheben sich unter meinen Begleiterinnen. Ich wende mich um wie ein gehetztes Wild, denn die Soldaten stürmen mit laut rasselnden Waffen auf mich zu. Gerade noch war ich in Sorge um Jeshua. Jetzt bin ich es, um die ich mich sorge. Panik steigt in mir auf. Ich ergreife die Flucht, will untertauchen in der Menschenmenge, doch umsonst. Die Menschen weichen vor den bewaffneten Soldaten zurück. Schon hat der erste mich erreicht und greift mit harten Händen nach mir.

„Steh still, Weib. Du bist gefangengenommen und wirst dem Gericht übergeben." Mein Herz scheint stillzustehen. Meine Gedanken rasen. Was kann ich zu meiner Verteidigung vorbringen. „Ich brach niemals die Ehe", sprudelt es holpernd aus mir heraus. „Schweig, Weib", verbunden mit einer schallenden Ohrfeige durch den Soldaten, bringt mich zum Schweigen.

An den Händen gefesselt führen sie mich weg. Jeshua kämpft sich durch die Menschenmenge. Er folgt uns. „Halt, Soldaten des römischen Reichs, was hat diese Frau verbrochen, nach dem Recht Roms? Ist es euren Frauen bei euch Römern nicht gestattet, ihren Mann zu verlassen, so, wie diese Frau es tat? Wie ist dein Name, du, der du meine Schutzbefohlene geschlagen hast?"

Einer der Soldat wendet sich um. Tiefe Bewunderung liegt noch immer in seinem Blick, denn er hat die letzten Worte Jeshuas auf dem Berg vernommen und in sich wirken lassen. „Sein Name ist Tiberius, Herr. Du hast recht. Sie untersteht nicht dem römischen Recht. Der jüdische Gerichtshof fordert ihre Verhaftung durch uns. Dem müssen wir uns beugen, ob ich es will oder nicht. Ich hörte deine Worte, und ich weiß, dass du die Wahrheit sprichst."

„Dann lass sie frei!", fordert Jeshua laut. „Das können wir nicht tun, Meister. Wir müssen sie dem Gericht übergeben. Das ist das Gesetz dieses Landes, das wir ebenfalls schützen müssen. Sie ist doch nur eine Frau!"

„Und in deinen Augen sind Frauen nichts wert?", knurrt Jeshua. „Hast du nicht meine Worte vernommen, dass Frauen es sind, die Leben schenken? Welches Recht hast du als Mann, der du niemals Leben schenktest, darüber zu befinden, wem es genommen werden soll? Wie kann ein stolzer Römer, wie du es bist, dem barbarischen Gesetz der Juden Folge leisten, das die Steinigung einer Frau fordert, die den ihr aufgezwungenen Mann und seine Misshandlungen nicht länger erträgt?"

Ich höre die Verzweiflung in seiner Stimme, und mein Herz wird schwerer. „Du sollst mich nicht Meister nennen, wenn du meinen Worten nicht Folge leistest. Nenne mir deinen Namen", fährt Jeshua fort.

„Meister, mein Name ist Judas Ischariot. Ich bin kein Römer. Ich bin Jude wie ihr, im römischen Dienst, und ich weiß zu wenig von dir. Ich hörte nur deine Worte in den letzten Minuten deiner Rede. Sie haben in mir etwas ausgelöst, doch unterstehe ich hier dem Gesetz und muss diese Frau mitnehmen."

Mit diesen Worten wendet er sich ab, und die beiden Soldaten, die mich halten, ziehen mich hinter sich her. Sie besteigenen ihre Pferde und binden mich mit je einer Hand an ihnen fest. So schleifen sie mich zwischen den Pferden dem Gerichtsgebäude entgegen.

Ich kann ihr Tempo nicht halten und stürze zu Boden. Die Pferde traben weiter, während ein anderer mich mit Schlägen wieder auf die Beine zwingt. Tränen vernebeln meine Sicht. Alle Hoffnung verlässt mich, während ich meiner Verurteilung entgegengehe und ich weiß … Sie werden mich schuldig sprechen und mich einer schrecklichen Steinigung ausliefern.

„Große Göttin allen Lebens, steh mir bei!", schreit es in meinem Inneren. Gezogen und gezerrt von brutalen Männern, zwischen zwei unschuldigen Pferden, die die Göttin liebt, verlässt mich jeder Stolz, jede Würde und jegliche Haltung, wie sie einer Priesterin des Tempels zu eigen ist. Stolpernd, stürzend und weinend lasse ich mich letztlich mehr ziehen, denn die Füße versagen mir ihren Dienst.

Plötzlich bleiben die Pferde abrupt stehen, dem Befehl ihres Reiters folgend. Eines von beiden wendet den Kopf und schaut mich voller Mitgefühl an. Die Augen der Stute versinken in meinen, und ich fühle, dass auch sie in ihrem Leben mehr Schläge als liebevolles Streicheln ihres Halses erfahren hat. Ich liege voller tiefer Wunden zwischen den beiden Pferden, und schon kommt ein Soldat auf mich zu, reißt mich gewaltsam hoch, und wieder erfasst mich das Würgen tief in mir, während ich versuche mich dem unerwünschten Griff der Männerhände zu entwinden. Doch er fasst, hämisch lachend, nur grober zu. Ein zweiter kommt hinzu, und sie schleifen mich hinter sich her in das Gebäude.

Grob werde ich zu Boden gestoßen. Verzweiflung überrollt mich, und der abgrundtiefe Zorn über die Rechte, die die Männer sich nehmen, indem sie uns Frauen die Daseinsberechtigung absprechen. Das Erbe der Dunkelheit steigt drohend in mir auf. Eine bekannte Männerstimme lacht im Hintergrund, und ich höre, wie mein mir aufgezwungener Ehemann den Raum betritt. „Das ist die Hure, der mein Haus nicht gut genug war", höhnt er, während er mir in den Unterleib tritt. „Verurteilt sie zum Tode, denn sie verließ nicht nur mein Haus, sie stahl auch mein Geld. Die Rückkehr in mein Haus ist ihr untersagt. Ich verstoße sie!" Damit wendet er sich ab und verlässt den Raum.

„Schafft sie fort, bis sie dem Gericht übergeben wird, damit der Hure der Prozess gemacht werden kann", höre ich eine weitere Männerstimme die Schmerzen meines Unterleibes durchbrechen. Schon werde ich wieder von zwei Soldaten hochgezerrt. Sie schleifen mich einen langen Flur entlang, stoßen mich in einen fensterlosen Raum und verschließen die Tür.

Panik erfasst mich. Ich befinde mich in vollkommener Dunkelheit. Die einzige Befreiung ist die, dass ich endlich allein, ohne Begleitung fremder Männer bin. Ich krieche über einen feuchten Boden. Ekel ist in mir, denn ich fühle Tiere unter meinen Händen krabbeln. Endlich finde ich einen Halt. Es scheint eine Liege zu sein. Ich ziehe mich hoch, halte verzweifelt den einzigen Hinweis für Gegenstände fest, bewege mich langsam weiter und finde festes Mauerwerk. An diesem Mauerwerk setze ich mich auf den feuchten Boden und lasse endlich meinen Tränen der Verzweiflung, des Entsetzens und der Hoffnungslosigkeit in mir freien Lauf.

Totenstille ist um mich herum. Die Sekunden versickern wie Stunden, und die Stunden wie Tage. Ich weiß nicht, wie lange ich hier bereits sitze. So wunderschön begann dieser Tag. Ich höre wieder die Worte von Jeshua in mir widerhallen. „So dir einer auf die rechte Wange schlägt….", spüre wieder die Ergriffenheit der Menschen, die seinen Worten lauschten und fühle den Zorn in mir. Er hat leicht reden. Er ist nicht in meiner Situation. Er kennt nicht dieses Ausgeliefertsein, diese vollkommene Hilflosigkeit. In mir steigt Zorn auf seine Worte auf. „Ich werde niemals die rechte Wange freiwillig hinhalten. Wo bist du jetzt, mit deinen weisen Worten? Sie halfen mir nicht, und auch du konntest mir nicht helfen. Es ist alles nur Fassade."

„Halt!", höre ich sanft Sanada zu mir sprechen. „Du wirst ungerecht, denn du missdeutest seine Worte. Besinne dich, geliebter Teil meines Selbst. Besinne dich auf die Kraft der Göttin, die du bist." Und schon entschwindet sie meinem Bewusstsein, denn raue Stimmen öffnen die Tür. Drei Männer treten grölend ein, und ich weiß, welche Schändung mich erwartet. Das ist die Schändung, die allen Frauen in allen Teilen dieses Landes widerfährt, wenn sie Opfer von Männern werden.

Während zwei der Männer mich binden, verrichtet der dritte sein schauerliches Werk. Abwechselnd. Ich gönne keinem von ihnen den Triumph, meine Schreie zu hören. Ich entziehe mein Bewusstsein dem Körper und schaue von oben auf meinen geschundenen, missbrauchten Körper hinunter. Abgrundtiefer Hass ist in mir, auf alle Männer dieser Welt.

Langsam komme ich wieder zu Bewusstsein. Ich bin voller Scham, und die Verletzungen meines Körpers lassen mich ahnen, dass vieles so sehr in mir zerstört ist, dass es diesem Körper niemals mehr möglich sein wird, gesunden Kindern das Leben zu schenken. Doch es ist egal. Morgen werden sie mir den Prozess machen, und mein Urteil steht bereits fest, bevor ich auch nur einen Ton sagen kann. Demütigung und Verzweiflung lassen mich in einen tiefen, ohnmachtsähnlichen Schlaf sinken. Und während der Körper unter mir in einer schreienden Ruhe ein wenig neue Kraft tankt, schwebe ich über ihm. Tief ist der Wunsch in mir, das ätherische Band zu durchtrennen. Ich muss es einfach nur herausziehen, und ich bin frei.

Doch kaum, dass ich den Gedanken zu Ende gedacht, sind Sanada und Sananda direkt neben mir. „Komm, meine Seele. Wir werden dir helfen, deine seelischen Wunden zu lindern", sagt Sanada voller tiefem Mitgefühl.

Ich lasse mich einfach nur noch treiben und mich mitziehen in die Dimension, die alle Heilung beinhaltet. Sanada nimmt mich direkt in die Energie der Quelle mit, die sie für mich erfahrbar macht. Oh, wie wunderbar und heilend das ist. „Bitte, lasst mich hier bei euch bleiben. Erspart mir weitere Qual durch die Männer des Bösen", bitte ich trotz meines Wissens, dass sie meiner Bitte nicht entsprechen können.

Sanada zieht mich tiefer in das Universum hinaus, und jetzt spüre ich, wie ich eins mit ihr werde, spüre die tiefe Verschmelzung mit meiner Seele, spüre das Bad in der Quelle selbst. Sanada, Sananda und ich verschmelzen in der durch sie herabtransformierten Quelle, und ich fühle die Heilung, die Gesundung meines Ätherkörpers.

Alle Schändung entfernt sich aus meinem ätherischen Doppel. Das ist die Basis, damit auch mein physischer Körper, dort unten gesunden kann, wenn er die Steinigung überlebt. Mir bleibt nur noch die Aufgabe, nach der Rückkehr in meinen Körper diesen gesunden zu lassen, damit ich kraftvoll meiner Gerichtsverhandlung beiwohnen kann.

Nur widerstrebend kehre ich zurück in den Kerker und damit in meinen Körper. Trotz aller Umstände ist tiefer Frieden in mir. Die Kerzen, die die Schänder im Raum lie-ßen, lassen mich eine Schüssel mit abgestandenem Wasser erkennen.

Ich reinige meinen Körper so gut wie möglich von den Spuren der Nacht und erwarte den Morgen mit der Kraft der Quelle in mir.

Mein Prozess

Der Morgen erkennt mich in meiner alten Kraft. Ich nutzte die letzten Stunden der Nacht, um meinen Ätherkörper neu in mir zu verankern, und die Heilungstätigkeit in meinem physischen Körper beginnt. Ich schaue zurück auf mein Leben. Wie sehr habe ich mich gewandelt. Es ist erst vier Jahre her, dass ich als hoffnungsfrohe junge Priesterin den Tempel verließ. In diesen vier Jahren verlor ich all meine Unschuld, all meine Hoffnung, all meine Würde. Und doch: Ich werde es niemandem erlauben, mich zu zerstören. Kein Mann wird jemals die Macht haben, mich in mir selbst zu erniedrigen. Sie sehen mich nicht, denn sie sind blind für die Würde und Größe einer Frau.

Die Tür öffnet sich. Ich erkenne den jungen Soldaten, der mit Jeshua sprach. Leichtes Mitleid ist in seinen Augen. „Ich muss mich entschuldigen für die Männer, die dir dieses antaten", sagt er verlegen. „Warte einen Augenblick. Ich werde dafür Sorge tragen, dass du dich reinigen kannst, denn so kannst du nicht vor Gericht erscheinen." Er verlässt den Raum und kehrt zurück mit einer schüchternen jungen Frau. „Sie wird dich in den Baderaum begleiten. Ich werde vor der Tür Wache halten, damit du dich ungestört säubern kannst."

Die junge Frau überreicht mir ein Gewand, und ich sehe erst jetzt, dass mein Kleid völlig zerrissen ist. An ihrer Seite gehe ich in den Raum mit dem Bottich und steige erleichtert in das warme Nass. In einem kurzen Augenblick der Ruhe genieße ich die erweiterte Heilung. Wenn ich das hier überlebe, doch die Hoffnung schwindet, werde ich mich intensiv der Heilung mit meinem Essenzenbad und Oruluah widmen. Für den Augenblick muss dieses klare Wasser ausreichend sein. In meinem Bad schöpfe ich neue Hoffnung und Kraft. Wenn es Gerechtigkeit gibt auf Erden, dann müssen und werden sie mich freisprechen, denn ich trat niemals freiwillig den Gang in diese Ehe an.

Als ich angekleidet bin, klopft die junge Frau, die die ganze Zeit schweigend an meiner Seite war, an die Tür. Die Tür öffnet sich, und vor mir stehen zwei Soldaten. Sie sind bereit, mich zur Verhandlung zu führen. Da Judas bei ihnen ist, bleibt mir heute das Gezerre an meinem Körper erspart. Mit hoch erhobenem Kopf betrete ich den Saal, und während ich mich umschaue, erkenne ich erleichtert, dass der, der sich mein Ehemann nennt, nicht anwesend ist. Mein Blick erfasst ein vertrautes Augenpaar. Tränen treten in meine Augen, denn Jeshua sieht mich mit traurigem Blick, aus dem Hoffnungslosigkeit blinzelt, an. Danke, ruft es innerlich in mir. Danke, dass ich nicht allein bin, das alles durchzustehen.

Der oberste Richter erhebt seine Stimme und verliest die Anklage. Lautes Rufen im Saal erreicht meine Ohren, doch das, was mich am meisten entsetzt, sind die Schreie der Frauen, die lautstark die Steinigung für mich fordern. So vieles tat ich für die Frauen dieses Landes. Welch ein

Verrat. Ich folge den Worten des Richters. Die Anklage lautet: Bösartiges Verlassen während der Abwesenheit eines liebenden Ehemanns, der unter meinem Verrat beinahe seinen Verstand verliert. Diebstahl des Eigentums des Ehemanns, Landstreicherei und das Leben einer Dirne an der Seite eines Predigers.

Wie schlecht sind doch die Gedanken der Männer, die das Gesetz vertreten. „Weib, tritt vor, um dich zu verteidigen! Was hast du zu deiner Entlastung zu sagen?", höre ich die Worte des Richters. Ich atme tief ein, denn damit hatte ich nicht gerechnet. Ich bin völlig überrascht, dass einer Frau das Wort erteilt wird. So stehe ich auf und trete in die Mitte des Saals.

„Hoher Herr", höre ich mich selbst leise sagen. „Lauter!", höre ich Rufe aus dem Saal. „Hoher Herr", beginne ich erneut. „Ich bin unschuldig. Das Einzige, was man mir vorwerfen kann ist, dass ich den Mann verließ, den ich nie zum Ehemann wählte. Er raubte mir mein Kind, er schlug, vergewaltigte und misshandelte mich. Er war es, der mich betrog, mit meiner Zofe. Er war es, der mir meine Erbschaft stahl. Das Geld, das ich für meine Flucht nahm, gehörte mir. Es war eine Mitgift meiner Mutter, die mir die Freiheit nicht ganz nehmen lassen wollte. Es war mein Geld.

Auch lebte ich nicht in Unzucht mit einem anderen Mann. Dieser Mann", ich wies mit meiner Rechten auf Jeshua, „ist zwar der Mann, dem mein ganzes Herz gehört, doch hat er mich niemals berührt, wie ein Ehemann dieses tut. Ich lebte und wanderte unter seinem Schutz durch unser Land. Ich bin unschuldig in allem, was mir vorgeworfen wird", ende ich mit letzter Kraft.

„Ist es wahr, was die Frau hier sagt?", wendet sich der Richter an Jeshua. „Jawohl, Magdalena spricht wie immer die Wahrheit. Diese Frau ist unfähig der Lüge, denn sie ist eine Priesterin des Tempels. Ich gab ihr Schutz, und sie unterstützte mein Werk, indem sie das ihre tat." Er sieht mir liebevoll in die Augen, und doch erkenne ich keine Hoffnung in ihnen.

„Weib!", wendet der Richter sich erneut an mich. „Du weißt, dass dein Wort allein gegen das Wort deines Ehemanns keinen Bestand hat. Bring mir eine Zeugin, die deine Worte bestätigt. Dann sollst du wegen des Diebstahls mit Kerkerhaft davonkommen. Denn das Geld, das du deins nennst, geht in den Besitz deines Mannes über, wenn du seine Ehefrau wirst." Erneutes Entsetzen griff nach meinem Herzen. Welche Frau sollte ich als Zeugin benennen, die mein Wort bestätigt? Warum ist das Wort eines Mannes mehr wert als das meine? „Hoher Herr, ich kenne keine Frau, die mein Wort bestätigen könnte, denn ich war eine Fremde in seinem Haus."

„So sei es denn besiegelt", sagt er hart. „Du bist verurteilt in allen Punkten, derer du angeklagt bist.

Wachen! Bringt sie hinaus und übergebt sie dem Volk zur Hinrichtung durch die Steinigung!"

Quälendes Entsetzen breitet sich in mir aus. Ich sehe, wie Jeshua aus dem Raum stürmt. Seine Begleiter folgen ihm. Tränen treten mir in die Augen, denn nun hat auch er mich verlassen. Die Soldaten treten zu mir und ergreifen meine Arme. Ich entwende mich dem Zugriff. Es ist sowieso alles verloren und vorbei. So sollen sie weder meine Angst noch meine Enttäuschung wahrnehmen. Mein Stolz ist alles, was mir noch bleibt. Und bald schon werde ich endlich wieder zu Hause sein.

Trotz aller Ängste vor den zu erwartenden Schmerzen fühle ich Frieden in mir, in der Gewissheit, dass meine Todessehnsucht bald Erfüllung findet. „Es wird nicht so schlimm", sage ich leise zu mir selbst. Ich werde mein Bewusstsein dem Körper entziehen und keine Schmerzen erfahren, bis der Körper zerschunden ist.

„Lasst meine Arme los. Ich werde freiwillig mit euch gehen, denn in einem Land, das solche Urteile verkündet, wähle ich freiwillig den Tod." Eiseskälte breitet sich in mir aus. Die Erinnerung an das Bad in der Quelle erfüllt immer noch meine Seele. Ich komme nach Hause, rufe ich stumm dem Himmel entgegen, während ich zwischen den Männern mit hoch erhobenem Haupt durch die grölende Menschenmenge dem Hinrichtungsplatz entgegengehe. Wortfetzen dringen an mein Ohr. Beschimpfungen, ganz besonders von Frauen, erreichen mein Ohr und verletzen mein Herz. Doch sie verletzen nun nicht mehr meine innere Würde.

In mir ist nur noch Abscheu vor den Grausamkeiten der menschlichen Rasse. Niemals wieder werde ich auf diese Erde zurückkehren, wenn ich diesen Weg, der jetzt vor mir liegt, überstanden habe. Niemals wieder! Gaia, ich habe versagt. Ich kann dir nicht helfen.

Hoch erhobenen Kopfes stehe ich nun auf dem Hinrichtungsplatz. Die Verachtung für die menschliche Rasse leuchtet aus meinen Augen. Die Angst vor den Schmerzen, die mich erwarten, bevor ich mich von meinem Körper lösen kann, sitzt tief in mir. Doch mein Abscheu vor dem erbärmlichen Volk ist größer als jegliche Angst.

Schreiende Männer stehen vor mir. Sie halten Steine in der Hand, warten nur auf den Befehl, um sie gegen mich zu schleudern, bis ich tot bin. Ich sehe keine Gesichter mehr. Ich sehe nur noch Fratzen, die in ihrer Gier nach meinem Blut bis ins Entsetzlichste entstellt sind. Ich sehe ihnen fest in die Augen, und mein Stolz entzündet ihre Wut mehr und mehr. Plötzlich tritt Jeshua zwischen mich und sie. Er stellt sich an meine Seite, zieht mich nach vorne und stellt sich schützend vor mich.

„Nein, Jeshua", protestiere ich. „Auch du hast mich längst verlassen. Du kannst nicht mit einer solchen Schande leben. Lass sie ihr Werk an mir verrichten. Ich habe abgeschlossen mit diesem Leben." Doch er wendet sich ab, hört kaum meine Worte und wendet sich dem Pöbel zu. „Warum wollt ihr diese Frau töten, was hat sie euch getan?"

Sie stutzen und werden unsicher, da sie nicht wissen, wie sie ihm begegnen sollen Nie zuvor hat es jemand gewagt, den Vollzug eines Urteils infrage zu stellen. Doch sie haben seine Worte vernommen. Er ist kein Unbekannter. So halten sie inne, bis der Erste sein Wort erhebt. „Sie hat das Gesetz und die Ehe gebrochen! Sie ist des Todes!"

„Sie ist des Todes!", schreien jetzt immer mehr Männer fordernder und nach Blut lechzend. Frauenstimmen werden ebenfalls lauter, kreischender. Ich kann es immer noch nicht fassen: Es sind Frauen, denen ich Hilfe und Befreiung schenkte, und sie fordern meine Steinigung.

Jeshua spricht eindringlich zu den Männern, doch ich höre nicht seine Worte. Er beugt sich hinunter, zeichnet ein drohendes Luftschiff in den Sand und droht ihnen mit der Strafe ihres eigenen Gottes (siehe „Tatort Jesus", erschienen im Smaragd Verlag).

Verblüfft stelle ich fest, dass seine Worte die Menschen erreichen. Einige verlassen bereits den Ort des Schreckens. Dann höre ich seine Worte in mein Ohr und mein Herz dringen: „Wer von euch also ohne Sünden und Verfehlungen ist vor den Augen und Ohren eures Gottes, der werfe den ersten Stein auf diese unschuldige Frau. Und erinnert euch: Die Rache ist mein, spricht der Herr, euer Gott." Leichtes Surren erklingt über mir. Die Menschen schauen nach oben. Der Himmel leuchtet über uns.

Arme sinken, Angst vor der Strafe ihres Gottes tritt in so manches Gesicht, und eine/einer nach der/dem anderen lässt den Stein fallen und verlässt fluchtartig den Platz. Plötzlich sind wir allein. Die beiden Soldaten stehen ratlos neben mir. „Das Volk hat gesprochen", verkündet einer von ihnen. „Verschwinde, Weib, du bist frei!"

Jeshua springt auf mich zu und fängt meinen Sturz auf, denn eine leichte Ohnmacht hat mich fallenlassen. „Du bist jetzt wirklich frei. Magdalene. Du kannst meine Frau werden, wenn du es immer noch möchtest. Ich wünsche mir nichts sehnlicher als das", lächelt er mir erleichtert entgegen. Sein Gesicht ist gezeichnet von der Anstrengung und blass vor Erschöpfung. Doch die Erleichterung leuchtet aus seinen Augen. „Jeshua", ich dachte, du hast mich verlassen, als du das Gericht verlassen hast", weine ich, verzweifelt wie ein kleines Mädchen.

„Magdalene, kennst du mich wirklich so wenig?", fragt er, traurig in meine Augen schauend. „Niemals könnte ich dich verlassen, denn du bist mein Leben. Du bist es, die mir immer wieder die Kraft und den Mut gibt, unsere Mission fortzuführen."

Ja, ich fühle es tief in mir. Seine Liebe ist tief und echt, und doch: Hätte er nicht eingegriffen, läge der Tod bereits hinter mir, und ich wäre endlich wieder zu Hause. Die Erkenntnis, dass diese Erleichterung, die er sich so sehr wünscht, mich jetzt nicht erfasst, lässt mich das Geschenk des Lebens an mich vergessen.

„Lass mir Zeit, Jeshua", flüstere ich ihm zu. „Ich muss das alles erst verarbeiten. Ich brauche einige Tage für mich ganz allein. Dann kehre ich zurück und lasse dich wissen, wie ich mich entschieden habe. Ich bin nicht sicher, ob ich meinen Weg weiter mit dir teilen möchte."

Ich löse mich aus seinen Armen und verlasse mit einigen meiner Schülerinnen die Stadt, die ich von nun an mit ganz anderen Augen sehen werde, denn ich habe den Hass in den Augen der Frauen gesehen. Wie sinnvoll ist mein Amt?, frage ich mich. Wie sinnvoll ist es, mein Leben in den Dienst dieser Frauen zu stellen, die mich dem Tod übergeben wollten? Die Verzweiflung in mir ist tief, und der Wunsch, diesem Leben ein Ende zu bereiten, nimmt mit jedem Schritt, den wir uns von der Stadt entfernen, zu.

Vor den Toren der Stadt ist immer noch unser Lager. Ich gehe zu den Pferden, besteige meine Lieblingsstute Bianca und reite zurück an den See zu Deliah, deren Seele mich ruft.

Deliah erwartet mich bereits am Tor. „Magdalena, ich

fühlte es tief in mir, dass du in Gefahr bist. Was ist geschehen? Doch komm erst einmal zu mir. Lass uns ins Haus gehen. Meine Seele wusste, dass du kommst, und es ist alles vorbereitet."

Ich binde die Stute Bianca an und bitte darum, sie zu versorgen. Andere Frauen kommen freudig auf mich zu. Doch ich erbitte eine kurze Zeit der Ruhe. Die Frauen sehen in mein Gesicht, erkennen meine Erschöpfung, fühlen meine Gefühle und ziehen sich mit liebenden Worten zurück. An der Seite von Deliah betrete ich die vertrauten Räume. Hier, zwischen all ihren Malutensilien, löst sich der Ring der Härte, der sich um mein Herz gelegt hat. Von einem verzweifelten Weinkrampf geschüttelt, sinke ich zu Boden und erzähle ihr von der Zeit der Schmach.

Deliah hält mich warm und tröstend in den Armen. Sie weint mit mir meine Tränen, und aus ihren Händen fließt die Energie der Göttin in mich ein, von der ich mich abgeschnitten fühle. „Komm, Magdalena. Hier ist eine Papyrusrolle, dort sind die Farben. Male dir die Seele frei, während ich das Bad für dich richte."

Dankbar schaue ich ihr in die Augen, während ich mich den Farben zuwende. Ich male versunken, vermische die Farben so, wie es mir mein Gefühl sagt. Es ist ein grauenhaftes Bild, das ich mit meinen Fingern in wenigen Minuten fertiggestellt habe, doch neuer Friede hat Einzug in mir gefunden.

Ich nehme mein Bild, gehe hinaus vor die Tür, entzünde am Dorffeuer die Rolle und übergebe meine Qual, die ich mit den Farben auf das Papier fließen ließ, dem Element des Feuers zur Heilung und Reinigung.

Deliah wartet ernst und still auf mich. „Dein Bad ist bereitet. Willst du, dass ich dich begleite?"

„JA, gerne und danke, meine liebe Freundin. Meine Seele wies mir den richtigen Weg zu dir." An ihrer Seite lege ich mich in das heilende Bad, besuche an ihrer Seite Oruluah und fühle, wie alles in mir wieder heil und ganz wird. Doch verschwende ich keinen Gedanken an Jeshua.

Tief in mir fühle ich, dass ich nicht bereit bin, das Leben mit ihm zu teilen, wie ich es in den letzten Tagen erfahren habe. Ich nehme still Abschied von ihm, dem mein Herz gehört. Doch zu beschwerlich scheint mir der Weg, den er von mir fordert. „Lebe wohl, Jeshua! Ich werde dich immer lieben, doch das Leben auf Erden mit dir gemeinsam ist seit gestern unmöglich geworden", rufe ich leise in die Nacht hinaus.

Nachdem ich aus tiefer Meditation zurückgekehrt bin, tritt Deliah mit bleichem Gesicht auf mich zu. „Dort draußen steht ein leuchtender Mann, der dich sprechen möchte", ruft sie fassungslos. „Er strahlt wie reines Gold so, als ob es aus ihm herausstrahlt. Ein Engel ist zu dir gekommen, Magdalena", sagt sie voller Ehrfurcht.

Ich bin viel zu überrascht, um sie zu beruhigen. Ich gehe vor das Haus und erkenne Mularin, der uns einst in der Wüste abholte, als ich erstmals das für uns manifestierte Haus seines und meines Vaters betrat. „Sanada und Sananda bitten dich, nach Hause zu kommen, und ich bin hier, dich zu holen", sagt er schlicht.

„Warte eine kleine Weile", bitte ich ihn. Ich gehe zurück in das Haus, erkläre Deliah kurz, dass es Wesen über den Wolken gibt, die liebevoll sind. Ich erkläre ihr, dass ich nun zu ihnen gehen werde, und bitte sie, sich keine Sorgen zu machen. Ich nehme Abschied und kehre an Mularins Seite zurück auf das Schiff, das sich erneut für mich manifestiert.

Als ich dem kleinen Schiff entsteige, sinke ich Sanada in die Arme. Ich liege in den Armen meines großartigen Selbst und weine alle Tränen der Erde. Sanada führt mich schweigend, mitfühlend und warm in das goldene Bad. Und wieder fühle ich, wie mein Körper sich neu ausrichtet, sich neu aufbaut, fühle, wie alle Spuren der Fremden beseitigt werden. Mein Körper hat wieder die Unschuld, die in ihm war, als ich den Tempel verließ. Tiefe Dankbarkeit ist in mir, als ich an ihrer Seite zu Sananda gehe.

„Liebes, dir ist eine kurze Spanne der Pause vergönnt, hier in unseren Räumen zu sein. Wir konnten dir das alles nicht ersparen, doch ist es uns durch den Mut von Jeshua gelungen, dich heil und lebend aus dem Grauen auf Erden zu befreien. Nun ist es an der Zeit, dass du deine seelischen Wunden heilst, vergibst und vergisst, damit du endlich mit deiner Mission in Freiheit beginnen kannst."

„Vater", wie selbstverständlich mir das über die Lippen kommt, wundere ich mich über mich selbst. „Ich weiß nicht, ob ich noch diesen Weg gehen möchte. Ich sehe die Grausamkeiten der Menschen und will ihnen nicht meine und seine Zeit auf Erden opfern." Doch schon während die Worte aus mir fließen, spüre ich, dass sich hier an diesem Ort meine Werte völlig neu ordnen.

Er lächelt mich an, meine Gedanken lesend. „Ruhe dich einfach ein wenig aus und erfahre neu, was du einst wusstest, als du dich aufmachtest, dein Leben mit Jeshua in eurer gemeinsamen Mission zu beginnen. Und wisse, es sind nicht die Menschen, es ist die Saat der Dunkelheit, die in ihnen ist. Sie wissen nicht, was sie tun, denn die Dunkelheit zeichnet sich aus durch die Dummheit, die du erfahren hast. Dummheit ist die Wurzel allen Übels in den Menschen, denn diese Dummheit ist es, die sie so sein lässt, wie du sie erfahren hast. Sie folgen der Angst, indem sie selbst die Angst in sich nähren und verbreiten."

„Ich weiß nicht, ob ich das möchte. Ich sah die Hässlichkeit der Menschen, und ich fürchte, dass ich nie wieder die Liebe zu ihnen in mir so fühlen kann, wie ich es vor meiner Gefangennahme konnte. Warum kann ich nicht einfach mit Jeshua das Land verlassen und in einem anderen Land neu beginnen? Warum Palästina? Die Erde ist groß, und andere Länder brauchen ebenfalls unsere Lehren. Vielleicht gibt es ein Land, das aufgeschlossener ist und unsere Lehren mit Freuden begrüßt!", rufe ich verzweifelt. Alles in mir sträubt sich, zurückzukehren in das Land meiner Schmach.

Sanada kommt auf mich zu. Ich spüre ihre Aura sich entfalten und mit der Energie der Quelle auffüllen. Ich tauche in sie ein. Ich spüre wieder, was ich einst spürte. Ich bin eins mit ihr. Wir sind eins. Ich bin in der völligen Bewusstheit meiner ganzen Seele und erfahre wieder, was ich einst wissen wollte, als ich mich entschloss, unsere Mission zu erfahren. Tiefer Friede erfüllt mich, als ich mich wieder aus mir selbst herauslöse und meine physische Form erfülle. Sanft spricht sie zu mir:

„Meine geliebte Seele. Wie sehr ich deinen Mut schätze und bewundere, weil du dich einst hier in mir zu deiner Mission freiwillig bereit erklärtest. Schau hinunter auf die Erde, Magdalena in mir." Wir stehen ineinander versunken an den Fenstern, und ich sehe den herrlich blauen Planeten unter mir, während ich ihrer sanften Stimme lausche.

„Es ist nur noch eine kurze Zeit, die ihr in diesem Land sein werdet. Es sind nur noch wenige Seelen und Herzen, in die die Saat gelegt werden muss. Wenn das geschehen ist, werdet ihr genau an den Ort gehen, den du dir eben ersehntest. Hab noch ein wenig Geduld. Sei gewiss, dort unten gibt es Menschen, die dich brauchen, denen du die Freiheit überreichen kannst. Denn du weißt es: Nicht du in deinem Frau-Sein bist das, was die Menschen brauchen. Du bist es in deiner Kraft der Göttin in dir. Hilf noch einigen, neu zu erwachen, und die Freiheit in einem anderen Land deiner/eurer Wahl ist nur noch einige wenige Schritte entfernt."

Ich fühle die Wahrheit ihrer Worte, ich spüre wieder meine Entschlossenheit von einst, als ich mich aus der vertrauten Energie in den Körper meiner Mutter löste. „Ich danke euch von ganzem Herzen, dass ich hier sein darf, dass ich mich neu erinnern darf, was sich aus meinem Bewusstsein entfernte. Ich schäme mich meiner Menschlichkeit, die ich als Schwächung der göttlichen Kraft in mir erfahre. Und ja, ich fasse hier und jetzt meinen Entschluss neu. Ich bin bereit, unsere Mission fortzuführen. Danke!"

Ich versinke noch einmal tief in Sanadas Aura und höre die Worte von Sananda. „Komm, meine Tochter. Auf Erden sind vierzehn Tage vergangen. Es ist an der Zeit, dass du zurückkehrst. Sie sorgen sich um deinen Verbleib. Auch weiß Jeshua nicht, dass du hier bist, denn du solltest deinen Entschluss ganz ohne seinen Einfluss neu fassen."

Verwirrt schaue ich mich um. Ich kann es immer noch nicht fassen, dass der ewige Augenblick, den ich hier erneut erfahren durfte, auf Erden eine solche Spanne an Tagen umfasst. Liebevoll nehmen wir Abschied.

Voller Freude, Gesundheit, innerer Heilung und neuer Bewusstheit kehre ich zurück auf die Erde.

Deliah empfängt mich aufgeregt, weil sie sich sorgte. Ich erkläre ihr, so gut es geht, wo ich war. Doch sie kann es kaum glauben.

Am nächsten Tag, nach einer erholsamen Nacht, die mein Körper benötigte, verabschiede ich mich von Deliah, besteige meine Stute und kehre zurück in mein neues Leben mit Jeshua, wenn er mich noch will.

Neubeginn

Jeshua ist nicht anwesend, als ich unser Zelt erreiche. Serafin kommt zu mir voller Freude über meine Rückkehr, und umarmt mich stürmisch. „Magdalena! Wie wunderbar, dass du wieder hier bist. Es tut mir so leid, was dir widerfahren ist, doch du siehst aus wie neugeboren! Wo warst du nur so lange?", sprudelt es aus ihr heraus.

„Ja, meine Freundin, ich fühle mich auch wie neugeboren. Die Zeit der Ruhe hat meiner Seele gut getan und ich bin jetzt erholt und bereit weiterzumachen!"

Kannst du mir sagen, wo Jeshua ist?" „Oh, er ist eingeladen bei Simon. Dort wartet er auf dich, soll ich dir ausrichten. Es scheint, als habe er gewusst, dass du heute zu uns zurückkehrst."

Ich suche schnell meine Sachen zusammen und finde meinen Alabasterkrug mit dem kostbaren Öl. Heute werde ich Ihm sagen, dass ich bereit bin. So besteige ich erneut mein Pferd und reite zum Haus von Simon. Als ich die Räume betrete, sehe ich die Männer bei Tische liegen. Jeshuas Augen leuchten voller Freude und Erleichterung auf, als er mich sieht. Die Männer schauen betreten in die Runde. „Wer hat dir erlaubt, diese Räume zu betreten, Weib?", ruft Simon vorwurfsvoll. „Das ist eine Männerrunde, und keine Frau darf hier sein!"

Seine Worte ignorierend, gehe ich unbeirrt auf Jeshua zu. Er setzt sich auf, um mich zu begrüßen, doch ich weise seine Hände ab, die die meinen ergreifen wollen. „Sei ganz still", lächele ich ihm in die Augen. Ich gehe in die Knie, ergreife seine Füße und salbe sie mit dem kostbaren Öl. Jeshua erstarrt unter meinen Händen. „Was tust du da?", fragt er mich verwirrt. „Still", sage ich nur und erhebe mich.

Simon fest in die Augen schauend, ergreife ich Jeshuas Kopf und salbe sein Kronenchakra. Er bleibt ganz still, wie ich ihn angewiesen habe. „Ihr wollt einen Messias, einen König, einen Erlöser?", rufe ich in die Runde. „Ihr wollt ihn zum Messias, zu eurem König? Nun, Männer in diesem Raum. Nur eine Göttin hat das Recht, einen König oder einen Messias zu salben. Hier ist euer Messias, den ich für euch salbe und der Göttin weihe." Damit nehme ich meine Hände von Jeshuas Kopf, der völlig verwirrt in die Runde schaut.

Ich muss in mir das Lachen unterdrücken, denn Jeshua verwirrt zu sehen, erfüllt mich mit Freude. Während er mir in die Augen schaut, erreicht jedoch auch seine Augen das Lachen, das von ganz tief innen heraufsteigt. „JA, Jeshua, ich nehme deine Bitte an. Ich möchte auch offiziell die Frau an deiner Seite sein." Nun nehme ich das Öl und salbe mein eigenes Haupt mit dem Öl der Könige. „Und so salbe ich mich zur Königin an seiner Seite."

Simon springt auf. Er schreit nach seinen Bediensteten. „Welch ein Frevel in meinem Haus. Meister, selbst für dich lasse ich es nicht zu, dass eine Frau solche Taten in meinem Haus vollzieht!" Er springt auf mich zu, um nach mir zu greifen, doch Jeshua ist schneller. Er greift Simon und hält ihn an beiden Armen fest. „Du wirst es niemals wagen, in meinem Beisein die Hand gegen eine Frau zu erheben, und schon gar nicht gegen meine Frau. Diese Frau gab mir die Ehre, die du und ihr alle mir verweigert habt. Niemand hier wusch mir die Füße, die ihr mich den Messias nennt. Doch ich sage euch: Ich bin NICHT euer Messias. Ich bin das Licht dieser Welt, so, wie sie das Licht dieser Welt ist.

Sie vollbrachte das Werk, der Götter, denn sie salbte meine Füße und mein Haupt mit dem Öl der Könige. Und du, Simon, bist nicht länger willkommen in meinem inneren Kreis, wenn du ihr nicht mit der gleichen Achtung entgegentrittst wie mir. Ohne sie ist meine Mission nur eine halbe Mission. Ohne sie wird meine Mission, die auch die ihre ist, nicht gelingen. So lange ihr nicht den Frauen die Achtung und Ehrerbietung zollt, die ihnen gebührt, so lange seid ihr in meinen Reihen nicht willkommen."

Damit nimmt er meine Hand, und wir verlassen das Haus. Endlich draußen, bricht unser Lachen sich Bahn. Wir besteigen unser Pferd und reiten aus der Stadt hinaus, bevor Simon die Wachposten alarmieren kann.

Als ich Bianca zu ihren Artgenossen zurückgebracht habe, sinke ich ihm endlich als freie Frau in Arme, und ich weiß: Ich bin wieder völlig heil in mir selbst. Der Aufenthalt auf dem Lichtschiff hat die letzten Spuren jeglichen Zorns, Missbrauchs und Angst aus mir gelöscht. Jeshua fragt still. „Du warst bei Vater?" „Ja", nicke ich ihm zu. „Dann ist jetzt alles gut", bricht es erlöst aus ihm heraus.

Hand in Hand gehen wir in unser Zelt, und erstmals erkennen wir einander als Paar in vollkommener Vereinigung und Verschmelzung unserer Seelen in einem menschlichen Körper. Wir versinken ineinander in neuer Zeitlosigkeit auf Erden. Unsere Auren sind eins, und ich fühle endlich: Es ist möglich, auf Erden eins zu sein mit dem Menschen, den wir lieben. So viele Leben lang habe ich danach gesucht, und endlich, endlich bin ich angekommen.

Jeshua singt den Gesang der Schöpfung, wie der männliche Aspekt der Quelle ihn sich erträumt. Mein Gesang der weiblichen Schöpferkraft lässt uns vollkommen frei den Tag erreichen.

Als der Morgen naht, weiß ich, dass eine wunderbare, reine Seele sich in meinem Körper eingefunden hat. Liebevoll berühre ich meinen Bauch und heiße Sarafina in meinem, in unserem Leben willkommen. Jeshua legt seine Hand auf meine. Wir wissen es beide:

Jetzt erst beginnt unsere eigentliche Aufgabe. Jetzt erst sind wir frei, vereint in unserer männlichen und weiblichen Kraft, und treten in ein neues Leben ein. Die Zeit meiner Verfolgung ist endgültig vorbei. Ich bin auch vor dem Gesetz endlich eine freie Frau, denn das Volk hat die Vollstreckung des Urteils verweigert.

Singend und voll neuen Mutes gehe ich zu meinen Begleiterinnen, um mein Tagewerk zu beginnen.

Alles Sehnen hat ein Ende

Der Tag unserer Hochzeit ist gekommen. Wir sind wieder im Haus von Deliah, die alles getan hat, unsere Hochzeit zu einem königlichen Fest werden zu lassen. Mein Herz ist voller Glück. Vergessen ist die erste mir aufgezwungene Hochzeit. In mir ist nur noch Singen und Liebe und Freude auf das Wesen, das schnell in mir heranwächst. Alle Menschen des Dorfs, die uns so sehr ans Herz gewachsen sind, die immer noch alle die Freiheiten leben, die wir in ihre Herzen brachten, sind auf unserem Fest der Feste versammelt.

Doch am dritten Tag erfasst mich die Sehnsucht nach Ruhe, nach Ausruhen und dem Alleinsein mit Jeshua. Er bringt frischen Wein, und wir verlassen leise das Haus. Draußen erkenne ich unser vertrautes Transportschiff. Ich darf wieder nach Hause, jubelt es in mir. Und schon sind wir in der vertrauten Umgebung in den Räumen des Lichtschiffs. Jeshua wartet ab, bis ich das goldene Bad zelebriert habe. Die Seele in mir jubelt, denn auch sie wird durchflutet vom verdichteten Licht der Quelle. Sananda, Sanada, Miranlaya und Metatron bereiten uns ein Fest der Liebe.

Wir lösen uns aus unserer Form und vereinen uns in der Quelle in unser urewiges Sein. Hier feiern wir die Hochzeit des neuen Beginns auf Erden. Alles ist eins. Ich bin er, und er ist ich. Unsere wundervolle Tochter, die bald unser Leben auf Erden erfüllen wird, ist mit uns vereint. Wir verlassen die Quelle und betreten wieder unsere physische Form. Voller Freude verbringen wir ein wenig Erdenzeit mit unseren „himmlischen" Freunden und kehren nach 40 Erdentagen, der ein Tag zu Hause war, zurück auf die Erde.

Als unsere Tochter geboren wird, hören wir das Universum singen, und Gaia erklingt in freudigem Lachen. Sie ist vollkommen. Sarafinas Seele strahlt uns aus himmelblauen Augen entgegen. Myriam ist entzückt von ihrer Enkelin und versinkt ganz in ihrem Anblick.

Und schon ist es wieder an der Zeit, dass wir zurückkehren in das Leben dort draußen. Noch ein oder zwei Jahre werden wir die Menschen schulen, ihnen so viel wie möglich an Saat in die Herzen legen, damit die Erde in diesem Teil, in dem sie am dunkelsten ist, zu einem Ort der Freiheit, des Lichts und der Liebe neu erwachen kann, wie sie selbst es sich ersehnt. Wir reisen mit Sarafina zu unserem Vater. Er segnet sie mit seinem Strahlen, und sie erfährt in sich selbst das Wunder des Lebens. Nach unserer Rückkehr ist sie eine wahre Tochter des Lichts und so weit entwickelt, dass sie die Kinder unserer Begleiter mit ihrem Leuchten erfüllt.

Bedingt durch unsere Erholungszeiten bei Sanada und Sananda, verkürzt sich die Entwicklungszeit der Kinder in mir, denn hier zählt die Zeit anders. So erblickt nach sechs weiteren Erdenmonaten unsere zweite Tochter, Jamyra, das Licht dieser Welt. Gaia ist voller Freude und Liebe.

Ich fühle die neue Kraft der Erde erwachen und hauche meiner zweiten Tochter die tiefe Liebe zu Gaia ein. Die Bewunderung unserer Begleiter und Anhänger wird grenzenlos, weil unser Sein für sie ein Wunder ist.

Unsere Tage sind geprägt von Schulungen und der Arbeit an der neuen Freiheit. Die Abende gehören unseren wundervollen Töchtern, die sehr viel schneller heranreifen als Gleichaltrige, da sie immer wieder mit uns einige kurze Zeitspannen in der Nähe von Sananda und Sanada erfahren dürfen. Meine Töchter, dessen bin ich mir sicher, werden die neue Erde begründen.

Für unsere Begleiter ist das schnelle Erwachen unserer Töchter nicht ungewöhnlich. Halten sie uns, und ganz besonders Jeshua, doch für Menschen, die Wunder vollbringen. Myriam kümmert sich rührend um Sarafina und Jamyra, so kann ich mich am Tag um die Kranken der Stadt kümmern und den Schulungen meiner Frauen widmen, die mir zu wahren Freundinnen im Geiste werden.

Wandel

„Magdalene, die Menschenmengen, die uns folgen, sind zu groß. Wir erregen zu viel Aufsehen, und die Römer halten uns bereits für eine Bedrohung. Judas hat mir zugetragen, dass die Truppen den Auftrag haben, unser Tun zu beobachten." Jeshua wirkt ein wenig nervös und erschöpft von den Tagen, die hinter uns liegen. Immer mehr Menschen folgen uns. Sie bringen uns ihre Kranken und erwarten Heilung in jedem Fall. Es ist ermüdend, die wütenden Gesichter der Menschen zu betrachten, wenn Heilung nicht möglich, weil die Seele des Kranken dazu nicht bereit ist. Ich spüre seine Erschöpfung und Enttäuschung, weil es meine eigene ist.

Die Schriftgelehrten feinden uns an, wohin immer wir auch kommen. Sie halten uns für eine Bedrohung. Und das Volk hält Jeshua mehr und mehr für den angekündigten Messias und den neuen König des Landes. Immer wieder sagen wir ihnen, dass sie Schweigen bewahren sollen über ihre Heilung. Doch der Redefluss der Menschen ist unstillbar. Egal, wohin wir kommen, eilen uns Scharen entgegen, um den Wundermann und die Wunderfrau zu sehen.

„Geliebter, ich glaube, unsere Mission ist erfüllt. Unser innerer Kreis ist so gut geschult, dass sie allein durch das Land ziehen können. Sanada sagte mir einst, dass wir in ein anderes Land gehen werden. Lass uns unseren Abschied vorbereiten und dieses Land verlassen, bevor es uns verlässt." Ich schaue ihn voller Hoffnung an, dass er freudig Ja sagen wird. Doch der Blick in seine Augen lässt mich wissen, dass er noch nicht bereit ist, weiterzugehen.

Und schon erreichen seine Worte mein Ohr. „Magdalena, meine geliebte Frau, du weißt, dass wir noch den Sabbat und das Passahfest in Jerusalem verbringen müssen. Zu viele haben wir eingeladen. Alles ist vorbereitet. Die letzten Salbungen müssen sie erhalten." Eine tiefe Vorahnung von Gefahr dringt in mich ein. „Oh nein, Jeshua, bitte nicht Jerusalem. Ich fühle tief in mir, dass es gefährlich ist. Ich kann und will dich nicht verlieren. Erinnere dich an meinen Prozess, wie hilf- und machtlos ich war. Ich könnte es nicht ertragen, wenn dir Ähnliches widerfährt.

Judas ist ganz nahe an der Quelle, und wenn er dich bereits vorwarnt, dann nimm diese Warnung ernst. Denke, wenn du schon nicht an dich selbst denkst, doch bitte, ich flehe dich an, denke an mich und unsere Kinder!" Tränen der Angst erreichen meine Augen, und ein Schluchzen, das tief aus dem Inneren heraufsteigt, lässt meine Stimme brechen.

Jeshua nimmt mich sanft in die Arme. „Dein Schmerz erreicht mein Herz, Geliebte. Gib mir einen Tag in Jerusalem. Das Passahfest werden wir nicht mit den Juden teilen. Doch der eine Abend mit unseren Freunden, den müssen wir ihnen noch schenken. Es ist zu spät, umzudisponieren. Und ich bin sicher, du musst dich nicht ängstigen. Was soll mir schon geschehen? Ich bin ein Prediger. Zugegeben, ich bin ein unbequemer Prediger, doch war ich niemals eine Gefahr für die Römer. Warum also sollten sie mich gefangen nehmen?"

Ich bin wie immer sprachlos ob seiner Naivität. Hier steht er vor mir, der Mann, den ich über alles liebe, der Mann, der Menschenmengen fesseln und in seinen Bann ziehen kann. Und dieser Mann zeichnet sich wie so oft aus mit seiner Weltfremdheit. Der Mann von den Sternen versteht noch immer nicht die Regeln der Menschheit. So seufze ich resigniert, und doch erfüllt von tiefer Liebe:

„Jeshua, versprich mir, dass wir unbeschadet Jerusalem verlassen werden. Versprich mir, dass wir nach unserem letzten Treffen das Land verlassen und an einem schöneren Ort neu beginnen. Versprich mir, dass du nicht öffentlich in Jerusalem predigen wirst, und versprich mir, dass du alles tust, um nicht auffällig zu werden." Er schaut mir lächelnd in die Augen.

„All das und noch viel mehr verspreche ich dir, mein geliebtes Sein!" Er nimmt mich lachend in die Arme, dreht sich mit mir im Kreis und sagt nur immer wieder lachend in meine Augen. „Wie kannst du nur glauben, dass ich dich, unsere Kinder und all das, was uns verbindet, jemals leichtfertig aufs Spiel setzen werde? Ich bin sicher unter der Obhut unseres Vaters. Und nun lach wieder mit mir, damit wir denen da draußen die letzten Einweihungen in einer fröhlichen und lachenden Runde schenken können."

Ich bin nun ein wenig ruhiger geworden. Doch der tiefe Friede wird mich erst dann wieder erreichen, wenn wir dieses Land verlassen haben. Ich grüble vor mich hin, bis Jeshuas Stimme die einsetzende Stille durchbricht.

„Vater hat für uns ein neues Zuhause gefunden. Komm, wir machen einen kleinen Ausflug dorthin." Völlig überrascht lasse ich mich von ihm an die Hand nehmen. Er bittet Myriam, ein wenig nach den Mädchen zu schauen, und erklärt ihr, dass wir kurz zu Vater müssen. Myriam bricht in schallendes Lachen aus. „Kurz?", fragt sie schelmisch. „Das sind doch wieder mindestens zwei Wochen."

Jeshua stutzt. Zu vertraut sind ihm die langen und doch für uns so kurzen Abwesenheiten von der Erde. „Du hast recht, Mutter, wir ziehen die Mädchen an, und ihr kommt mit uns."

„Langsam, mein Sohn. Was ist so wichtig an einem Besuch bei eurem Vater?"

„Vater hat ein neues Zuhause für uns gefunden. Wir wollen es uns anschauen, und ich freue mich, wenn du dabei bist." Josef tritt hinzu, lächelt Myriam an und sagt nur schlicht wie immer: „Geh nur, meine Liebe. Wohin immer er auch geht, wir werden ihn begleiten. Und es wird Zeit, dass wir das Land bald verlassen."

Überrascht schaue ich Josef an. Überrascht schaut Myriam beide an. „Ein neues Zuhause? Du meinst tatsächlich, dass wir das Wanderleben aufgeben können?", fragt sie hoffnungsvoll in Jeshuas Augen.

„Ja, Mutter! Vater möchte uns einen Ort zeigen, an dem wir unser Leben weiterführen können. Einen Ort, an dem du und Josef zur Ruhe kommen könnt, einen Ort, an dem wir unsere Lehren von neuem verbreiten können, doch dieses Mal in einer feststehenden Residenz, so, wie du und Magdalena euch das seit Jahren erträumt. Und auch ich freue mich, die Zeit der Wanderschaft zu beenden. Nur noch einen Abend im inneren Kreis, und ich bin frei für unser wirkliches Leben."

Myriam streichelt ihm sanft die Wange, küsst Josef und sagt nur schlicht: „Dann lass uns deinen Vater besuchen." Schnell kleiden wir die Mädchen an, die bereits ganz aufgeregt sind, so unerwartet ihren Opapa, wie sie ihn liebevoll nennen, wiederzusehen.

Hinter dem Zelt erwartet uns bereits das Transportschiff. Es wird uns guttun, neue Kraft zu tanken, und Jeshuas Erschöpfung wird sich auflösen. Freudig werden wir empfangen von Sanada und Sananda, und das Schiff trägt uns innerhalb einiger Erdensekunden auf einen anderen Kontinent: Frankreich.

Wir verlassen den kleinen Transporter, und tiefer Friede breitet sich in uns aus. Die Mädchen springen freudig über saftig grüne Wiesen in einem sanft hügeligen Land. In der Ferne erblicke ich die Wellen des Ozeans, sehe herrliche Pferde über die Wiesen laufen, atme die herrlich frische Seeluft tief in meinen Körper hinein und sehe das Strahlen, das aus Myriams Augen zu mir herüberleuchtet. „Das ist wunderbar, meine Tochter", sagt sie voll solch tiefer innerer Berührung zu mir, dass ich weiß: „Hier, an diesem Ort, werden wir endlich glücklich sein."

Ich schaue mich um und sehe Jeshua vor einem gewaltigen Gebäude stehen. Erst jetzt bemerke ich dieses wunderbare Haus. „Dieses Haus ist frei", sagt Jeshua. „Ich werde jetzt dort hineingehen und es für uns kaufen, wenn es dein Wunsch ist. Dann kannst du ganz sicher sein, dass alles gut wird." Er lächelt mir sanft und liebend entgegen. Voller Freude umfasst sein Blick die Landschaft und unsere Töchter hinter mir. Sein Blick ruht auf Myriam. „Mutter, glaubst du, dass du dich hier wohlfühlen wirst?"

„Welch eine Frage, Jeshua. Nie spürte ich einen solchen Frieden und eine solche Ruhe wie hier, an diesem Ort, den die Göttin selbst gesegnet hat."

„Dann ist es besiegelt. Ich gehe dort hinein und regle die weltlichen Dinge. Genießt noch ein wenig die Atmosphäre, denn wenn es besiegelt ist, müssen wir zurück." Damit verschwindet er hinter den Toren der Mauern, hinter denen in einem herrlichen Park ein Schloss auf uns wartet.

Als er zurückkommt, überreicht er mir feierlich ein Papier, auf dem mein Name steht. „Dies, Magdalena, ist mein Geschenk an dich. Es ist dein Haus, und es ist mir eine Ehre und tiefe Freude, wenn du mir erlaubst, mein Leben hier mit dir zu teilen." Völlig überrascht schaue ich auf die Rolle in meinen Händen. „Warum tust du das, Jeshua?", frage ich fassungslos. „Befürchtest du, dass dir etwas geschehen könnte?" Die Angst kehrt zurück.

„Magdalena!", ruft er erschrocken, während er mich fest in den Arm nimmt. „Wie kannst du das glauben? Es ist die Manifestation dessen, dass du als die Göttin auf Erden hier dein Reich begründen wirst. Dass du, Mutter und unsere Töchter hier beginnen werden, die Kraft der Schöpfergöttin auf die Erde zurückzubringen. Nur du und Mutter und die Mädchen werden entscheiden, welcher Mann diese heiligen Hallen betreten wird. Darum kaufte ich dein Haus, das Vater für uns fand, und gab ihm deinen Namen: Magdalene del Mare."

Die Ängste verlassen mich, und Freude steigt in mir auf. Doch ich kann nur eines sagen: „Danke, mein Geliebter." Die Mädchen kommen lachend auf uns zugelaufen, und alle Ängste sind verflogen, als wir ihre kleinen Körper in unseren Armen fühlen. „Nur noch kurze Zeit", sage ich zu ihnen, dann werden wir für immer hier sein und in diesem Haus dort wohnen."

Jubel bricht aus ihnen heraus. Sie erzählen von Muscheln, Wellen und Pferden, die sich streicheln ließen, bewundern das riesige Haus, das bald unsere Heimat sein wird, und ich wünsche mir, es könnte schon heute sein. Doch bis es so weit ist, müssen wir unsere Dinge in Palästina regeln. Nur noch eine kleine Weile, und wir werden das Paradies auf Erden erfahren.

Myriam steht andächtig am Strand. Als wir sie erreichen, erkenne ich Tränen in ihren Augen. Sanft lege ich ihr einen Arm um die Schultern. „Du hast deine Mission in Würde und Heiterkeit erfüllt. Ich freue mich, wenn du und Josef hier an diesem Ort euer Leben auch weiterhin mit uns teilen mögt."

„Du weißt, wie sehr wir das möchten, meine Tochter. Ich freue mich, wenn die letzten Tage in Jerusalem hinter uns liegen."

Das leise Surren erklingt, und wir besteigen schnell das kleine Transportschiff, das uns zurückbringt in das Leben, das im Augenblick noch unser normales Leben ist.

Jerusalem

Vierzehn Tage sind vergangen, als wir wieder unsere Zelte betreten. Der Tag, an dem wir nach Jerusalem ziehen, liegt vor uns. Schon als wir aufbrechen, kommen Menschen uns entgegen, die ihn reden hören wollen. Menschen, die Heilung suchen, Menschen, die einfach nur eintauchen wollen in unsere Energien. Doch als wir Jerusalem erreichen, erfasst mich ein Schaudern.

Tausende stehen vor den Toren der Stadt. Sie rufen nach dem Messias, nach dem neuen König. Hunderte tragen große Palmwedel in den Händen. Sie feiern die Ankunft ihres Erlösers. Soldatentruppen sind anwesend. Mich fröstelt trotz der milden Wärme des sonnigen Tages, und ich ziehe meine beiden Töchter ganz dicht zu mir heran. Die Mädchen, obwohl Menschenansammlungen gewöhnt, werden unruhig, denn immer mehr Menschen scheinen vor die Tore der Stadt zu strömen. Myriam kommt auf mich zu, nimmt mir die Kinder aus den Händen und flüstert mir zu, dass sie sofort mit den Kindern zu Josef gehen werde.

Wollten wir doch möglichst unerkannt in Jerusalem sofort Josef von Arimathäa aufsuchen, so wird das im Augenblick unmöglich. Die Menschenmenge versperrt uns den Weg. Ich sehe noch Myriam mit meinen wundervollen Mädels in der Menge untertauchen und bin glücklich, dass sie diesem Getümmel entkommen. Wie sehr mir diese täglich wachsende Berühmtheit mehr und mehr zuwider ist. Oh, wie sehr schmerzt es mich täglich mehr, dass wir nicht anonym von einem Ort zum anderen gehen können. Das Gefühl von Unwohlsein verstärkt sich in mir, je näher wir der Stadt kommen.

Und je näher wir der Stadt kommen, desto mehr Menschen stürmen auf uns zu, desto mehr Menschen bitten um Heilung. Es ist unmöglich, den Truppen nicht aufzufallen. Doch wieder ist es die Menschenmenge, die uns und vor allem Jeshua Schutz gibt. Als die ersten römischen Wachen auf uns zukommen, um die Menschenmenge zu zerstreuen, um Jeshua zu erreichen, reiten wir gerade durch das Stadttor. Wir steigen von den Pferden, und ich verliere Jeshua in der Menschenmenge. Ich kämpfe mich durch die Menge und stehe endlich mit Bianca am Rande des Tumults.

Die Stadt bebt. Das nahende Passahfest hat die Pilger aus dem ganzen Land in die Stadt gerufen. Überall stehen Soldaten, um Ruhe und Frieden zu sichern, doch das Geschrei in den Straßen ist nervenaufreibend. Ich atme tief durch. „Keine Panik, Magdalena", sage ich zu mir selbst. „Du gehst jetzt zu Josef und den Kindern, und Jeshua wird wissen, wo du bist." So laufe ich neben meiner geliebten Stute durch die vertrauten Nebenstraßen der Großstadt und eile zu meinen Kindern im Haus von Josef.

Josef ist ein wunderbarer Mann und Freund für unsere kleine Familie. Fröhlich lachend sitzen meine Mädchen auf seinem Schoß, als ich das Haus betrete. „Mamutschka", kommen sie mir fröhlich lachend entgegen. „Onkel Josef hat gesagt, dass er mit uns kommen wird, wenn wir an das große Wasser gehen. Ist das nicht toll?", rufen sie mir aufgeregt entgegen.

Warm umarmen wir einander, und ich kann endlich wieder frei atmen. Doch je weiter die Zeit voranschreitet, desto unruhiger und ungeduldiger werde ich, denn Jeshua ist auch am Abend noch nicht hier angekommen. Das Grummeln in meinen Eingeweiden nimmt zu. Myriam bringt die Kinder zu Bett, denn sie fühlt meine Ängste. Ich fühle erneut meine Bewunderung für sie in mir aufsteigen, denn ich weiß, auch sie ist voller Sorge um ihren Sohn. Wo bleibt er nur?

Und dann öffnet sich endlich die Tür, und ein angespannt und müde wirkender Jeshua nimmt mich sanft und doch erschöpft in seine Arme. Mir stürzen vor Erleichterung die Tränen aus den Augen. „Wo bist du nur so lange gewesen? Ich habe mich gesorgt und wäre vor Angst beinahe erneut in die Stadt hinausgelaufen, um dich zu suchen." Doch ich höre nur sein berühmtes: „Pssst, Liebe meines Lebens."

Sanft wiegt er mich an seinem Herzen, bis meine Tränen versiegen und die Ruhe wieder in meinem Herzen Einzug gehalten hat. Myriam kommt in den Raum, und auch in ihren Augen sehe ich Tränen der Erleichterung.

„Weißt du Mann eigentlich, wie sehr die Frauen dich lieben? Weißt du, männlicher Ausdruck der Quelle, eigentlich, wie viel Sorgen du durch deine Unachtsamkeit in die Herzen der Frauen, die dich lieben, senkst? Was fällt dir ein, uns hier in solcher Sorge um dich und dein Leben zu lassen und Stunde um Stunde nicht hier zu erscheinen?" Ihre Stimme ist voller unterdrückter Tränen und Schmerz.

Jeshua wird bleich. „Verzeiht mir meine Unvollkommenheit. Es ergab sich, dass ich Unrecht verhindern musste und konnte. Es war mir nicht bewusst, dass ihr euch um mich sorgt. Es besteht doch kein Anlass zur Sorge."

„Oh ja!", ruft Myriam hilflos. „So naiv und dumm kann nur mein Sohn sein. Alle Welt weiß, dass die Römer dich suchen, und du spazierst durch ihre Hauptstadt, nimmst nichts von dem wahr, was um dich herum geschieht, und denkst immer nur an das, was dir gerade in den Sinn kommt. Judas sagte es dir, Josef sagte es uns. Du wirst gesucht. Kapierst du das endlich, du dummer Junge?"

So kann und darf nur Myriam zu ihm reden. Doch aus ihren Worten klingt nur die große Sorge, die sie den ganzen Tag lang drückte. Ich gehe zu ihr und nehme sie in meine Arme. „Verzeih mir, Myriam. Auch ich sah nur meine eigene Sorge und vergaß darüber, für dich da zu sein. Stattdessen überließ ich dir auch noch die Sorge für die Mädchen. Ich schäme mich."

„Nicht doch, Liebes", sagt sie sanft. „Ich verstehe dich. Du brauchst ihn so viel mehr als ich. Doch du", damit wendet sie sich um zu Jeshua, der betreten auf den Boden starrt.

„Von dir erwarte ich etwas mehr Verantwortungsgefühl für deine Familie. Deine Mission ist wichtig, doch wichtiger sind für mich jetzt deine Frau und deine Kinder. Und das sollte es auch für dich sein. Deine Mission geht morgen Abend mit der letzten Einweihung zu Ende. Und die Göttin allein weiß, wie sehr ich diesen Tag und Umstand begrüße. Und ich sage dir, mein Sohn: Du wirst dieses Haus nicht mehr verlassen, bis wir unsere letzte Reise fort aus diesem Lande antreten. Ich werde nämlich nicht tatenlos zusehen, wie die Römer meinen Sohn ergreifen. Dazu habe ich dich nicht geboren und meinen Lebensweg geändert."

Zwischenzeitlich sind die beiden Josefs eingetreten. „Na, na, meine Liebe. Nun lass Jeshua doch erst einmal ankommen, bevor du ihn völlig am Boden zerstört hast", witzelt Josef seine Frau an. Entspannung legt sich auf Myriams Gesicht, als ihr Blick den seinen erreicht. „Du hast recht. Doch ich musste meinem Herzen Luft machen!" Sie wendet sich noch einmal Jeshua zu, geht auf ihn zu, nimmt ihn ganz fest in die Arme, schaut zu ihm auf und sagt nur ganz schlicht. „Ich könnte es nicht ertragen, dich zu verlieren."

Jeshuas Augen quellen jetzt über von Tränen. Er nimmt seine Mutter und mich fest in die Arme. „Auch ich könnte es nicht ertragen, euch zu verlieren. Daher verzeiht mir meine Unachtsamkeit. Und lasst euch erzählen, was heute geschah."

Der Bann ist gebrochen. Die Worte, die gesagt werden mussten, sind gesagt. So setzen wir uns endlich an den liebevoll vorbereiteten Essenstisch, und während wir unser Mahl zu uns nehmen, erzählt Jeshua seine Erlebnisse des Nachmittags im Tempel (siehe „Tatort Jesus", Smaragd Verlag). Und je länger er erzählt, desto mehr greift das Entsetzen in unsere Herzen. Es ist wundervoll, dass er die Frauen befreite, die nun bei Maria und Martha ihrer Heilung entgegengehen können. Doch war ihm selbst nicht bewusst, in welcher Gefahr er schwebte?

Josef von Arimathäa erklärt ihm, dass die Römer ihn für einen Aufwiegler gegen Rom halten. Die Römer hatten ausrufen lassen, dass Jeshua, als der meistgesuchte Revolutionär gegen das römische Reich, mit Haftbefehl gesucht wird und jedem, der ihm Unterkunft bietet, die Bestrafung droht. Jeshua erbleicht.

„Warum?", sagt er nur. „Was tat ich den Römern? Judas warnte mich vor, doch sagte er mir nicht, dass es so gefährlich für mich und uns alle ist. Hätte ich das gewusst, wäre ich niemals nach Jerusalem gekommen. Die Gefühle meiner Frau waren es, die mich hätten wissen lassen müssen, dass wir in Gefahr sind. Auch du, Josef, bist in Gefahr. Ich kann und darf deine Gastfreundschaft nicht in Anspruch nehmen."

„Ganz ruhig, mein Junge", sagt Josef sanft. „Ich bin am obersten Gerichtshof, und niemand wird vermuten, dass ich das Gesetz breche. Wenn du und deine Familie an irgendeinem Ort sicher seid, dann hier in meinem Haus, und ich werde nicht zulassen, dass du mein Haus verlässt, es sei denn, du verlässt dieses Land. Und auf dieser Reise werden ich und meine Bediensteten euch begleiten."

Versonnen schauen wir in die Runde. Jeshua ist plötzlich reifer geworden. Das Bewusstsein der Gefahr, die über ihm, unserem Leben und unseren Plänen für die Zukunft schwebt, hat ihn in wenigen Minuten zu einem Mann werden lassen, der auf dem Boden der Tatsachen gelandet ist.

Wehmut steigt in mir auf. Ich möchte ihn zurück, meinen unbesorgten Ehemann, der das Leben leichtnimmt und in allem nur das Schöne und Gute sieht. Doch was sagte Josef gerade?

„Du wirst uns begleiten?", frage ich voll freudiger Überraschung. „Ja, meine Liebe. Ich habe mich entschlossen, ebenfalls diesem Land den Rücken zu kehren, und wenn ihr mich wollt, dann werde ich voller Freude mit euch gehen."

Jeshuas Gesicht überzieht ein neues Strahlen. Er schaut mir in die Augen und sendet mir die stumme Frage, ob ich das auch möchte. Er erhebt sich, nimmt Josef sanft in die Arme und sagt schlicht. „Ich bin erfreut, dich zum Freund zu haben. Es wird meiner Familie und mir eine

Freude und Ehre sein, wenn du mit uns kommst an den herrlichen Ort, der Magdalenas Reich der Göttinnen sein wird.

So sei es denn besiegelt. Der morgige Abend in der sicheren Herberge mit unseren Freunden des inneren Kreises steht noch fest. Doch am nächsten Tag werden wir in aller Frühe aufbrechen. Unsere Dinge sind gepackt, die Pferde sind gesattelt. Wir müssen nur noch unerkannt die Stadt verlassen. Ich werde unsere Freunde morgen Abend informieren, bevor Magdalena und ich ihnen ihre letzte Weihe überreichen."

Das letzte Abendmahl in Jerusalem

Zu dieser Weihe sollte es niemals kommen. Ich erwache voller innerer Unruhe. Jeshua und die Mädchen liegen noch in tiefem Schlaf. Heute ist unser letzter Tag in Jerusalem, und bereits morgen werden wir auf dem Weg in unsere neue Heimat sein. Beinahe scheint es mir, als könne ich den Duft des Ozeans riechen. Tiefe Freude ist in mir auf unsere wundervolle Zukunft und vor allem darauf, den Zelten und dem Wanderleben Lebewohl zu sagen.

Und doch ist in mir auch eine tiefe Unruhe. Sie steigt langsam aus den tiefsten Schichten meines Seins in mir empor. Je mehr der Abend näherrückt, desto stärker wird diese Unruhe. Mehrfach bitte ich Jeshua, dass wir sofort abreisen, denn meine Unruhe verwandelt sich in tiefe Angst, dass unsere Zukunftspläne wie Seifenblasen zerplatzen.

Und doch, diesen Tag werden wir noch überstehen. Jeshua hat fest versprochen, das Haus nicht zu verlassen, und so machen wir uns im Schutz der Dunkelheit auf zur Herberge, um unseren Abschied zu feiern.

Judas verlässt voller Zorn den Raum. Ich dränge zum Aufbruch. „Hör doch endlich jetzt auf meine Gefühle", rufe ich ihm zornig entgegen. „Lass uns das Haus verlassen, jetzt sofort!" Jeshua verspricht dem inneren Kreis, dass wir die Weihe nachholen werden, wir nun jedoch schnell gehen müssen, bevor es zu gefährlich wird, denn Judas ist zu allem entschlossen.

Doch schon erklingen die rasselnden Waffen im Flur. Panik greift nach mir und auch nach Myriam. „Schnell, wir müssen hier raus!", schreit sie voller Verzweiflung. Jeshua schaut sich gehetzt um. „Petrus, wo ist der Geheimgang?"

Petrus sucht den Mechanismus. Endlich hat er ihn gefunden. Wir schieben Jeshua als Ersten in den Gang und folgen im eilig auf den Fersen. Im Garten angekommen, erkenne ich: Wir sind umstellt. Überall sind Truppen. Wir können nicht fliehen. Ich sehe Jeshuas verzweifeltes Gesicht, höre ihn seinen Vater rufen, sehe, wie er suchend den Himmel abtastet. Mein Herz rast wie wild in meiner Brust. Eine Panik, die mir neu ist, greift nach mir. Ich will ihn schützen, bleibe an seiner Seite, doch schon sind wir von Soldaten umstellt. Der erste der Soldaten greift nach ihm.

„Nein", bricht es verzweifelt aus mir heraus. Ich stelle mich vor ihn, doch Jeshua schiebt mich hinter sich. Ich sehe seinen Blick einen Blick hinter mir suchen, und schon greifen mich zwei starke Männerarme. Johannes hält mich mit eisernem Griff. „Magdalena", höre ich Jeshuas Stimme, die lauten Stimmen der Soldaten übertönen. „Es wird alles gut. Ich verspreche es dir. Vater wird mir helfen. Doch bitte bring unsere Kinder in Sicherheit." „Jeshua bitte!", weine ich verzweifelt. Doch Johannes zieht mich unerbittlich fort, er trägt mich beinahe, und Thaddäus tut das Gleiche mit Myriam.

Verzweifelt klammere ich mich, wieder im Geheimgang angekommen, an Myriam. „Wenn ihm etwas geschieht, dann werde ich mich töten und meine Töchter auch", weine ich im tiefsten Schmerz, den ich jemals erfahren habe. Doch auch Myriam ist sprachlos vor Schmerz um ihren Sohn. „Es trat heute ein, was ich gestern bereits befürchtete. Wir müssen zu ihm gehen. Ich kann meinen Sohn jetzt nicht allein lassen." Myriam ist wie in tiefer Trance. Ich spüre es tief in mir. Ihr ganzes Leben zieht an ihrem inneren Auge vorüber. Ihre Zeit im Tempel. Ihre Begegnung mit Sananda. Ihre Zeit mit Jeshua, als er klein war. All die vielen Trennungen. All ihre Entbehrungen für seine Mission. So, wie es jetzt scheint, war alles umsonst.

Draußen wird es ruhiger. Wir verlassen, immer noch weinend, den Geheimgang. Ich nehme das bekannte Leuchten war. „Wir müssen raus aus der Stadt. Vater bittet uns an Bord." Schnell holen wir die Mädchen aus dem Haus von Josef, verlassen die Stadt und werden direkt in das Schiff gebracht, wo wir von Sanada und Sananda liebevoll wie immer empfangen werden. Doch wir bleiben auf dem Landedeck. Sanandas Augen schauen erstmals, seit ich ihm wieder hier begegnete, voller Sorge auf mich und Myriam. „Wir möchten die Kinder hier bei uns behalten. Wir wissen, dass ihr an seiner Seite sein wollt." Die Mädchen jubeln und verlassen freudestrahlend an Miranlayas Seite die Landebasis.

„Sie haben ihn zum Statthalter der Stadt gebracht", fährt Sananda fort. „Uns sind die Hände gebunden, so lange dort unten keiner der anderen auftritt. Er lebt zwar in Pilatus, doch dieser ist in erster Linie Mensch. Wir werden verhindern, dass er sein Leben aushaucht, doch dazu brauchen wir deine Hilfe, Magdalena!"

„Ja sicher, ich tue alles was getan werden muss, sein Leben zu erhalten und ihn aus der Hölle zu befreien, in der er sich jetzt befindet", schluchze ich laut. „Oh, nein, was tue ich? Ich bringe den Schmerz an diesen Ort", werde ich mir bewusst. Doch Sananda legt sanft seine Hände auf mein Herz. „Nein, geliebte Tochter, das tust du nicht. Der Schmerz ist bereits in unserem Herzen, weil wir nicht eingreifen konnten. Hier, nimm diese Flasche. Sie werden ihn foltern, wie es ihre Methode ist. Der Inhalt dieser Flasche wird ihm die Schmerzen nehmen. Er wird nichts fühlen, wenn dieser Trank über seine Lippen fließt."

Meine Hände umklammern die kleine Flasche. „Er wird drei Tage lang schmerzfrei sein. Du musst zusehen, wie du zu ihm gelangen kannst, um ihm all das zu ersparen, was seine Seele zerstören kann. Und nun kehrt zurück. Wir werden uns mit Josef in Verbindung setzen, um ihn und euch über alles auf dem Laufenden zu halten. Wir sind nahe bei ihm und sehen, was ihm geschieht." Eine letzte Umarmung, und schon sitzen wir wieder im kleinen Transporter, der uns zur Erde zurückbringt.

Ich eile mit Myriam an meiner Seite in die Stadt. Als ich die Wachen erreiche, bitte ich darum, zu Jeshua gebracht zu werden, doch sie verhöhnen mich und versperren mir den Weg. Ich sage ihnen verzweifelt, dass er krank ist, und bitte sie, ihm seine Medizin zu überbringen. Doch alles Bitten bleibt ungehört. So stehe ich mit der Flasche in meinen Händen vor den Mauern, die mich von Jeshua trennen.

Und während ich noch warte und überlege, bringen sie ihn heraus. „Große Göttin, was taten sie ihm an?" Tränen rinnen aus meinen Augen. Verzweiflung erfüllt mein Herz. Ein Schrei entflieht meinen Lippen. „Jeshua, ich bin an deiner Seite! Vater ist bei dir, ich werde dir helfen!" Doch meine Stimme erstickt in Tränen. Sie haben ihn gefoltert. Tiefe Schnitte sind in seinem Gewand. Blut sickert hindurch. Müde und erschöpft lässt er sich von zwei Soldaten durch die Stadt schleppen.

Ich versuche, zu ihm vorzudringen, ihn zu erreichen. Myriam tut das Gleiche. Doch umsonst. Mit Schlägen und Tritten halten die Soldaten uns von ihm fern. So können wir ihm nur folgen, in der Hoffnung, dass wir einen günstigen Augenblick erhaschen, ihm die Flasche in die Hände zu spielen.

Die Bilder meiner eigenen Verhaftung erreichen mich. Und ich stelle fest, ich würde auf der Stelle mit ihm tauschen, wenn ich ihm das ersparen könnte. Es ist viel schlimmer, den Menschen, den wir lieben, so leiden zu sehen, als diese Schmach, diesen Schmerz und eine solche Schande der inneren Würde selbst zu erfahren. Sie führen ihn in ein Haus. Wie wir erfahren, ist es der Sitz von Herodes.

Neue Hoffnung keimt in mir auf, dass Herodes ihn freigibt, denn er ist der Oberste des jüdischen Volkes. Stunden vergehen, und als die Tür sich öffnet, ertönt ein dunkler Schrei, der direkt aus den Tiefen meines innersten Selbst kommt. Ich sehe Jeshua, blutüberströmt, weinend und voller gequälter Verzweiflung, von zwei Soldaten gestützt, mehr getragen als laufend, auf den Platz herausstolpern. Ich laufe schreiend und weinend auf ihn zu und habe ihn schon beinahe erreicht, doch zwei harte Hände ergreifen mich von hinten. „Verschwinde, Weib! Dein König der Juden hat sein Amt angetreten und ist unantastbar für ein unreines Weib!" Lautes Grölen und Johlen lässt mein Herz erstarren.

Ich folge ihm und rufe ihm immer wieder zu. „Geliebter, ich bin bei dir. Ich verlasse dich nicht. Dein Vater tut alles, was er tun kann." Doch das Weinen in meiner Kehle erstickt meine Stimme, und ich breche unter der Qual in meiner Seele auf der Straße zusammen. Schluchzen schüttelt meinen Körper. Festtrunkene Menschen laufen lachend an mir vorüber, und in meiner Brust zerbricht mein Herz.

Schnell komme ich wieder auf die Füße. Ich muss ihm folgen, wenn ich ihn nicht verlieren will. Sie bringen ihn wieder zum Palast des Pontifex, und mir bleibt nur das Beten zur Großen Göttin und das Warten. Die Wachen weisen mich ab. Ich schicke Myriam nach Hause, denn sie ist erschöpft und tränenleer. Dankbar verabschiedet sie sich. Ich setze mich dem Palast gegenüber, lehne meinen Rücken an die kleine Mauer und versuche, meinem Körper etwas Erholung für den nächsten Tag zukommen zu lassen.

Nie zuvor weinte ich so viele Tränen. Nie zuvor war die Verzweiflung in mir so tief, wie in dieser Nacht. Zorn flammt in mir hoch. Wo sind sie, unsere Gefährten des inneren Kreises? Wo sind all die Männer, die sein Leben für ihn opfern wollten? Wo sind all die, denen er an meiner Seite das Leben neu schenkte? Alle diese Männer sind feige Hunde, die ihn im Stich gelassen haben, weil sie Angst um ihr bisschen Leben haben. Wo sind Johannes, Petrus, Andreas? Keiner von ihnen ist da.

Ich muss eingeschlafen sein, denn ich erwache von lautem Rufen und Schreien. Langsam stehe ich auf, unter dem Gespött der Wachen. Mein Blick folgt den Stimmen, die immer lauter anschwellen: Barabas, Jeshua. Ich hebe meinen Blick. Oben auf dem Balkon steht Jeshua. Er trägt eine Dornenkrone auf seinem Kopf, hält in der Hand ein Zepter und leidet Höllenqualen unter der Schändung seiner Wertigkeit. Wieder schießen mir die Tränen in die Augen. Was tun sie ihm nur an? Langsam wird mir klar, dass die Menschen auf dem Platz ein Auswahlverfahren aufgegriffen haben. Es geht um seine Freiheit.

Ich springe auf, laufe in die Menschenmenge hinein. Berühre diese Frau und jenen Mann. „Bitte, ruft seinen Namen!" Gleichzeitig schreie ich so laut ich kann: „JESHUA!" Doch umsonst. Der Tempelclan schreit und schreit, bedroht die Menschen mit dem Höllenfeuer, wenn sie seinen Namen rufen. Ich weine voller Verzweiflung und Mitgefühl mit dem Mann, der so vieles wollte, und alles nur für die Menschen dieser Erde. Ich hasse dieses Volk, diesen Pöbel.

Verzweifelt suche ich, seinen Blick zu fangen. Allein, es gelingt mit nicht. Geronnenes Blut hat seine Augen verkrustet. So schreie ich, so laut ich kann. „Ich bin hier bei dir! Wir werden dich befreien!" Heute weiß ich, dass dieser Ausruf Pilatus letztlich dazu veranlasste, ihn sofort der Kreuzigung zu übergeben, denn genau das war die Saat der Angst, die Kaiphas in sein Herz gesenkt hatte, als er sagte, dass seine Anhänger ihn befreien werden. So sprach letztlich ich sein sofortiges Todesurteil, indem ich immer wieder wiederholte: „Wir werden dich befreien!"

Und nun ist es besiegelt. Ein anderer wird freigesprochen, und Jeshua erfährt die Kreuzigung. Mein Herz bricht. Hoffnungslosigkeit ist alles, was mich erfüllt. Ich eile schnell nach Hause, hoffend, dass ich Josef finde. Er hat Macht. Er muss etwas unternehmen. Mein geliebter Mann leidet. Meine Töchter bangen um ihren Vater. Ich sah ihr Bild in meinem kurzen Traum an der Mauer. Sarah hat die Einrichtung im Raumschiff entdeckt. Sie sieht und erfährt das Leid ihres Vaters wie ihr eigenes. Warum nur habe ich nicht diesen Sender, den Jeshua besitzt? Sananda, Sananda, bitte, bitte, holt meine Tochter da weg. Nur Josef kann ihr jetzt noch helfen, und ich hoffe, dass es nicht schon zu spät ist.

Myriam empfängt mich tränenleer, hoffnungsleer, liebeleer. „Große Göttin, Magdalena, wasch dich, zieh dich um, du siehst schrecklich aus." Verständnislos schaue ich sie an. Sie schaut durch mich hindurch. Ich ergreife ihre Schultern, schüttele sie, doch ihr Blick bleibt leer. Stärker schüttelnd schreie ich sie an. Mein Schmerz ist verflogen. Der tiefe Zorn steigt in mir auf, doch dieses Mal ist er lebensrettend eingesetzt.

„Verdammt noch mal, Myriam, komm zurück! Wie willst du ihm helfen, wenn du ihn schon tot siehst? Wie willst du ihm helfen, wenn du selbst dich jetzt tot stellst? Sie haben ihn zum Tod am Kreuz verurteilt. MORGEN SCHON!

Sarah bekommt alles mit, du musst mir helfen, nicht nur das Leben deines Sohnes, sondern auch die Seele meiner Tochter zu retten. Sananda da oben ist selbst so voller Angst, dass er nicht darauf geachtet hat, was die Mädchen machen. Sarah sieht alles durch ihre Geräte.

MYRIAM, hör mir zu! Rette meine Töchter. Du musst auf das verdammte Raumschiff und meine Töchter zurückbringen!" Der Göttin sei Dank. Verwundert über meine Flüche schüttelt Myriam sich und schaut mich streng an.

„Magdalena. Das ist nicht der Ort und nicht die Zeit, zu fluchen. Wo bleibt deine gute Erziehung?" Doch die Erinnerung kehrt zurück in ihre Seele.

„Ich scheiß' auf meine gute Erziehung. Du warst ganz weit weg. Du wirst gebraucht. Dein Sohn braucht dich, ich brauch dich, die Kinder brauchen dich, und vor allem brauchst du dich selbst!"

„Magdalena! Ich bin es leid, gebraucht zu werden. All das geschieht jetzt, weil er mich brauchte als Mutter. Ich habe eingewilligt, ihm Mutter zu sein. Hätte ich das nur niemals getan. Ich gab meinen Weg auf, um ihm Mutter zu sein. Ich war ihm Mutter, um ihn nun am Kreuz jämmerlich zugrunde gehen zu sehen. Und jetzt fluche ich! Ich verdamme den Tag, an dem er mir begegnete. Ich verdamme meine Entscheidung, ihm Mutter zu sein. Ich verdamme die Menschen dieser Erde, denn sie sind es nicht wert, dass dieses wertvolle Leben für sie geopfert wird. Ich verdamme meine Entscheidung, mein Leben im Tempel, das mir alles war, aufzugeben, nur um einem Jungen das Leben zu schenken, der es durch eigene Dummheit aufs Spiel setzte!"

Weinend bricht sie in meinen Händen zusammen, und ich kann nur mit Mühe verhindern, dass sie zu Boden stürzt und sich ernsthaft verletzt.

Ihre tiefe Ehrlichkeit erreicht mein Herz in einer Tiefe, die ich noch nie kannte. Sie hat sich aufgegeben, denn sie hat ihr Leben seiner Mission geopfert. Und nun erreicht Mitgefühl mit mir selbst mein Herz, denn auch ich habe meine Zeit in den Räumen zwischen den Inkarnationen frühzeitig beendet, um seine Mission zu unterstützen.

Doch es ist jetzt egal. Wir müssen ihm das Leben retten. Wir müssen meine Kinder aus dem Schiff holen. Ich habe keinen Zugang. Ich brauche Myriam. Doch auch Myriam erklärt mir, dass sie keinen Zugang hat. Den hat nur Josef von Arimathäa. Wo ist er? Verzweifelt suchen wir ihn. Ich höre die Schmerzensschreie von Jeshua tief in meinem Herzen.

Wir laufen durch die Stadt. Myriam weint. Ich weiß es, auch sie hört ihren Sohn viel intensiver als ich, denn sie ist mit ihm auf anderer Ebene viel tiefer verbunden als ich es bin. Doch ihre Lebensgeister sind zurückgekehrt. Wir finden Josef im Gerichtsgebäude. Er kommt bestürzt auf uns zu. „Ich konnte ihm nicht helfen", schluchzt er uns entgegen.

„Josef", rufe ich voller Eile. „Du konntest ihm nicht helfen, doch du kannst meinen und seinen Kindern helfen. Sarafina sitzt im Raumschiff an den Apparaturen, die die Erde überwachen. Sie bekommt jeden Schlag mit, den Jeshua erträgt. Bitte, frage nicht, woher ich das weiß. Ich sah es in meinem Traum. Ich fühle ihren Schmerz. Du bist der Einzige, der weiß, wie du auf das Schiff kommen kannst. Rette meine Tochter und bring sie zu Martha. Bitte, tue das für mich, für Jeshua und für meine Kinder." Weinend klammere ich mich an ihn und kann es kaum fassen. Gestern noch waren wir glücklich und voller Freude über unseren baldigen Aufbruch. Heute liegt unser Leben in Trümmern. Meinem Mann droht die Kreuzigung, meiner Tochter der Verlust ihrer Seele, und Myriam hat ihre Lebensgeister freiwillig von sich abgespalten.

„Ich werde sofort Sananda benachrichtigen", ruft Josef voller Sorge. Doch schon vernehme ich ein leises, doch vertrautes Signal, das direkt aus Josefs Herzzentrum zu kommen scheint. „Das ist er", rufe ich erleichtert. Sananda hat Josef gebeten, zu ihm zu kommen. Josef eilt davon. Myriam und ich bleiben allein auf dem Vorplatz zurück.

Jetzt plötzlich bin ich leer. Es ist alles getan, und ich erkenne: Ich kann nichts mehr tun. Ich kann nur noch warten. Sekunden dehnen sich zu Minuten. Minuten dehnen sich zu Stunden. Doch ich bin dankbar, denn ich weiß, dass Jeshua noch lebt. Und so lange er atmet, besteht Hoffnung.

Zwei Stunden später ist Josef wieder bei uns. „Wie kann das sein?", frage ich ihn. Es ist so, wie es bei euch beiden war, als ihr die Kinder dort gelassen habt. So lange wir im Landeraum bleiben, vergeht die Zeit im gleichen Tempo wie auf der Erde. Doch kommt mit zu mir nach Hause. Du musst dich säubern, Magdalena, denn ich habe bewirkt, dass du Jeshua sehen darfst. Er darf dich nicht so sehen, weil sonst seine Sorge um dich größer sein wird als um sich selbst."

„Du meinst, es besteht Hoffnung?", fragt Myriam zaghaft, mit neu erwachter Zuversicht. „So lange er atmet, besteht Hoffnung, Myriam", sagt Josef tröstend zu ihr. Mir scheint es, als sei Myriam seit gestern um Jahre gealtert. Doch auch ich werde nicht anders ausschauen. „Nun kommt zurück in mein Haus. Ich werde euch alles erklären, was ich mit Sananda besprach."

Zu Hause angekommen, erklärt Josef uns seinen Aufenthalt und seine Absprachen mit Sananda. „Zuerst einmal, Magdalena. Deine Tochter ist völlig aufgelöst. Sie ist voller Entsetzen, und es wird lange dauern, bis sie den Schock des Gesehenen verkraftet. Martha gab ihr einen Schlaftrunk, den Sananda mir gab. Sie schläft jetzt tief und fest und wird das für drei Tage tun. In dieser Zeit wird ihre Seele von der ätherischen Form von Sananda und Sanada Heilung erfahren." Tränen rinnen aus meinen Augen. Ich wundere mich, woher sie kommen, denn so viele Tränen wie in den letzten vierundzwanzig Stunden habe ich in meinem gesamten Leben nicht vergossen.

Der Zorn auf Sananda steigt in mir auf. Doch schon höre ich Myriam die Wahrheit reden. „Magdalena, zügele deinen Zorn. Auch Sananda ist in Sorge um seinen Sohn, so, wie ich es bin und du es bist. Es war sicherlich nicht Unachtsamkeit. Er ist nicht geschult darin, die Neugier eines Kindes abzuschätzen. Seine Sorge um seinen Sohn war größer."

Schuldgefühle überfallen mich. „Warum nur habe ich meine Kinder dort gelassen. Ich dachte, dass sie dort oben achtsamer sind, als wir es jetzt sein können."

„Nein, Magdalena", wendet Josef sanft ein. „Auch „die da oben" haben Gefühle. Sie wissen so sehr viel mehr als wir, doch sie haben sich ihrer Aufgabe verschrieben. Wenn diese Aufgabe scheitert, dann scheitert die Erde. Ich appelliere an dein Mitgefühl. Sananda hat einen sicheren Plan entworfen, wie Jeshua gerettet werden kann."

Ich vergesse meinen Schmerz. „Oh bitte, Josef. Was wird geschehen? Wie können wir Jeshua befreien?" Auch Myriam ist plötzlich ganz wach. „Jetzt setzt ihr beiden Frauen euch zuerst einmal an den Esstisch. Keinem ist gedient, wenn ihr vor Entkräftung umfallt. Und während ihr eurem Körper das gebt, was er braucht, werde ich euch über alles unterrichten, was Sananda mich lehrte."

Widerwillig nehme ich einige der Delikatessen in den Mund, doch ich weiß, dass es richtig ist, was Josef sagt. Das letzte Mahl liegt zwei Tage hinter mir, und mein Körper muss früher oder später den Preis zahlen. So folge ich den Ausführungen von Josef.

„Du, Magdalena, darfst Jeshua morgen kurz nach Tagesanbruch für fünf Minuten besuchen. In dieser Zeit gibst du ihm das Fläschchen, das Sananda dir gab. Die Tinktur wird seinen Schmerz stillen. Er wird keinen körperlichen

Schmerz mehr fühlen, ganz egal, was geschieht." „Danke", sage ich nur, und tiefe Erleichterung erfüllt mich. Wenn er schmerzfrei ist, dann erhält er seine Würde zurück.

„Ich", fährt Josef fort, „war heute bei Tiberius in Rom. Sananda hat mich dort hingebracht. Ich habe ihm unser Anliegen vorgetragen, und er wird einen Eilboten senden, der das Urteil aufheben wird. Doch zuvor muss er das mit seinem Rat besprechen." Ich wundere mich nicht, denn ich selbst war in kurzer Zeit in Frankreich und wieder zurück.

„Sollte der Bote nicht rechtzeitig eintreffen und das Schlimmste geschehen, dann werden wir Judas in die Wachen am Kreuz einschleusen. Judas wird Jeshua einen Betäubungstrank, den Sananda mir gab, verabreichen. Jeshua wird wie tot erscheinen. Sananda wird eine große Scheibe vor die Sonne projizieren. Die Erde wird finster. Zuvor werde ich bei Pilatus beantragen, dass wir den Leichnam bekommen, denn sie dürfen nicht über den Sabbat oder das Passahfest dort verbleiben.

Sobald wir ihn sicher in unserer Obhut haben, wird er erwachen. Du, Magdalena, gehst mit ihm auf das Schiff, damit er geheilt werden kann."

Ein Aufatmen geht durch den Raum. „Er wird wirklich keine Schmerzen haben?", ertönt leise die Stimme von Myriam. Oh, wie ich ihre Angst verstehe. Er ist ihr Kind. Sie leidet für und mit ihm. Sanft lege ich meine Hand auf die ihre.

„Ich erhebe mich. Ich werde morgen bei ihm sein. Ich weiß, es wird mir das Herz zerreißen. Doch hoffen wir, dass der Bote aus Rom rechtzeitig eintrifft, um ihm das Grauen der Römer zu ersparen." Myriam erhebt sich ebenfalls. „Magdalena. Ich werde an deiner und seiner Seite sein."

„Myriam, willst du dir das wirklich antun? Du bist seine Mutter. Du wirst jeden Schlag, den er bekommt, in deiner Seele spüren. Du kannst viele Anteile deiner Seele verlieren. Ich gehe das Risiko ein, denn ich muss ihn noch einmal sehen. Ich will, dass er weiß, ich bin immer an seiner Seite."

Sie schaut mich traurig an. „Magdalena. Gerade weil ich seine Mutter bin, muss ich an seiner und an deiner Seite sein. Er soll nicht auch noch das Gefühl in sich tragen, von aller Welt verlassen worden zu sein. Auch wenn es mir das Herz bricht, dann war und ist er wenigstens nicht allein."

„So lasst uns denn zur Ruhe gehen", unterbricht Josef unseren Dialog. „Es nutzt weder euch noch Jeshua etwas, wenn ihr zusammenbrecht. Gönnt eurem Körper einige Stunden Schlaf, wenn er euch erreicht, und seid stark für den morgigen Tag.

Unsere Begegnung im Kerker

Früh erwache ich nach einer kurzen Zeit des Verweilens in den Reichen des Lichts. Hier fand ich wieder Heilung und sah, dass meine kleine Tochter in einer tiefen Heilungsphase ist. So gerne würde ich die Nacht unendlich machen für mich und für Jeshua. Zweifel quälen mich. Der Plan ist gut, und doch: Was ist, wenn das Mittel nicht wirkt? Was ist, wenn er am Kreuz stirbt, bevor Judas eingreifen kann? Angst und Zweifel beherrschen mein ganzes Sein.

Eilig mache ich mich zurecht, kleide mich an, ergreife das Fläschchen, verabrede mit Myriam unseren Treffpunkt und begebe mich zum Palast des Pilatus. Den Wachen überreiche ich den Passierschein und die Besuchserlaubnis des Pilatus. Oh, wie ich diesen kalten Römer, der bekannt ist für seine Grausamkeiten, hasse. Doch seine Unterschrift öffnet alle Türen in diesem Land. Die Wachen witzeln über meine Erscheinung.

„Was will denn so eine Schöne von solch einem abgewrackten Gefangenen, der vor Schmerzen schreit? Komm in mein Bett, und ich werde dich lehren, vor Lust zu schreien!" Ich spucke ihm verächtlich vor die Füße. „Wage es, auch nur einen Finger an mich zu legen, und ich werde deine Seele in Schutt und Asche legen", presse ich mit der unterdrückten Gewalt meines in mir aufsteigenden Zorns der Göttin durch meine Zähne. Und es hat Wirkung. Er witzelt zwar mit seinem Kollegen, doch er weicht vor mir zurück.

Sie führen mich durch lange Gänge in den Keller des Gebäudes. Ich höre Weinen und Stöhnen hinter den Türen. So viele Frauen und Männer, die voller Verzweiflung sind, warten auf ihre von Menschen erdachte grausame Strafe. Endlich bleiben wir stehen, und ich bin nur noch wenige Schritte von meinem Geliebten entfernt. Die Tür öffnet sich. Dunkelheit erreicht meine Augen. Langsam gewöhnen sie sich jedoch an die Dunkelheit, und beinahe bin ich voller Dankbarkeit für die verachteten Römer, als einer der beiden Wachen eine Kerze in den Raum stellt. Ich erkenne im schwachen Licht, das aus dem Gang die Dunkelheit des Kerkers erhellt, in einer Ecke kauernd meinen geliebten Mann kaum wieder.

„Verschwindet und lasst mich allein, wie Pilatus es befahl!", zische ich den Wachen entgegen, während ich mich auf Jeshua stürze, ihn ganz zart berühre, um seinen körperlichen Schmerz nicht noch zu verstärken. Ich höre die Wachen sich lachend entfernen. Vielleicht können Männer dieses Grauen nur durch billiges Lachen ertragen, erklingt es leise erinnernd in mir. Doch es ist mir egal. Sie sind böse, und hier vor mir liegt mein Mann in tiefer Qual und seelischer Verletztheit.

„Jeshua!" Ich höre nur ein leichtes Röcheln. Er wendet sich um. Er sieht mich nicht, denn seine Augen sind durch geronnenes Blut verschlossen. „Magdalena? Oh, wie wunderbar, dass ich dich noch einmal sehen darf. Doch ich will nicht, dass du mich so siehst. Bitte geh. Ich will nicht, dass du meine Schmach erkennst." Tränen klingen durch seine Stimme. Ich nehme ihn ganz sanft in die Arme.

„Bitte, Geliebter. Öffne deine Lippen. Ich gebe dir einen Trank, den Vater mir gab, und dein Schmerz wird verschwinden. Und bitte, weine die Tränen, die du vor dir selbst verbirgst, denn sie reinigen deine Augen von den Krusten des Blutes, die sie verschließen." Er lässt sich in meine Arme nehmen. Er ist ein Fremder. Er ist gebrochen. Und während der Trank in seinen Mund rinnt, spüre ich neue Kraft in seine Muskeln fließen. Der Zorn in mir ist unermesslich. Er wächst und wächst.

Jeshuas Lebensgeister kehren zurück. „Was ist das für ein herrlicher Trank? Ich fühle keine Schmerzen mehr. Oh, nein, Magdalena, bitte lass nicht zu, dass der Zorn deine Seele verdunkelt." Ich nehme ihn ganz fest in meine Arme.

Der Zorn in mir über das, was sie ihm antaten, kocht immer höher in mir, und ich weiß, er nutzt weder ihm noch mir.

Schnell erkläre ich ihm die Pläne seines Vaters, denn wir haben nur fünf Minuten. Oh, wären wir doch in der Zeitlosigkeit des Lichtschiffes. Der Zorn in mir über ihn, über seine verdammte Art, immer nur an andere zu denken, kocht über mir zusammen. Und doch, ich will es jetzt nicht wissen, wie zornig ich auch auf ihn selbst bin. Unsere kurze Spanne an Zeit ist zu kostbar. Ich will nur eines: Ihm in dieser kurzen Spanne an Zeit Kraft und Mut geben, damit er nicht verzweifelt auf dem Weg, der vor ihm liegt Das ist das Einzige, was jetzt gerade zählt, egal, wie ich selbst mich dabei fühle

Schon höre ich wieder das Geräusch von klirrenden Waffen. Ich weiß, die Wachen sind auf dem Weg. Sie werden mich von ihm wegreißen. Verzweifelt halte ich ihn in meinen Armen. Ich küsse seine Wunden und lasse die Heilkraft der Göttin in seinen Körper fließen. Und schon sind sie da. „Raus, Weib! Deine Zeit ist um." Jeshua hält mich voller Hoffnung fest. Er verabschiedet sich von dem Leben mit mir. Er hat die Hoffnung verloren.

Ich sende noch einen Schub von Energie in seinen geschundenen Leib und spüre, wie ich hochgezerrt werde, lasse Jeshua los, damit mein Griff ihn nicht noch mehr verletzt, und sie schleifen mich aus dem Kerker. Ich würde gerne den Rest meines Lebens hier verbringen, wenn ich an seiner Seite sein könnte.

Ich hasse erneut meine physische Schwäche, die es den Wachen erlaubt, mich wehrlos zu machen. Doch ich werde meiner inneren Stärke gewahr und lasse meinen Tränen der Verzweiflung freien Lauf.

Hinter mir höre ich sein Schluchzen, fühle seine Verzweiflung, und in mir sind verzweifelte Wut und unbändiger Zorn. Dieser Mann ist nicht von dieser Welt, denn er sendet Liebe an die, die ihn quälen. An diesem Mann ist nichts, was menschlich ist, und gerade deshalb liebe ich ihn. Ich will das heute nicht lernen, denn gerade mein Zorn wird es sein, der ihm das Leben retten kann, und trotz allem bin ich voller Verzweiflung und Angst, ihn zu verlieren.

Unsere Mission, Gaia Heilung und neue Menschen zu schenken, ist unwichtig. Wichtig ist, dass ich jetzt an seiner Seite bin, denn es wird nicht mehr lange dauern, dann werden sie ihn in die Straßen führen. Myriam und ich werden an seiner Seite sein.

Verliere ich ihn? Verliere ich mich?

Blinzelnd ob der plötzlichen Helligkeit der strahlenden Sonne verlasse ich den Palast des Pilatus. Die Straßen sind überfüllt von Schaulustigen. Sie warten blutrünstig auf die Männer, die heute nach einer grauenhaften Folter einen grauenvollen Tod sterben sollen. Grölende Menschen säumen die Straße, und wieder fühle ich die Verzweiflung in mir. Wo ist die Göttlichkeit in diesen Wesen? Was sind das nur für Barbaren, und warum nur haben wir für sie diese Qual auf uns genommen?

Verachtung, Hass und Wut auf den Pöbel steigen tief aus meinem Inneren in mir auf. In so vielen Leben schon hatte ich diese Gefühle gelebt, und doch: Der heilige Zorn in mir heute ist gerecht. Nie zuvor war er so gerecht wie heute, das ist mir ganz klar. Da ist nichts in diesen Fratzen, was an die Größe der Schöpfergöttin erinnert. Da ist nur Schaulust, Gier nach dem Blut eines Unschuldigen und die Freude darüber, dass es sie selbst nicht erwischt hat.

„Verlier dich nicht in deinem Zorn, Magdalena", höre ich seine schwachen Worte in meinem inneren Ohr. Und doch, die Schreie der Menschen, die ich wie durch einen Nebel wahrnehme: „Ans Kreuz mit den Verbrechern", lassen mich seine Worte nicht fühlen.

Neben mir kreischt eine Frau: „Schafft diesen Jeshua aus unserem Leben", und der Schleier reißt. Ich wende mich ihr zu, schaue ihr in die Augen und schlage ihr die Empörung der Göttin so fest ins Gesicht, wie ich kann. Die Umstehenden johlen laut und freuen sich auf ein weiteres Schauspiel am Rande der Hauptaufführung.

„Was tat er dir, der nur Gutes tut?", brülle ich sie an. Sie versteinert. „Was? Sag es, was hat er dir angetan, dass du seinen Tod forderst?", flammt der Zorn aus meinen Augen sie an.

Verlegen schlägt sie die Augen zu Boden, wendet sich ab und verschwindet in der Menschenmenge. Tränen der Hilflosigkeit, des Entsetzens, der Verzweiflung rinnen unkontrollierbar über mein Gesicht, als ich abseits in der Menge Myriam erblickte. Sie erkennt mich, kommt mir entgegen und nimmt mich fest in ihre Arme. „Verzeih mir, ich ließ dich allein", sagt sie schlicht.

„Der Großen Göttin sei Dank, du bist wieder da. Ich habe mir Sorgen um dich gemacht, Myriam", seufze ich erleichtert auf. Sie ist wieder ganz da. Ihre Versteinerung hat sich aufgelöst.

„Komm, meine Liebe, wir müssen stark sein für meinen Sohn. Wir dürfen ihn jetzt nicht allein lassen", sagt sie mit Tränen in der Stimme, während ihr Blick wie gebannt hinter mich schaut.

Ich drehe den Kopf, folge ihrem Blick und erkenne

Jeshua mit zwei anderen Männern, die, ebenso wie er, Spuren der Folter tragen. Sein Gang ist gebeugt, mit dem Querbalken auf seiner Schulter. Er ist am Ende seiner Kräfte. Die Qual für sein Leid verengt das Herz in meiner Brust. Ich stürze auf ihn zu. Die Wache greift nach mir. Ich schlage gegen seine Brust. Doch die Wache schiebt mich lachend zur Seite.

Ich kann nicht zu Jeshua, doch empfange ich seinen Blick. „Bitte, Geliebte, bring dich nicht in Gefahr. Die Kinder brauchen dich und auch ich, wenn ich wieder bei dir bin", lese ich in seinen Augen. Schweigend begebe ich mich wieder zu Myriam, und wir folgen ihm im geringst möglichen Abstand.

Die grölende Menschenmenge, die den Weg säumt und ihm folgt, erklingt in meinen Ohren wie durch eine Wattewand. Ich nehme sie nur noch schemenhaft wahr und frage mich, wie Menschen so grausam werden konnten auf dieser einst so wunderbaren Erde. Natürlich weiß ich es, und doch: Wir haben sie so vieles gelehrt, wir haben ihnen so vieles vorgelebt. Nichts davon hat wirklich die Herzen und Seelen in ihnen tief berührt. Die Verachtung für das Volk schlägt über mir zusammen. Ich stürze wieder auf Jeshua zu, der strauchelt, doch Josef kommt mir zuvor. Er nimmt ihm den Balken von den Schultern, streitet mit der Wache und trägt den Balken für Jeshua weiter.

Meine Augen suchen seinen Blick. Ich will das Leben,

den Lebenswillen in Jeshuas Augen sehen. Doch ich erkenne nur die Erleichterung über die Schmerzfreiheit und die Angst davor, ob die Essenz, die Vater ihm gab, stark genug ist, um das, was nun unweigerlich zu kommen scheint, zu ertragen.

Viel zu schnell sind wir auf dem Hinrichtungsplatz angelangt. Ich höre Myriam laut schluchzen. Wieder und wieder ruft sie seinen Namen und die Große Göttin an. Doch ich kann mich nicht umwenden. Ich muss meinen Blick bei Jeshua halten. Ich muss ihm Kraft aus meinem Herzen senden, denn ich fühle seine tiefe Angst in mir. Schon schlagen sie den Balken, den sie Josef abnahmen, an einen anderen Balken. Die Wachen zerren Jeshua zu dem gerade errichteten Kreuz und zerren ihn hinunter, um ihn darauf festzubinden.

Ich stürze auf Jeshua zu, mit all der Verzweiflung, die in mir ist. Ich werfe mich auf seinen Körper, um ihn zu schützen, doch umsonst. Die Wachen zerren mich brutal hoch und werfen mich wie einen alten Lumpen zur Seite.

Der plötzliche Schmerz zerreißt beinahe meinen Brustkorb, und ich fühle, dass meine Rippen den Sturz nicht unbeschadet überstanden haben. Doch egal. „Jeshua", ist alles, was aus mir herausbricht, denn ich höre die Schläge des Hammers. Tief dringen die Nägel in seine Handgelenke, ein Schrei entrinnt meiner Kehle, mein Herz verkrampft, doch Jeshua ist schmerzfrei. Kein Ausdruck körperlichen Schmerzes ist in seinem Gesicht zu sehen. Als sie das Foltergerät aufrichten, schaut Jeshua auf uns herab. „Bitte, Mutter, Magdalena, verlasst diesen Ort. Seht mich nicht in meiner Schande, behaltet mich in Erinnerung, wie ich einst war. Es ist nur der Körper. Ihr wisst, wo ich bin, wenn ich hier nicht mehr bin. Geht nach Hause und seid in Frieden, denn wir werden uns wiedersehen im Hause unseres Vaters."

„Jeshua, du wirst leben!", schreit es aus mir heraus, und Myriam bricht zusammen unter seinen Füßen. Ich helfe ihr auf die Füße. „Mein Sohn," weint sie zu ihm hinauf, „bitte, glaube daran, dass du leben wirst. Dein Vater hat es versprochen. Behalte die Hoffnung und vor allem den Willen, unser Leben genau so weiterzuleben, wie wir es sahen, dort am Meer. Versprich es mir, bitte, Jeshua, versprich es mir!" Ihre Verzweiflung ist todesähnlich. Ihr Flehen ist ihr Aufschrei, den Sinn ihres eigenen Lebens zu verstehen.

Jeshua schaut mit seinen Augen, die tiefe Liebe, doch auch Verzweiflung ausstrahlen, auf uns herab. „Ich verspreche es", sagt er liebevoll und schlicht. Immer wieder, sobald einer der Wachen sich abwendet, gehe ich zu ihm, um seinem Körper mit der Energie meiner Hände neue Kraft durch seine Füße zu senden. Dankbar nimmt er die Kraft der Göttin in sich auf, die ich selbst gerade noch in mir aktivieren kann, und die Hoffnung nimmt neuen Einzug in mir.

Es ist still geworden. Die Schaulustigen haben sich

zum größten Teil zurückgezogen, und es sind nur noch wenige Menschen hier auf dem Platz. Die Sonne brennt erbarmungslos auf uns herab. Myriam und ich setzen uns in den Sand. Ich halte, so gut es geht, Blickkontakt mit Jeshua. Er darf jetzt nicht aufgeben. Seine Lippen sind aufgesprungen und zeugen von Flüssigkeitsmangel in seinem Körper. Immer wieder leckt er sich über die Lippen, und ich erkenne, wie sehr seine Zunge geschwollen ist. Immer öfter fällt sein Kopf vor Schwäche auf seine Brust. „Gebt meinem Mann zu trinken", schreie ich die Wachen an. Sie jedoch tun das, was sie immer tun: Sie lachen ihr diabolisches Lachen. Und erneut greift der heilige Zorn, der aus meinen Tiefen immer wieder aufsteigt, nach meinem Herzen.

Und in genau diesem Augenblick ist Wachablösung. Ich erkenne Judas, kann es kaum glauben, dass er das Werk vollbringen wird, nach dem Hass, den ich an unserem letzten Abend in ihm wahrgenommen habe. Ich eile ihm entgegen. „Bitte, Herr, hilf meinem Mann, er verdurstet", beginne ich das Schauspiel für die anderen der Wachen.

Judas schaut mich voller Mitgefühl an. „Kannst du mir jemals verzeihen?", fragt er leise. „Was fällt dir ein, Weib? Wie kannst du es wagen, für einen Verurteilten zu flehen? Gehe mir aus den Augen, bevor ich dich dem Gesetz übergebe, weil du eine Anhängerin eines Verräters bist", schreit er mich lautstark an, das Schauspiel fortführend.

„Wenn du ihm jetzt den Trunk gibst, der ihm die Erlösung schenkt, dann verzeihe ich dir von Seele zu Seele alles. Wenn du ihm hilfst, diesen unwürdigen Zustand
zu beenden, dann wirst du immer einen Platz in meiner
Seele haben. Doch beeil dich. Jeshua wird schwächer und
schwächer."

Judas wendet sich ab. Er eilt auf die anderen Wachen
zu. „Wachablösung!" Er zeigt seinen Befehl von Pilatus
und übernimmt mit den anderen Männern, die mit ihm kamen, den Platz vor den Kreuzen. „Na, dann will ich mir die
Verbrecher doch mal aus der Nähe betrachten", scherzt
er seinen Kollegen entgegen. Er geht zu den Kreuzen
und führt ein stummes Zwiegespräch mit Jeshua. Jeshua
schaut ihm wie immer liebevoll in die Augen. „Ich habe
dir nichts zu verzeihen. Du warst nicht du selbst, und du
wusstest nicht, was du tatest. Gehe in Frieden, Judas,
meine Seele gibt deine Seele frei."

Tränen sind in Judas Augen. Er wendet sich ab, räuspert sich, wischt sich die Tränen aus den Augen und lacht
seine Kollegen an. „Die Sonne brennt wie wild in meinen
Augen. Ich gebe dem Mann etwas von meinem Essig, den
ich für meine Mutter besorgen sollte. Haha. Wir wollen
doch nicht, dass der Mann an Durst verreckt und damit die
schöne Kreuzigung zunichte macht."

Mein Herz verkrampft sich, und doch weiß ich, dass
er so reden muss, um als ordentlicher Soldat zu gelten.

Judas schüttet die Flüssigkeit in einen Topf, der vom Mahl der Soldaten auf dem Boden steht, steckt ein Tuch auf eine Lanze und tränkt es mit der Flüssigkeit. Mein Herz steht beinahe still. Das Wunder ist geschehen. Judas hat es geschafft. Die Wachen sind völlig ahnungslos, spielen weiter ihr Kartenspiel, und schon steht er vor Jeshua. „Öffne den Mund, König der Juden, damit ich dich königlich tränken kann." Grölen der Wachen und Applaus, da sie wissen, dass Judas kein Wasser, sondern Essig geben wird.

Jeshua öffnet schwach seinen Mund, und schon presst Judas mit Druck die Flüssigkeit in seine geöffneten Lippen. Jeshua schluckt, ringt nach Luft, erstarrt. Judas schaut voller Spannung in seine Augen. Auch ich kann den Blick nicht wenden. Mein Herzschlag setzt aus. Angst greift nach meiner Kraft und nach meinem Herzen. „Was, wenn es nicht wirkt? Was, wenn er daran stirbt?", rast es wie wild durch meinen Kopf.

Myriam ist aufgestanden. Sie schwankt. Josef ist sofort an ihrer Seite, um sie zu stützen. Voller Anspannung schaut sie auf ihren geschundenen Sohn. Angst steht auch in ihren Augen. Jeshua hebt noch einmal den Blick, umfasst mich und Myriam voller Liebe. Er wirft seinen Kopf zurück und ruft mit völlig neuer Kraft. „Ich habe es geschafft!"

Dann fällt sein Kopf zurück, und es sieht aus, als sei er von uns gegangen. Weder Myriam noch ich nehmen die Umgebung wahr. Gebannt starren wir auf den leblosen Körpers des wichtigsten Mannes in unserem Leben. Myriam klammert sich an mich. „Was, wenn er wirklich tot ist? Ich kann das nicht ertragen!", schreit sie schluchzend in den Himmel. Doch in mir ist die Angst zu groß. Ich kann sie nicht trösten. Mein Mund ist trocken, und wenn ich jetzt nur ein Wort sagen wollte, es käme nur ein Krächzen heraus. Ich kann meinen Blick nicht von ihm nehmen. „Oh, Jeshua, bitte, verlass mich nicht", ist alles, was ich fühlen und denken kann.

Die Sekunden schleichen. Das Gemurmel auf dem Platz ist nervenzerfetzend. Das Waffengerassel, das Gelächter der Wachen und der anderen Menschen ist unerträglich. Meine Augen sind tränenleer. Mein Herz ist erstarrt. Mein Mann sieht aus, als wäre er von uns gegangen. Und plötzlich setzt Regen ein. Ich sehe Josef von Arimathäa mit einem Schreiben auf die Wachen zulaufen.

Es wird dunkler und dunkler. Die Erde ächzt unter meinen Füßen. Myriam schwankt. Menschen rennen davon, und der Regen wird stärker. Eine der Wachen läuft auf Jeshua zu. Josef ist hinter ihm. „Ich muss erst untersuchen, ob er tot ist, bevor ich ihn dir übergeben kann."

Schon ist Judas hinter ihm. „Lass mich das machen, ich will den Prediger schon lange tot sehen." Nervös lachend übergibt der Wachmann ihm die Lanze. „Ich werde hier besser verschwinden. Irgendwas ist hier unheimlich. Das Wetter hat sich hier noch nie so schnell so verändert.

Also, mach schnell, damit wir das alles hinter uns bringen."
Zwei andere Wachen kommen. Sie brechen den Männern
neben Jeshua die Beine. Ihre Schmerzensschreie durchdringen jede meiner Zellen.

Judas schaut hinauf zu Jeshua. Ich fühle es, er will ihn
nicht noch mehr verletzen. Der Stoß in seine Lungen würde eine Rückkehr unmöglich machen. „Der ist mausetot!",
schreit er den anderen Wachen zu, während der Himmel
immer dunkler wird. „Du musst das überprüfen", schreit
ein anderer. Und plötzlich hallt der sich verdunkelnde Platz
von Fanfaren wieder. Alles erstarrt. Pferde mit Soldaten
des Tiberius stürmen den Ort. „Wer von den Gekreuzigten
ist Jeshua, Sohn des Josef?", schreit der Anführer. Wild
schwenkt er ein offizielles Schreiben. Mein Herz setzt aus.
Josefs Besuch bei Tiberius war erfolgreich.

„Hier ist der Befehl des Kaisers. Dieser Mann ist unschuldig. Nehmt ihn sofort herunter von dem Kreuz und
tut alles, damit dieser Mann wieder lebendig wird. So will
es der Kaiser!"

Myriam geht, gestützt von Josef, langsam auf den
Hauptmann zu. „Hoher Herr, mein Sohn ist verstorben. Bitte übergebt uns seinen Leichnam, damit wir ihm ein wür-
diges Begräbnis schenken können", bittet sie. Der Hauptmann schaut sie mitleidig an. „Frau, du bist seine Mutter?
Es war mir nicht möglich, schneller hier zu sein. So kann
ich mich nur entschuldigen für das Unrecht, das durch un-

ser Volk deinem Sohn und dir angetan wurde. Nimm deinen Sohn und die Entschuldigung von Tiberius. Und nimm hier das Kleinod", damit wirft er einen Beutel mit Münzen vor ihre Füße, „als unsere Beteiligung an einem würdigen Grab. Er soll ein erstaunlicher Mann gewesen sein." Damit wendet er sein Pferd und befiehlt den Wachen, die Männer von den Kreuzen zu nehmen.

„Legt die Kreuze um und nehmt die Leichname ab. Sie müssen weg, bevor der Abend anbricht. Jeshua, Sohn des Josef aus dem Hause David, übergebt seiner Mutter!"

Und plötzlich ist es dunkel. Mitten am Tag ist es dunkelste Nacht. Tumult entsteht. „Nun kommt schon", schreit Judas. „Jemand muss mir helfen, das Kreuz umzulegen." Ich eile schnell herbei. Es darf jetzt nichts misslingen. Ich bin viel zu aufgeregt, um mich zu ängstigen.

Josef von Arimathäa zündet eine Laterne an. Er hat wirklich an alles gedacht. Im schwachen Licht helfen er und Josef, der Ehemann von Myriam, den beiden Soldaten, das Kreuz umzulegen. Schnell ziehen sie die Nägel aus seinem geschundenen Körper, und Josef hüllt ihn in ein großes Tuch. Im Schutz der Dunkelheit helfen Judas und Josef, sein Vater auf Erden, den Körper Jeshuas einzuhüllen und wegzutragen. Myriam und ich eilen ihnen nach.

Der Regen hat den Platz aufgeweicht, und immer wieder müssen wir langsam gehen. Myriam hält verzweifelt die Lampe, als wäre sie das Einzige, was jetzt noch zählt. Ihr Mann ist immer wieder an ihrer Seite. Er stützt sie. Mehr kann er nicht für die Verzweiflung einer Mutter tun.

Und schon sind wir angekommen. Josef hat eine Höhle vorbereitet. Hier legen er und Judas Jeshua ab, und ich kann endlich wieder den Körper meines Mannes in die Arme schließen. Er liegt schlaff, wie tot, in meinen Armen. Tränen rinnen aus meinen Augen, und ich wundere mich immer noch, woher ich all die Flüssigkeit nehme, die in den letzten Tagen meine Augen verlassen hat.

Nichts geschieht. „Ist Jeshua von uns gegangen?", frage ich Josef verzweifelt. Ich wiege ihn, ich schüttele ihn leicht. „Jeshua, bitte, komm zurück zu uns. Ich will nicht ohne dich sein. Denk an die Mädchen, komm zurück." Doch er schweigt. Weinend breche ich über ihm zusammen. Ich habe ihn für alle Zeiten verloren. Was soll ich nur tun ohne ihn? Wie kann ich Sarafina heilen, wenn er nicht zurückkehrt? „Bitte, Jeshua, komm zurück in unser Leben", ist alles, was ich jetzt noch flüstern kann.

Und dann schlägt Jeshua die Augen auf. Er schaut mich mit seinen wundervollen blauen Augen an. Ein verzweifeltes Lachen steigt in mir auf. „Oh, Jeshua, du bist zu uns zurückgekommen." Die Befreiung kommt unerwartet. Alles ist gut. Ich bin nicht allein. Er ist wieder da. Wir können unser Leben und unsere Mission in einem freien Land fortsetzen. Lachend und weinend halte ich ihn in meinen

Armen, und er legt sanft den Arm um mich. Alles ist gut. Alles wird gut. Jetzt müssen wir nur noch seinen Köper von der Qual befreien, und alles wird gut.

Myriam kommt zaghaft und zweifelnd auf uns zu. Sie nimmt seine Hand, schaut ihm schweigend in die Augen, und die Tränen ihrer inneren Erlösung benetzen seine Haut. „Ich kenne ihn nun schon so lange und bin doch immer wieder voller Staunen über das Wirken deines Vaters", sagt sie schlicht. Dann küsst sie sanft seine Stirn, und ich fühle ihre Befreiung, die sie mit einem tiefen Ausatmen in Empfang nimmt, weil es meine eigene Befreiung ist.

Nun drängt Josef von Arimathäa zum Aufbruch. Jeshua ist schwach, er muss so schnell wie möglich zu Vater. Seine Wunden bluten nicht, denn die Heilkräuter und Öle in seinen Tüchern wirken bereits. Josef bringt ein Pferd. Er nimmt Jeshua, der von Josef und Judas hochgereicht wird, schützend vor sich und legt seine Arme um ihn. Der Abschied von Myriam und ihrem Mann Josef ist kurz. Sie ist müde und braucht nun dringend Ruhe. Josef nimmt sie sanft in den Arm und führt sie weg. „Komm nach Hause, Liebes. Jetzt wird alles gut", tröstet er sie sanft, während sie sich unserem Blick entfernen.

Wir müssen zum Lichtschiff, damit Jeshuas Körper wieder hergestellt werden kann. Nun erst wird mir bewusst, welche Schmerzen meine gebrochenen Rippen in mir verursachen. Bis jetzt war ich wie betäubt, doch nun, da die

Anspannung abfällt, spüre ich, dass ich kaum die notwendige Atemluft aufnehmen kann, um meinen Körper zu versorgen. Schwindel erfasst mich. Sanft hilft Judas mir auf meine Stute, um sich dann kurzentschlossen hinter mich zu setzen, um mir Stütze zu sein. Voller Dankbarkeit für unseren Freund lehne ich mich an ihn und fühle, wie sich die Entspannung langsam in mir ausbreitet. „Halte durch, Magdalena", sage ich bekräftigend zu mir selbst.

Es ist nur ein kurzer Weg, bis wir beim Transporter sind. Jeshua ergreift meine Hand. „Halte durch, Magdalena. Atme tief. Wir haben es bald geschafft." Ich fühle die Wärme seiner Haut auf meiner Hand, und ein leichtes Lachen steigt in mir auf. „Wir sind schon zwei jämmerliche Streiter, so halbtot, gestützt von zwei Freunden auf unseren sanften Pferden. Du glaubst gar nicht, wie dankbar ich bin, dass du wieder bei uns bist. Große Göttin, wir haben es geschafft", flüstere ich ihm, immer noch fassungslos, zu, denn rufen ist mir verwehrt.

Und schon haben wir den Transporter erreicht. Behutsam helfen uns unsere Freunde von den Pferden, obwohl Judas völlig fassungslos den Transporter und den leuchtenden Mann betrachtet. „Ein Engel", flüstert er entgeistert. Als er mich dem „Engel" übergibt, fällt er vor ihm auf die Knie und weint, wie er wohl seit Kindertagen nicht mehr weinte. Sanft hilft unserer Pilot ihm auf die Beine, streicht ihm das Haar zurück und sagt nur sanft: „Judas, ich bin kein Engel. Wir danken dir für alles, was du für unsere beiden Seelen hier getan hast." Damit begleitet er uns in den Transporter und verschließt die Tür.

Wir fallen erschöpft in die Sessel. Sanada und Sananda sind hier, erwarten uns. Sie hüllen uns sogleich in ihre Aura, die mit der Energie der Quelle angefüllt ist. Ich fühle, wie der Schmerz in meinen Rippen nachlässt, sehe, wie Jeshua sich sichtlich erholt. Auf dem Schiff steigen wir gemeinsam in das goldene Bad, und ich fühle wieder die bekannte Heilung in jeder Zelle meines Körpers, fühle, wie meine Rippen sich schließen, wie Heilung durch meine Lungen zieht, fühle, wie ich wieder frei atmen kann und neue Kraft durch mich strömt. Ich halte Jeshua in meinen Armen und fühle, wie auch seine Kräfte sich erneuern, fühle, wie seine körperlichen Wunden sich schließen, und spüre, dass er neu erwacht.

Gemeinsam verlassen wir das heilende Bad der verdichteten Quelle, und in mir steigt die Dankbarkeit empor, dass alles überstanden ist. Ich kann nicht enden, Jeshua anzuschauen, und auch er löst den Blick kaum aus meinen Augen. Doch nun ist es an der Zeit, dass wir uns zu Sanada und Sananda gesellen. Sananda nimmt Jeshua voller Freude in den Arm. Beinahe scheinen sie miteinander zu verschmelzen und eins zu werden. Und obwohl ich das kenne, erstaunt mich die Auflösung des physischen Körpers immer wieder.

Auch Sanada nimmt mich liebevoll in sich auf. Hier bin

ich zu Hause. Warum nur hatte ich solche Angst vor dem Tod? Doch nein, es war ja nicht die Angst um meinen Tod. Es war die tiefe Angst davor, wieder den Rest meines Lebens, wie in so vielen Leben zuvor, ohne meine einzige Ergänzung leben zu müssen, die mir hilft, mich selbst zu befreien von der Verzweiflung an den Menschen auf der Erde. Hier in diesen Ebenen ist all das mir fremd, ist das nicht meine Grundstimmung, doch dort unten, besonders nach dem, was sie mir und ihm angetan haben, bin ich eine andere Frau geworden. Daran will ich jetzt nicht denken. Ich möchte nur das vollkommene Einssein genießen und hoffe, dass ich diesen Zustand, der der einzige ist, der zu sein sich lohnt, aufrechterhalten kann, wenn wir auf die Erde zurückkehren.

Wir verbleiben noch eine Weile in der Energie unserer freien, wahren Seele, bis es an der Zeit ist, wieder nach Hause zu gehen. Liebevoll schaut Jeshua mich an. Tränen schimmern in seinen Augen, und ich fühle seine Sehnsucht nach den Kindern, denn es ist auch meine Sehnsucht. Doch noch dürfen wir ein wenig hierbleiben, denn Jeshua wird weitere Schulungen erhalten. Er wird die Kunst der Levitation erlernen, damit er frei ist auf Erden.

Auch vor mir liegt eine weitere Schulung. Ich werde in tiefere Heilkünste eingeweiht, als Menschenfrau näher an die Quelle angebunden, damit meine Heilkraft auf Erden stärker und kraftvoller wirken kann. Sanada und ich tauchen immer wieder als Einheit tief ein in die Quelle, die alles ist. Dieses Verschmelzen mit der Seele, mit dem kraftvollen Ausdruck unseres ICH BIN ist die vollkommene Heilung von allen Verletzungen, ist ein einziges Nach-Hause-Kommen in der Verschmelzung mit Allem-was-ist, mit allen Wesen, die in allen Universen ihre Erfahrung machen. Es ist die vollkommene Auflösung der Grenzen des menschlichen Ichs.

Doch nun ist es an der Zeit, Abschied zu nehmen. Dort unten auf Gaia warten unsere Kinder, warten unsere Gefährten, wartet unser neues Leben darauf, in Besitz genommen zu werden.

So verabschieden wir uns von Sananda, Sanada und all den lieben Seelen, die immer hier sind für mich, für dich und für jedes Wesen auf Erden, das den tiefen Wunsch in sich verspürt, in die eigene Vollkommenheit zu erwachen, um sich selbst und der Erde ein Licht zu sein.

Voller Freude begeben wir uns in unseren kleinen Transporter und haben schon bald festen Boden unter unseren Füßen. Ein wenig taumeln wir ob des abrupten Energiewechsels. Ich fühle, wie meine soeben noch fest vermutete Gelassenheit schwindet, während ich die dunklen Energien von Jerusalem atme, das vor uns liegt.

Es ist vollbracht – Ein neuer Anfang

Jeshua verabschiedet sich von mir. „Ich komme bald nach, Liebes, doch zuerst muss ich an die Gruft. Du weißt, sie weinen um mich, deine Frauen suchen nach dir. Ich will ihnen Trost spenden und sie bitten, alle einzuladen, die sie bis heute Abend finden können. Gehe voraus, und ich werde in Kürze bei euch sein!" „Bitte, pass auf dich auf", erreicht mich eine leichte Angst der letzten Erfahrung in dieser Stadt. Er lächelt nur leicht. „Du weißt, Liebes, ich kann mich jetzt unsichtbar machen, mir wird nichts geschehen", witzelt er mich an und geht in Richtung Jerusalem.

Versonnen schaue ich ihm nach. Während ich mich umwende und den Weg zum Haus des Josef antrete, fühle ich die beginnende Veränderung in mir. Alles, was dort oben so warm, leicht und selbstverständlich war, scheint mich hier in kürzester Zeit zu verlassen. Die Bilder der letzten grauenvollen Tage in Jerusalem holen mich ein, erreichen mein Herz, und ich frage mich: Kann es je wieder so sein für uns alle wie vor der Gefangennahme meines Mannes? Denn auch Jeshua hat sich verändert. Seine Züge sind ein wenig verhärtet. Bitterkeitsfältchen haben sich tief eingegraben in sein Gesicht.

Voll tiefer Sehnsucht nach meinen Kindern betrete ich das Haus von Josef. Myriam eilt mir entgegen. „Du siehst erholt und erfrischt aus, Liebes", begrüßt sie mich freudig. „Sag schnell, wo ist Jeshua?" Sie schaut suchend hinter mich. „Wie geht es Jeshua?" Ihr Fragen wird ängstlich. „Warum ist er nicht hier?"

„Danke, liebste Myriam. Alles ist gut. Jeshua ist in Jerusalem. Er will sich den Trauernden an seinem vermeintlichen Grab kurz zeigen, damit sie die Trauer ablegen und unsere Gefährten für den Abend hierher bitten. Dann wird er sofort zu uns kommen. Ich bin wieder vollkommen gesund, und Jeshua ist ebenso gesund. Du kennst die Heilkraft des Tanks und die der Quelle selbst. Doch wir mussten ein wenig länger bei Vater bleiben, damit er die Qualen der neuen Wunden seiner Seele befreien kann. Ich wünsche so sehr, dass er das hier auf der Erde wird aufrechterhalten können, nach all den Enttäuschungen und Qualen, die jene Menschen, für die er hierher kam, ihm zugefügt haben."

Erleichterung zeichnet sich in ihrem Gesicht ab. Myriam ist alt geworden. Die Gefangennahme und seine Kreuzigung hat in uns allen eine tiefe Veränderung bewirkt. Voller Mitgefühl schließe ich sie in meine Arme. „Danke, Magdalena, ohne dich hätte ich mir das Leben genommen", sagt sie schlicht. Eine ganz neue, noch tiefere Bindung ist zwischen uns entstanden. Doch nun muss ich zu meinen Kindern und entziehe mich ihrer Umarmung.

„Pssst", sagt sie. „Die Mädchen sind hier in ihren Gemächern. Sie halten ihren Mittagsschlaf." Ich eile hinüber, beuge mich über meine Mädchen. Sarafina schlägt die Augen auf, als hätte sie nur auf mich gewartet, legt ihre Arme um meinen Hals und weint voller Schmerz in meine Brust. Ich wiege sie, tröste sie, sage ihr immer wieder, dass alles gut wird, dass ihr Vater bald hier bei ihr sein wird, dass er ganz gesund und heil ist, und sie wird langsam ruhig in meinen Armen.

Auch Jamyra ist nun ganz wach und voller Freude, mich zu sehen. Ihr blonder Lockenkopf schmiegt sich fest an meine Brust, und ich weiß: Diese beiden wunderbaren Mädchen, sind mein Leben, sind die Zukunft der Erde, sind die Göttin selbst, sind alles, wofür es sich lohnt, für unsere erfüllte Zukunft den Kopf zu erheben und ihnen ihr Seelenheil zu sichern.

Ich überlege, ob Sarafina vielleicht noch einmal auf das Lichtschiff soll, um im Tank der Quelle in der Gegenwart von Jeshua und mir ihre seelischen Wunden zu heilen. Mit Jeshua an ihrer Seite wird ihr das gelingen. Gleich heute Abend, sobald unsere Gefährten uns verlassen haben, werde ich mit ihm darüber reden.

„Kommt, ihr beiden Göttinnen, wir wollen uns jetzt frisch machen, damit wir nachher, wenn euer Vater zurückkehrt, ein wenig miteinander in den Garten hinausgehen können." Jamyra plappert fröhlich an meiner Seite. Sarafina bleibt ernst. Ich fühle ihre Gedanken. Sie glaubt mir nicht, dass Jeshua zurückkehrt.

Als er dann das Haus betritt und Sarafina Jeshua erblickt, erstarrt sie an meiner Seite. Tränen fließen wie ein Sturzbach über ihr Gesicht, als sie auf Jeshua zuläuft und sich in seine Arme wirft. Auch Jeshuas Gesicht ist voller Tränen, als er unsere Tochter in seine Arme schließt. Myriam bleibt stehen, erstarrt in der Bewegung, ihrem Sohn die Arme entgegenzustrecken.

Sarafina und Jeshua sind eine innig verbundene Einheit in ihrem Schmerz. Gemeinsam weinen sie all den Schmerz in die Welt, den Sarafina erfahren hat, als sie Jeshua sah in seiner Qual, all die neuen Zweifel, die Jeshua erfüllen, nachdem er die Grausamkeit der Menschen an sich selbst erfahren hat.

Er hat seine Unschuld verloren, und tiefes Mitgefühl mit meinem Mann erfüllt mein Herz. Der Raum hat sich gefüllt, die beiden Josefs sind eingetreten, Deliah und Sarah sind ebenfalls hier, um mich zu begrüßen und das „Wunder" seiner Wiederkehr als Erste zu erfahren. Sie alle nehmen den Schmerz dieser beiden wundervollen Wesen in sich auf. Sie fühlen den gleichen Schmerz, der kein Herz unberührt lassen kann, und weinen mit ihnen ihre eigenen Tränen um die Wunden der Erde, die in uns allen Fuß gefasst haben.

Und plötzlich ist es ganz still im Raum. Sarafina schweigt. Jeshua setzt sich, sie noch immer in den Armen haltend, auf einen freien Platz. Sarafina bleibt voller Ernsthaftigkeit auf seinem Schoß. Ganz langsam erhebt sie sich kniend auf seinem Schoß. Sie schließt die Augen, erhebt ihre kleinen Hände und tastet Millimeter für Millimeter sein Gesicht, seinen Hals, seine Schultern, seinen Körper ab. Jeshua sitzt ganz still, nur die Tränen rinnen, als wollten sie nie mehr enden, leise über sein Gesicht. Gebannt schauen wir zu. Ein tiefer Seufzer der Erleichterung erklingt im Raum, als Serafina die Augen zu Jeshua erhebt und erstmals lächelt, seit ich das Haus betreten habe.

„Paputschi, war das nur ein Traum, den ich hatte?", fragt sie vertrauensvoll. „Nein, mein Liebes", lächelt Jeshua sie sanft an, während er ihr das Haar aus der Stirn streicht. „Es war kein Traum. Das, was du gesehen hast, ist wirklich geschehen. Doch du siehst, mein Engel, ich bin unversehrt und wieder zu Hause. Ich freue mich so sehr, dass ich dich und euch alle hier endlich wieder bei mir habe. Opapa hat mir geholfen, ganz schnell wieder gesund zu werden, und wir werden auch deine Wunden heilen, damit du wieder meine fröhliche Göttin wirst, die wir alle so gut kennen und lieben. Erinnerst du dich an das große Meer?"

„Ja, Paputschi, Onkel Josef und Großmutter sagen, dass wir bald dort sein werden. Das wird wunderbar sein. Ich bin so glücklich, dass du wieder hier und gesund bist." Damit wirft sie noch einmal die Arme um seinen Hals und schmiegt sich an ihn, als wolle sie ihn schützen und nie wieder loslassen. Zu groß ist eine solche Bürde für ein

Kind, das noch nicht einmal drei Jahre alt ist, auch dann, wenn die Schulungen sie sehr viel reifer und weiser sein lassen, als Kinder ihres Alters es sind.

Plötzlich dreht sie sich um. Sie hatte die Umgebung und uns alle vergessen. Ihr Blick geht zu Jamyra. „Jammy, Paputschi ist wieder da!", ruft sie lachend ihrer Schwester entgegen. „Willst du nicht auch herkommen und Paputschi begrüßen?", lächelt sie voller neuer innerer Freude. Zögernd geht Jamyra auf beide zu, legt eine Hand auf Jeshuas Knie, der sie sanft zu Sarafina auf seinen Schoß zieht, als wolle sie ihn erforschen, der ihr heute fremd erscheint. Die Kinder spüren die Veränderung, die in seiner ursprünglichen Leichtigkeit entstanden ist, denn sie waren und sind ihm so nahe wie sonst kein Mensch.

Mein Herz fließt über vor diesem Bild. Dort sitzen die drei Menschen, die mir das Wichtigste sind auf dieser Erde. Dort sitzt meine ganze Liebe. Und wieder treten Tränen in meine Augen, doch dieses Mal sind es Tränen des Glücks und der vollkommenen Erfüllung, trotz der Heilarbeit, die vor uns allen liegt. Fast wäre all das zerbrochen. Große Göttin, ich danke dir, dass du in mir die Kraft gefunden hast, das zu verhindern und wir hier wieder gemeinsam unsere Verbundenheit erfahren dürfen.

„So, ihr beiden Göttinnen, lasst mich Omama, meine Mutter, begrüßen." Beide Mädchen rutschen von seinem Schoß und schmiegen sich an meine Seite. Jeshua geht auf Myriam zu und nimmt sie fest in seine Arme. Sie liegt, vor Erleichterung und Freude weinend, in seinen Armen. Sanft nimmer er ihr Gesicht zwischen seine Hände und schaut ihr tief in die Augen. „Verzeih mir, Mutter, was ich dir angetan habe. Nie wieder, ich verspreche es dir aus meinem ganzen Herzen, nie wieder werde ich zulassen, dass du durch mich derart verletzt wirst." Wie sehr er sich täuschte, das sollten wir erst viele Jahre später erfahren.

Myriam streichelt ihm nur sanft die Wange. Sie ist voller Freude und Erleichterung, ihren Sohn, zumindest äußerlich, unversehrt wiederzusehen. „Du dummer Junge. Die Hauptsache ist, du bist gesund und du lebst. Ich hätte ohne dich nicht weiterleben wollen. Merke dir das immer, von heute an. Schaue dich um hier im Raum, und erkenne endlich, wie sehr deine Frauen dich lieben, denn wir alle teilen deine Mission", räuspert sie sich. „Und nun kommt schnell, Josef hat ein Festmahl bereiten lassen. Kommt alle, damit wir gemeinsam die Heimkehr meines Sohnes und meiner Schwiegertochter, meiner liebsten Freundin, feiern."

So begeben wir uns in den Speiseraum und können endlich zu Hause ankommen. Doch immer wieder schaut Sarafina ihren Vater abtastend an. Ich fühle ihren Zweifel, fühle, dass sie schon jetzt in ihrem zarten Alter voller Enttäuschung ist über die Menschen, die ihm all das zugefügt haben, was sie mit eigenen Augen sah. Doch es war richtig, dass Jeshua ihr die Wahrheit sagte. Wir haben unsere Kinder niemals belogen. Sie hätte nur an sich selbst, an dem, was sie sah, und an seinen Worten gezweifelt. Dieser Zweifel würde sie niemals verlassen. Eine kurze Zeit im heilenden Lichtbad, und auch diese Wunden werden zum Großteil verheilen.

Wir sind aufgerufen, ihr das Vertrauen in die Erde und vor allem in die Menschen zurückzuschenken. Ich weiß nicht, ob mir das noch möglich ist. Darum ist es gut, dass bald unsere Abreise aus diesem Land des Schreckens ist. Wir gehen einem neuen Leben entgegen, und tief ist der Wunsch in mir, dass wir den Rest unseres gemeinsamen Weges in Freude und Wachstum gehen, einem gemeinsamen, neuen Aufstieg entgegen, indem wir unsere Mission in einem freien Land, in der Weite der Ebenen am Meer zur Vollendung bringen.

Plötzlich erreicht mich der Duft des Ozeans, ich sehe wieder das Bild des Friedens, während Myriam auf die Wellen schaut und die Kinder friedvoll im Sand spielen. Ein neuer tiefer Friede und eine neue Freude haben Einzug gehalten in meinem Leben, das strahlend vor mir und vor uns liegt.

Heilung, Erfüllung und Freude

Als der Abend hereinbricht, die Mädchen haben sich von Paputschi, wie sie Jeshua gerne nennen, zu Bett tragen lassen, betreten die ersten unserer Freunde das Haus von Josef. Simon schaut sich suchend um, sein Blick findet den meinen. „Ist es wirklich wahr? Er lebt?", fragt er zweifelnd. „Ja, er lebt. Er ist nebenan und begleitet unsere Mädchen ins Traumland."

„Aber, aber, aber alle sagen, dass er tot ist, dass er dort am Kreuz starb, sonst hättet ihr ihn gar nicht herunternehmen können", stottert er. „Oh, Simon, wie blind du bist. Wärst du dabei gewesen, wärst du, so, wie es sich für einen Freund gehört, an seiner, meiner, unserer Seite gewesen, du hättest dir Wochen der Trauer und der Ungewissheit sparen können!" Alle meine Verbitterung darüber, wie sehr seine Männer ihn im Stich gelassen haben in seiner schwersten Stunde, schwingt in meinen Worten mit. „Nun komm, meine Liebe", legt Jeshua sanft seinen Arm um mich. „Sei nicht so streng. Es ist gut so, wie es ist. Sie hätten sich selbst in Gefahr gebracht, wenn sie sich als meine Anhänger zu erkennen gegeben hätten!"

Damit lässt er mich los und beugt sich zu Simon hinunter, der vor Fassungslosigkeit vor uns auf die Knie gefallen war. „Komm hoch, mein Freund. Schau mich an, ich lebe, ich bin wieder mitten unter euch, doch nur noch für eine kurze Weile, dann werden wir uns voneinander verabschieden müssen. Ich sagte es bereits an jenem schicksalhaften Abend."

„Meister, verzeih mir meine Feigheit", stammelt Simon immer noch ungläubig und voller Reue. „Es gibt nichts, was es zu verzeihen gäbe, Simon, doch wenn es deine Seele befreit und du diese Geste für dein Seelenheil benötigst, dann ja, mein Freund. Ich vergebe dir aus der Tiefe meiner Seele. Und nun lass mich auch unsere anderen Freunde begrüßen."

Ehrfürchtiges Schweigen liegt über dem Raum, der sich nun mehr und mehr füllt. Maria und Martha haben es tatsächlich geschafft, den inneren Kreis unserer Männer und Frauen in der Kürze der Zeit zu erreichen. So scheint es bald wieder zu sein, wie es immer war, wenn wir uns trafen. Und doch ist alles ganz anders. Eine ganz neue Ehrfurcht erfüllt unsere Begleiter. Sie können das „Wunder", wie sie seine Rückkehr nennen, kaum glauben.

Nachdem die erste Aufregung sich gelegt hat und alle mehr oder weniger die ehemaligen Wunden an Jeshuas begutachtet haben, nicht fassend, dass weder Narben noch irgendwelche Spuren seine Haut zeichnen, nehmen alle ihre Plätze ein.

Die Stimmung ist leicht angespannt. Zu unfassbar ist für unsere Freunde die Gegenwart von Jeshua, den sie bis vor einer Stunde für alle Zeit verloren glaubten. Hinzu kommt seine Veränderung, die auch ich erfahre, die sie jedoch nicht in Worte kleiden oder gar in vertrauter Klarheit wahrnehmen können. Doch je weiter der Abend fortschreitet, desto mehr kehrt die alte Vertrautheit zurück, und die Stimmung wird gelöster. Immer öfter erhellt ein Lachen den Raum. Immer weniger streifen die Blicke Jeshua. Immer selbstverständlicher wird es, dass er wieder mitten unten ihnen weilt.

Dann erhebt Jeshua sich. Alles erinnert ein klein wenig an den letzten gemeinsamen Abend, als er den Klang seines Gongs ertönen lässt. Die Köpfe wenden sich ihm zu. Die Augen hängen gebannt an seinen Lippen. „Meine Brüder und Schwestern. Lasst uns hier das Gespräch weiterführen, wo es vor einigen Wochen endete. So sage ich euch noch einmal: Wir werden das Land verlassen. Unsere Aufgabe in diesem Land und in Jerusalem ist beendet. Wisset, mir droht keinerlei Gefahr mehr, weder von den Römern, noch von den Schriftgelehrten. Vater hat mich tiefer in die heiligen Künste gewiesen als je zuvor. Daher sorgt euch nicht um mich. Wir werden in ein anderes Land jenseits des Wassers gehen und dort unsere Mission neu beginnen beziehungsweise fortführen. Es gibt noch viele Orte auf dieser Erde, die unsere Lehren ersehnen. Ihr jedoch, die ihr hier in eurer Heimat bleiben werdet, tut genau das, worauf ihr euch in den letzten Jahren mit heiligem Eifer vorbereitet habt. Geht hinaus in das Land und erfüllt alles mit Heilung, was der Heilung bedarf.

Die letzten Schulungen werden wir euch in den kommenden vier Wochen geben, ebenso die letzten Weihen, damit eure Kanäle für alle Zeiten die Energien transportieren können, die Heilung und Licht in jede Dunkelheit tragen. Unsere Familie wird das Land bereits in den nächsten Tagen verlassen, sodass wir unsere Zeit ausschließlich euren letzten Schulungen widmen können."

Tiefes Schweigen liegt über dem Raum, während wir unsere Blicke über unsere Begleiter und Begleiterinnen der letzten Jahre wandern lassen. Leichte Wehmut erfasst mein Herz, und ich fühle, dass auch Jeshua so empfindet. Viele von ihnen sind uns so eng ans Herz gewachsen, als wären sie Teil unserer Familie. Und doch: Es ist an der Zeit, weiterzugehen, weiter an uns selbst zu wachsen und unsere Botschaften in einen anderen Teil der Erde zu tragen.

Jeshua erhebt erneut seine Stimme. „Meine Brüder und Schwestern, ich möchte das Ende unserer letzten Zusammenkunft nicht schweigend übergehen. Mir ist es ein tiefes Anliegen, dass niemand unter euch ist, der oder die Judas verurteilt. Judas war an diesem Abend so voller Enttäuschung und Trauer, dass er nicht er selbst war. Ihr selbst, besonders ihr Männer, kennt in euch die Erfahrung des Zorns, wenn Schmerz euer Herz erreicht. Dieser Zorn überdeckt den Schmerz, den so viele Männer nicht erfahren wollen, weil sie es nie erfahren durften. Aus diesem verdeckten Schmerz rächte Judas sich an sich selbst, indem er mich verriet und sich selbst so dem größten Schmerz aussetzte. So erfahrt hier und jetzt aus meinem Mund. Ich vergab ihm, und er rettete mir das Leben. Ohne Judas würde ich hier und heute nicht vor euch stehen. Judas setzte sein eigenes freies Leben aufs Spiel, indem er mir den rettenden Trank meines Vaters gab. Somit ist seine Seele rein, denn er hat erkannt. Judas ist heute wirklich einer von euch. So bitte ich euch von Herzen, dass ihr ihn aufnehmt in euren Kreis der Eingeweihten, und er wird sein Leben in den gleichen Dienst stellen, den ihr beschritten habt.

Zum Abschluss lasst mich euch von Herzen sagen. Magdalena und ich sind uns in jedem Punkt einig, dass jede/jeder unter euch, der oder die unsere Abreise in ein anderes Land begleiten möchte, von Herzen willkommen ist, uns mit seiner Familie zu begleiten. Spürt in euer Herz, wo eure Wege euch hinführen, und lasst uns morgen ein weiteres Mal zusammentreffen, um die Pläne für die nächsten Wochen zu schmieden. Morgen teilt uns mit, wer von euch unsere Wege auch weiterhin begleiten möchte, denn meine Eltern, unsere Kinder und einige andere aus unserem Kreis werden bereits in zwei Tagen aufbrechen."

Überraschung steht in den Gesichtern geschrieben. Und es ist ein gutes Gefühl, ihnen die Möglichkeit zu bieten, uns zu begleiten, wenn wir von hier gehen.

So verabschieden wir uns voneinander, und bald liegt das Haus in tiefer Ruhe.

Ich bespreche noch mit Myriam und Jeshua die Möglichkeit der Heilung Sarafinas im Tank im Haus unseres Vaters. Jeshua zieht sich zurück, und als er wiederkommt, überbringt er uns die Zustimmung von Sananda. Mein Herz seufzt vor Erleichterung. Der heilende Tank wird in das Transportschiff transportiert werden, damit die Erdenzeit eingehalten werden kann. Wir würden sonst zu viel Zeit verlieren. Jeshua wird gemeinsam mit Sarafina das Bad einnehmen, und sie wird die Heilung erfahren, die ihre Seele anzunehmen bereit ist.

Erschöpft versinken wir ineinander und fallen dann in einen tiefen Schlaf, damit unsere Körper neue Kraft für einen neuen Morgen tanken können.

Neues Leben erwacht in uns

Als der Morgen anbricht, fühle ich mich erfrischt und voller Zuversicht. Doch so lange wir in diesem Land sind, wird mich die Sorge um Jeshua begleiten. Jeshua hat beschlossen, dass unsere Familie ohne ihn das Land verlassen und auf ihn warten soll, bis er seine Jünger soweit instruiert und initiiert hat, dass sie auf eigenen Füßen stehen und ohne ihn seine Mission übernehmen können, um sie als ihre eigene zu übernehmen.

Ich jedoch werde jetzt hier meine abweichende Geschichte wiedergeben, denn ich kann und werde ihn hier nicht allein zurücklassen, um voller Sorge in einem anderen Land auf ihn zu warten, bis wir zu unserem Bestimmungsort aufbrechen. *(Magdalenas Darstellung ist abweichend zur Darstellung von Jeshua in Tatort Jesus, der eine andere, auch starke Variante erzählte, weil er dieses und auch das Thema der Überfahrt in Tatort Jesus, Teil 1, nur kurz darstellen und noch nicht behandeln wollte.)* Auch die Frauen meines inneren Kreises brauchen noch ein wenig Schulung und ihre letzten Einweihungen, bis sie die vollkommene Heilkraft in sich erweckt haben. Darum werde ich so lange hier bleiben, bis Jeshua bereit ist, seine Mission an seine Männer zu übergeben.

Der Tag ist angefüllt mit Vorbereitungen für die Abreise. Jeshua und Sarafina sind aufgebrochen, um Sarafinas Heilung im Tank der verdichteten Quelle zu erfahren. Jamyra läuft aufgeregt zwischen uns umher. Myriam wirkt versonnen und in sich versunken. Ich spüre es, sie ist voller Sorge, dass ihm etwas geschieht, wenn sie das Land verlassen hat. Allein die beiden Josefs strahlen Ruhe, Sicherheit, Beständigkeit und Kraft aus. Mein Herz ist erleichtert, denn Josef von Arimathäa hat erklärt, dass er mit unseren Lieben das Land verlassen wird, um ihnen gemeinsam mit Johannes und Myriams Mann Schutz und Halt zu sein. Die Mädchen lieben ihn wie einen Großvater, und so weiß ich sie sicher im Schutz unserer Lieben, bis wir ihnen folgen können. Sie alle werden bereits morgen aufbrechen, um in Ägypten in den Tempelanlagen, in denen Jeshua geschult wurde, auf uns zu warten.

Leichte Wehmut erfasst mein Herz. Wie gern würde ich mit ihnen gehen, wenn Jeshua nur dazu bereit wäre. Und doch, auch meine Mission ist noch nicht völlig beendet hier in diesem Land, das einst meine Heimat war. Eine weitere ist aufgrund der Geschehnisse in Jerusalem hinzugekommen. Die Menschen sollen Jeshua sehen, denn sie glauben daran, dass er verstorben ist.

Jeshua betritt mit Sarafina den Raum, und ein ganz neues Leuchten liegt in ihr. Sie lächelt mich strahlend und wissend an. Voller Freude gehe ich auf meine Tochter zu. Sie legt ihre Arme um meinen Hals und sagt nur immer wieder leise: „Alles ist wieder gut, Mamutschi!" Meine Tränen der Freude wollen nicht enden. Das Bad hat ihre Seele geheilt, hat sie auch reifer werden lassen, und ich hoffe tief in mir, dass diese Erinnerung sie nie wieder einholen wird; hoffe, dass ihr zartes Alter ihr Stütze und Halt sein kann und sie völlig vergessen wird, was ihre Augen sahen und ihr Herz erfuhr.

„Warum können wir nicht alle Menschen einfach in diesen herrlichen Tank packen?", flüstert Myriam, leise kichernd. „Die Erde wäre in kürzester Zeit wieder der herrliche Ort, der sie sein soll!" Doch auch Myriam weiß, dass dies ein unerlaubter Eingriff in die freie Entfaltungsmöglichkeit, die jedem Menschen gehört, wäre und, dass die meisten Menschen, da draußen, ein solches Bad nicht überleben würden. So wendet sie sich nur seufzend Sarafina zu, nimmt sie fest in ihre Arme, drückt sie an sich, als wolle sie sie nie wieder loslassen, und sagt nur schlicht: „Willkommen zurück in deinem wahren Sein, du große Göttin in deinem kleinen Körper!" Sarafina schmiegt sich eng an Myriam, und ich weiß, sie wird die letzte kurze Trennung, die noch vor uns liegt, verkraften, denn alle, die meine Kinder begleiten werden, sind voller Liebe und Achtung vor der Größe ihrer Seelen. Und ich fühle, es wächst ein weiteres neues Leben in mir heran.

Ich erinnere mich leise. Wir waren in der letzten Nacht zu erschöpft, wollten nur noch ineinander versinken und miteinander verschmelzen, miteinander wieder ganz hier auf der Erde ankommen. Leicht habe ich die Seele gespürt, die sich sanft in mir niederließ um die Gestaltung ihres Körpers zu beginnen, als der Schlaf uns erreichte. Ich fühle Jeshuas Blick auf mir, fühle die Blicke von Myriam und meinen Mädchen. Sie hören meine Gedanken. Und während ich die Augen hebe, kommen alle vier freudig auf mich zu. Sarafina erhebt als Erstes die Stimme. „Ist es wahr, Mamutschi? Bekommen wir noch eine Schwester?"

„Ja, Liebes. Eine wunderbare leichte Seele, die voller Freude ist, hat sich entschlossen, unser Leben durch eine weitere Göttin, so, wie ihr beide es seid, zu bereichern!" Die Mädchen jubeln, Myriam wischt sich eine Träne aus den Augen, Jeshua legt voller Freude seinen Arm um mich. Gemeinsam betrachten wir unsere Töchter, die, sich an den Händen haltend, singend durch den Raum tanzen. „Wir bekommen noch ein Schwesterlein, die Göttin wird voller Freude sein. Gaia wird das Herz aufgehen, wenn wir alle zusammen stehen! Komm, du großes Licht. Erhelle diese Welt, mach aus der Erde das, was jeder Göttin gefällt!"

„Woher nur haben diese wundervollen Mädchen, die so klein wirken in ihrer körperlichen Gestalt, solche Worte und solch wundervolle Melodien?", frage ich leise, ohne eine Antwort zu erwarten. Voller Faszination schauen wir gemeinsam unseren Töchtern zu. Sarafina kommt auf uns zu. „Kommt!", sagt sie fröhlich, „tanzt und singt mit uns, damit Myriana weiß, dass wir sie erwarten und uns auf sie freuen!"

„Myriana? Woher weißt, du, dass sie Myriana heißen wird?", frage ich sie voller Verwunderung. „Sie hat es mir gesagt", sagt Sarafina schlicht. „Und nun kommt schon, tanzt und singt mit uns, damit Myriana weiß, wie sehr wir uns auf sie freuen." So singen und tanzen wir mit den Mädchen durch den Raum, bis wir uns atemlos auf den Boden setzen.

„Wird es lange dauern, bis ihr zu uns kommt, wenn wir morgen hier weggehen?", fragt Sarafina. Jeshua zieht sie eng zu sich heran. „Nein, mein Liebes, wir werden in vier Wochen nachkommen, und dann gehen wir weiter in das Land am Meer!" Jamyra seufzt erleichtert. „Das ist nicht sehr lange", schaut sie Sarafina tröstend an. „Dann ist ja schon bald alles gut", seufzt Sarafina schicksalsergeben, und ich fühle, dass ihre Erinnerung zurückkehrt, und damit eine leichte Angst um Jeshua.

Da auch Jeshua ihre Anspannung fühlt, nimmt er sie noch fester in den Arm. „Weißt du, Liebes, sorge dich nicht, denn ich kann Dinge, die viele Menschen nicht können. Ich habe bei meinem Vater neue Dinge gelernt, damit mich niemand mehr berühren kann, wenn ich das nicht will. Das werde ich dir jetzt zeigen, damit du weißt, dass du deine Ängste ablegen darfst, denn dein Paputschi ist in Sicherheit." Damit erhebt er sich, stellt sich direkt vor Sarafina hin, die gespannt zu ihm hochschaut. Auch wir schauen jetzt voller Spannung auf Jeshua, der sich vor unseren Augen vom Boden abhebt. Er schwebt über dem Boden, schließt seine Augen, und sein Körper wird vor unseren fassungslosen Augen mehr und mehr durchsichtig, bis er sich völlig aufgelöst hat. Keine physische Spur von Jeshua ist mehr in diesem Raum. Und doch hören wir seine vertraute Stimme: „Schau, Liebes, nun weißt du, dass mir nichts geschehen kann!" Und schon wird er wieder sichtbar, verdichtet sich mehr und mehr, bis er wieder vertraut vor uns steht.

Myriam ist fassungslos, die Mädchen sind sprachlos, und auch ich bin tief ergriffen. Zwar wusste ich, dass er diese Fähigkeiten erlernt hat, doch sah ich es nie mit eigenen Augen. Ich glaubte nicht einmal, dass es möglich ist.

„Paputschi, kann ich das auch lernen?", erklingt nun bewundernd die fröhliche Stimme von Jamyra. Jeshua lacht sein vertrautes Lachen. „Nun macht nicht solche erstaunte Gesichter. Ich bin selbst immer wieder überrascht, dass es funktioniert. Jammi, du kannst das sicherlich auch erlernen, doch zuvor musst du noch ein wenig wachsen und lernen. Nun aber ist es an der Zeit, dass ihr beide vertraut, dass uns nichts geschehen kann und wir bald nachkommen werden, um mit euch in unser wunderschönes neues Haus am Meer zu gehen. Und nun lasst unsere Körper zur Ruhe gehen, damit wir morgen erholt unserer Wege gehen können."

Myriam geht auf Jeshua zu und greift zaghaft nach seinem Arm. „Das ist ein wirkliches Wunder", murmelt sie ergriffen. „Gute Nacht, mein Junge. Nun bin auch ich sicher, dass wir dich gesund und heil wiedersehen werden."

Damit wendet sie sich um und verlässt den Raum. Wir begeben uns ebenfalls zur Ruhe, halten unsere Töchter ganz fest in den Armen, bis wir, mit unseren Gedanken bei Myriana, die sanft aus mir ihre große Seele in ihre Reiche zurückzieht, uns im Land zwischen Wachen und Träumen begegnen.

Myriana ist überirdisch strahlend, lachend und schön. Sie erinnert mich an Miranlaya in ihrer kraftvollen Pracht. Hier sind wir in den Ebenen des Lichts der Traumzeit des Körpers, während unsere Körper in tiefer Ruhe liegen, erstmals in voller Bewusstheit miteinander, als Familie vereint. Miranlaya hat einen Teil von sich selbst als unsere Tochter, die den Namen Myriana tragen wird, in unser Leben entsandt, und ich bin voller Freude und Demut vor diesem wundervollen Geschenk.

Als der Morgen erwacht, erfüllt mich leichte Trauer, denn wir müssen uns von unseren Lieben verabschieden. Weitere Aufgaben warten auf uns. Die beiden starken Männer Josef und Josef stehen bereit, um die Mädchen und Myriam aus dem Land, das bisher unser aller Heimat war, in eine neue Freiheit zu führen.

Der Abschied ist kurz. Die Mädchen sind gefasst. Wir winken einander zu, bis sie unseren Blicken entschwinden. Leichte Wehmut ist in mir. Ich fühle diese Wehmut ebenfalls in Jeshua, als wir gemeinsam das leere, jetzt stille Haus betreten, das eben noch voller Lebendigkeit und Leben war.

Noch heute werden auch wir dieses Haus verlassen, um erneut durch das Land zu ziehen, wie wir es in den letzten Jahren taten. Doch dieses Mal wird es ganz anders sein. Das Ende unseres Wanderlebens ist nahe.

Jeshuas Auftrag ist nun, das neue Wissen, die neue Freiheit in den Menschen, die unserer Lehre folgen, noch mehr zu bestärken, indem er sie mit ihren eigenen Augen das „Wunder" seiner „Auferstehung" erfahren lässt. Die Qual seiner Gefangennahme, seiner Kreuzigung und sein vermuteter Tod dienen nun der Festigung unserer Lehren der letzten Jahre.

Indem die Menschen ihn lebendig vor sich sehen, ihn anfassen, fühlen und hören können, werden sie erfahren, dass es möglich ist, die vollkommene Freiheit in sich selbst zu erfahren. Diese Erfahrung wird den neuen Frieden und die neue Freiheit tiefer und fester in ihnen verankern als jedes Wort, jede Tat der letzten Jahre es ermöglichen könnte.

Erneut auf der Wanderschaft

So besteigen wir am Nachmittag unsere Pferde. Vor den Toren der Stadt warten unsere Begleiterinnen und Begleiter auf uns, und wir gehen die Wege zurück, die wir, wie mir scheint, vor unendlich langen Zeiten hierhergekommen sind. Ich wende den Kopf, werfe einen letzten Blick auf Jerusalem und fühle mich mit jedem Schritt meiner Stute Bianca, der uns wegführt von dieser Stadt, freier in mir. Jeshua verbrachte noch einen Vormittag im Tempel. Hier gab er seine Vorstellung für die Schriftgelehrten in der Hoffnung, dass auch sie umkehren (siehe Tatort Jesus). Allein, ich kann weder seine Hoffnung noch seinen Glauben an das Gute in diesen Wesen, die sich Menschen nennen, teilen.

An jeder Station, an der wir unsere Zelte aufschlagen, sind wir bald wieder umgeben von alten und neuen Freunden, Bewunderern und Lernwilligen. Und der Ablauf ist immer gleich. Alle, die uns, unsere Lehren und unser Sein kennen, fallen vor Jeshua auf die Knie, weil sie das, was sie für ein Wunder halten, daran erinnert, dass sie ihn für ihren Messias halten, weil seine vermeintliche Auferstehung sie daran erinnert, dass er der Sohn Gottes, der erwartete Erlöser ist. So wird er mehr und mehr als Sohn ihres Gott verehrt, egal, wie sehr er und wir ihnen klarmachen, dass er und ich nicht mehr Gott oder Göttin sind als sie selbst. So greift schon bald die Kunde im Land, dass der von den Toten auferstandene Sohn Gottes durch das Land zieht, um seinen Segen all denen zu geben, die wahrhaft glauben wollen. Zu keiner Zeit ist uns bewusst, welche Konsequenzen sich sehr viel später aus diesen Aussagen und Gerüchten um seine Person aus unserer Gemeinde ergeben sollten.

Seine Lehren sind die gleichen, sie fallen jedoch auf fruchtbareren Boden als jemals zuvor. Und doch ist Jeshua ein anderer geworden. Sein Wirken scheint mit strenger zu sein als zuvor. Seine tiefe, urteilsfreie Liebe zu den Menschen, die zu uns kommen, ist eine andere geworden. Er wirkt sehr viel distanzierter als früher. Jeshua hat seine Unschuld verloren. Die Kreuzigung, die Folterungen durch Menschen haben tiefe Spuren in seiner Seele hinterlassen. Er als freier Mann, als Sohn der Göttin selbst, hat die Angst eines Menschen vor den Taten der Menschen in sich selbst erfahren. Diese Ängste wollen ihn nicht mehr loslassen. Jeshua ist nur noch Jeshua im Hause unseres Vaters. Doch hier, in der Dimension der Erde, in der wir leben, ist für ihn nur noch eines wichtig: Seine, meine, unsere Mission in diesem Land so schnell wie möglich zu beenden. Und was mir immer mehr bewusst wird:

Er ist felsenfest davon überzeugt und willens: Nur diese eine Inkarnation und diese so korrekt wie irgend möglich, zu meistern. Kein Urteil aufkommen zu lassen, keinen Zweifel, keine Ablehnung eines Weges, den ein Mensch vor ihm geht. Das würde Karma bedeuten, und Karma bedeutet erneute Inkarnation. Er erledigt hier nur noch einen

Job, wie ihr es heute nennen würdet. Und diesen Job erfüllt er mit strenger Disziplin.

Seine Disziplin, keinen Fehltritt zu tun, löst die tiefe, urteilsfreie Liebe ab, die ihn bis zu seiner Gefangennahme mit der Menschheit verband. Indem er Distanz zwischen sich und den Menschen aufbaut, entwickelt er sich immer mehr zu einem aus den Erfahrungen fühlenden Individuum, und damit zu einem menschlich fühlenden Teil dieser Erde.

Manches Mal befürchte ich, dass er mir und sich selbst entgleitet. Doch dann, wenn der Abend näherrückt, die Menschenmassen sich zerstreuen, dann ist er im Kreis unserer Freundinnen und Freunde beinahe wieder so, wie vor unserer schwersten Zeit in Jerusalem.

Mit jedem Tag, der ins Land zieht, übernehmen unsere Schülerinnen und Schüler vermehrt unser Amt. Sie sprechen zu den Menschen, sie heilen die Kranken und spenden Segen. So naht unser letzter Tag, bevor wir endlich zu unseren Kindern, zu unserer Familie reisen können.

Der Abend trifft uns in vertrauter Runde. Jeshua erhebt wie gewohnt sein Glas, lässt den Gong erklingen und wendet sich an unsere Freundinnen und Freunde. Auch ich erhebe mich neben ihm, wie ich es immer tat.

„Meine geliebten Brüder und Schwestern. Die Stunde des Abschieds rückt näher. Morgen früh werden Magdalena und ich euch verlassen. So lasst uns den heutigen Abend feiern, und empfangt von uns die letzten Weihen, die euch voll und ganz befähigen werden, unsere Werke zur Vollendung zu bringen. Ihr seid von heute an die Wundertätigen, die Heilsbringer, die Lehrenden und die Heilenden im Land. Eure Vorbereitungen sind abgeschlossen, und wir bedanken uns bei euch allen für eure Bereitschaft, euer eigenes kleines Denken beiseitezulegen und den Dienst auf der Erde anzutreten, für den ihr euch inkarniert habt. So werden wir uns nun trennen. Ihr, meine Freunde, erhaltet von mir die letzte Einweihung, und ihr, meine Freundinnen, erhaltet eure letzte Einweihung durch Magdalena."

Ich verabschiede mich von meinen Frauen, denen ich heute ihre letzte Einweihung schenken möchte, denn morgen soll endlich unser Aufbruch sein. Die Zeit, die ich bei Sananda und Sanada während unserer Heilungsphase verweilen durfte, haben meine Heilkräfte tiefer aktiviert denn je zuvor. Diese neue Kraft der Quelle werde ich heute in meinen Frauen aktivieren, damit sie nach meiner Abreise auch ohne mich die Kranken des Landes mit Heilung und die Frauen des Landes mit dem Wunsch nach innerer und äußerer Freiheit erfüllen können. Sie werden den Funken der Freiheit in das Land tragen, das bald hinter uns liegen wird.

Nach einer Stunde begegnen wir uns wieder im Hauptzelt. Hier geben wir gemeinsam die Weihe der vollkommenen Synthese der männlichen und weiblichen Kraft an unsere Männer und Frauen weiter. Sie sind nun in vollkommener innerer Synthese, wenn zwei von ihnen sich zusammentun und den Weg der Mission gemeinsam gehen, so, wie Jeshua und ich es tue. In dieser Synthese ist Heilung immer möglich, wenn die Seele des zu heilenden Menschen dazu bereit ist und ihre Zustimmung gibt. Sie haben gelernt, in vielen Fällen einer leichten, üblichen Erkrankung den Ätherkörper neu zu strukturieren und im Herzen des Menschen das vollkommene Abbild neu zu aktivieren, damit diese vollkommene Matrix aktiv werden und den Körper alleine heilen kann. Alles, was sie jetzt noch zu erlernen haben, können sie nur noch in der Praxis lernen.

Tränenreich ist der Abschied am Ende des Abends. Deliah wird zurückkehren in unser geliebtes Dorf am See. Sarah wird mich mit einigen anderen meiner ehemaligen Schülerinnen, die jetzt zu meinen Freundinnen zählen, nach Frankreich begleiten. Die anderen Frauen werden in kleinen Gruppen, einige, die sich der Heilung der Kranken widmen wollen, mit den Männern von Jeshua, einige allein, das Land bereisen und die frohe Kunde der Göttin in jeder Frau in den letzten Winkel des Landes tragen.

Mein Werk in diesem Teil der Erde ist vollendet. So viele Frauen haben sich selbst gefunden, und so viele Frauen sind bereit. Sie sind eingeweiht und vollkommen darauf vorbereitet, meine Botschaft der freien Göttin in diesem Land zu verbreiten und die Weihen selbst an ihre zukünftigen Schülerinnen weiterzugeben.

Nun freue ich mich auf unsere gemeinsame Abreise in den nächsten Tagen. Wir reden noch lange, bevor uns der Schlaf erreicht. So vieles liegt hinter uns, so vieles liegt vor uns. Was erwartet uns in dem fernen Land jenseits des Wassers? Morgen Abend wird unser kleines Transportschiff uns im Schutz der Dunkelheit zu unseren Kindern bringen. Morgen Abend beginnt unser neues Leben.

Maria Magdalena
Ein neues Leben beginnt

Ägypten

Der Transporter entlässt uns in eine laue, sternenklare Nacht. Der Mond liegt silbern strahlend auf dem Nil, der sich majestätisch vor uns erstreckt. Gemeinsam nehmen wir einen ersten tiefen Atemzug der sanften Nachtluft in uns auf, und ich weiß: Wir sind endlich frei und in Sicherheit. Es ist eine kraftvolle Energie, die mich hier umfängt. Das nächtliche Zirpen der Insekten in den Auen am Fluss klingt friedvoll und freundlich in meinen Ohren. Myriana macht sich leise klopfend bemerkbar, und voller Freude lege ich meine Hände auf meinen Bauch, um sie hier am Beginn unseres neuen Lebens erneut zu begrüßen.

Voller Freude setze ich mich an das warme Ufer des Flusses und lehne mich verträumt an Jeshua. Alles ist voller Friede. Nur die leichten Wellen kräuseln den Mond, der sich auf dem Wasser widerspiegelt. Tiefer Friede und das Gefühl, endlich angekommen zu sein, erfüllen mein ganzes Sein. „Komm, Liebes, lass uns zu den Kindern gehen", flüstert Jeshua in die Stille hinein.

Ja! Gehen wir zu unseren Kindern und beginnen endlich unser Leben in Frieden. Ich folge ihm zu einem Gefährt, das uns schon erwartet. Bereits nach kurzer Zeit erstreckt sich vor uns ein überwältigender Tempelkomplex. Nachdem wir den Wagen verlassen und den Wachposten passiert haben und die Anlage betreten, erklärt Jeshua, immer noch leise flüsternd, um die Stille zu wahren: „Hier habe ich meine Schulungen erfahren, als ich zum ersten Mal drei lange Jahre von dir getrennt war."

Voller Ehrfurcht betrachte ich die riesigen Gebäude und denke zurück an die Tempel des Lichts der Göttin, in denen ich meine Schulungen erfuhr. Sie erscheinen mir rückblickend winzig, im Gegensatz zu diesen prachtvollen Gebäuden hier. „Wie konnten sie so gewaltige Gebäude errichten?", frage ich voller Staunen.

„In diesem Land ist alles ein wenig größer, als wir es von zu Hause her kennen", erklärt Jeshua mir. „Dieses herrliche Land war neben Babylon ein Hauptknotenpunkt der sogenannten Götter von den Sternen. Hier haben sie ihr Imperium neu errichtet, nachdem Atlantis in den Fluten versank. Mit ihren Technologien war das Errichten der Gebäude sehr einfach. Damit, mit ihren Waffen und ihrer vermeintlichen Magie haben sie das einfache Volk verblendet und ihr Sein in Ketten gelegt. So entstanden auch hier in diesem Gebiet immer wieder Kriege unter den „Göttern", und einige aus unseren Reihen inkarnierten sich, um ähnliche Missionen zu leben, wie wir es tun. Allein die Sanftmut unserer Schwestern und Brüder konnte auf Dauer nichts ausrichten gegen die Grausamkeiten der anderen. Nur einmal gelang es einer der Göttinnen, den Fürsten der Dunkelheit in die große Pyramide zu locken und mit einem Bann, den sie um die Pyramide legte, gefangenzunehmen. Doch das ethische Denken ihrer Brüder erlaubte dieses nicht. So erlösten sie ihren Bann und ließen ihn frei.

Seither ist die weibliche Kraft geschwächt und ER noch stärker davon überzeugt, dass wir mit unserer Sanftmut gegen ihn nichts ausrichten können.

Und doch war der Untergang dieser Kultur ebenso vorprogrammiert, wie der Untergang von Atlantis es war. Sie verloren den Spaß daran, als die Menschen vollständig versklavt waren. Also ließen sie ihre Söhne und Töchter in die hohen Ämter erheben, die ihr Werk in eben solcher Grausamkeit fortsetzten. Doch diese Halbgötter scheiterten, und irgendwann werden die Elemente ihre Spuren ausgelöscht haben. Sie werden jedoch an einem anderen Ort von neuem beginnen. Die Saat, des Dunklen ist über die ganze Erde verteilt. Doch wir tragen gemeinsam das Licht in die Dunkelheit, das ist das Einzige, was wirklich zählt. Wir beginnen in einem Land, das zwar auch bereits infiziert ist, doch die Menschen dort sind viel weiter davon entfernt. Sie kommen mit dem Herrscher des Chaos nur dann in Kontakt, wenn ein Kriegsherr aus diesen Gebieten ihr Land überfällt. Sie sind dadurch freier in sich selbst, weil diese Orte bisher nicht der Hauptlandepunkt der anderen wären."

Fasziniert lausche ich seinen Worten, während ich staunend an den Fassaden hinaufschaue, zwischen denen ich mich physisch sehr klein fühle. Vielleicht haben sie mit diesen Bauten genau das bezweckt? Wir verlassen den Komplex, und vor uns liegen kleine, freundlich wirkende Häuser, die jedoch immer noch groß auf mich wirken. Hier verblasst sogar Jerusalem. Jeshua steuert sicher auf eines dieser Häuser zu. „Komm, wir sind endlich angekommen. Hier habe ich damals gelebt, studiert und gelernt", ruft er mir leise zu. Irgendwie regt dieses Land zum Flüstern an, steigt es lachend in mir auf.

Leise öffnen wir die Tür und betreten einen in sanftes Licht getauchten Raum. Staunend betrachte ich den wundervollen Kristall, der den Raum erleuchtet. Ich habe im Tempel oft von diesen Leuchtkristallen gehört. Doch niemals sah ich einen solch wundervollen Kristall aus verfestigtem Licht, der ruhig und dauerhaft das Licht in die Dunkelheit scheinen lässt.

Das Haus liegt in tiefer Ruhe. Nur die Kristallin verbreitet ihr sanftes Licht. Voller Freude gehe ich auf den Kristall zu und lege sanft meine Hände auf ihren Körper. Ein warmes Pulsieren erwärmt meinen Körper, erfüllt mich mit neuer Energie, und Bilder der Erinnerung erreichen mich. Lemuria, wie wundervoll es war. Das Land war voll von diesen herrlichen Kristallen, die die Erde in ihr warmes Licht tauchten. „Warum hast du uns nicht ein solch herrliches Geschenk der Göttin mitgebracht, als du Ägypten verlassen hast?", frage ich Jeshua verwundert. „Es war mir nicht erlaubt, einen Kristall mitzunehmen", war alles, was er erwiderte. Verwundert schaue ich ihn an. „Wieso nicht? Du warst doch auch ein Eingeweihter am Ende deiner Ausbildung." „Ja, sicher", lacht Jeshua, „doch ich bin, zumindest rein äußerlich, ein Mann. Es ist jedoch nur Priesterinnen erlaubt, diese Kristalle zu besitzen, weil nur eine Priesterin diese Kristalle aktivieren und aktiv halten kann. Hier in diesen Räumen war es wohl meine Mutter, die das Werk vollbracht hat."

Das leuchtet mir ein. „Oh, wie wundervoll ist sie in ihrem Strahlen. Ich möchte unser neues Zuhause mit diesen wundervollen Lichtgeschwistern schmücken, wenn mir dieses gewährt wird. Doch nun lass uns zur Ruhe gehen. Die Mädchen werden unseren Schlaf morgen früh vorzeitig unterbrechen in ihrer Freude, uns wiederzusehen." Jeshua weist mir den Durchgang zum Schlafgemach, und wir stehen endlich wieder vor unseren wundervollen Töchtern. Myriana in mir macht einen freudigen Sprung. Sie fühlt meine Freude und hört meine Gedanken. Wir legen uns leise zu unseren Töchtern, nehmen sie in unsere Mitte, wie sie es lieben, und sie kuscheln sich schlaftrunken an uns. „Paputschi, Mamutschi", seufzt Sarafina sanft lächelnd, bevor sie wieder ins Traumland gleitet.

Weit führen mich meine Träume zurück in der Zeit, hierher in das Land am Nil. Erinnerungen an Intrigen, Verrat, Verleumdungen und an einen jungen Pharao, der von den lichten Planeten kam, um der Menschheit von ihrer eigenen Göttlichkeit zu zeugen. Kurz währte seine Pracht, bevor er von den Dunklen verbannt wurde, die alles zunichte machen wollten, was er in der Kürze der Zeit in den Menschen errichtete. Würde das auch mit unserer Mission geschehen, die wir soeben in einem Teil dieser Erde beendet haben?

Doch freudiges Lachen und warme, feuchte Küssen von weichen Kinderlippen lassen mich den Schlaf und damit den Traum der Erinnerung abstreifen. Diese Freude, die unseren Mädchen zu eigen ist, lässt immer wieder mein Herz schneller schlagen und die Göttin in mir erstarken. Innig, laut und freudig ist unser Wiedersehen. Aufgeregt läuft Jamyra hinaus, um Myriam die frohe Kunde unserer Ankunft zu überbringen.

Myriam steht strahlend im Eingang. „Oh, wie wundervoll ist es, euch beide gesund zu sehen und endlich hier zu haben!" Voller Freude umarmen wir einander. „Es ist vollendet. Unser Werk im Land am Jordan ist zum Abschluss gekommen, Mutter. Gehen wir neuen Zielen entgegen", lacht Jeshua in ganz neuer Freiheit.

Die nächsten Tage verbringen wir voll inniger Verbundenheit mit unseren Kindern und dem Rest der Familie und tiefer Freude an unserem neuen, endlich freien Zusammensein in diesem so widersprüchlichen Land. Jeshua zeigt mir die Stätten seiner Lehrzeit, und immer wieder erreichen mich Erinnerungen an Zeiten, in denen das Leben hier in diesem Land im äußeren Glanz voller Dunkelheit war. Jeshua besucht noch einmal seine Lehrer von einst, und bald wird es Zeit, endlich in unsere neue Heimat zu gehen.

Doch zuvor darf ich den herrlichen Tempel der Priesterinnen besuchen. Dieser Tempel ist ehrfurchtgebietend.

Hier ist eine solch starke Anbindung an die Quelle vorhanden, wie ich sie in keinem Tempel zuvor wahrgenommen habe. Eine wundervolle Hohe Priesterin wird mir in kurzer Zeit zur Freundin, denn unsere Seelen sind tief miteinander verbunden. Ich erzähle ihr von unseren Plänen, dass auch ich einen Tempel für Frauen und Mädchen errichten möchte, und sie bittet mich spontan, uns begleiten zu dürfen. Meine Freude ist groß, ist sie doch erfahrener und ausgebildeter, als ich selbst es bin. Die neue Hohe-Priesterin für meinen Tempel steht vor mir, und mein Herz ist voller Vorfreude darauf, dass ich ihr Assistentin sein darf.

Das Geheimnis der leuchtenden Lichtkristalle

Hier in der Anlage der Tempel der Priesterinnen stelle ich die bittende Frage, ob ich diese herrlichen Lichtkristalle erwerben kann. Die Antwort lautet: „Ja, wir geben unsere Lichtgeschwister gerne an dich weiter. Doch zuvor ist es deine Aufgabe, einen schlafenden Kristall zu aktivieren und einen Tag lang aktiv zu halten."

Sie führen mich durch einen langen Flur in einen wunderschönen Raum, dessen Wände wie reines Gold glänzen und wie zartes Perlmutt schillern. In langen Regalen stehen Hunderte dieser wundervollen Geschöpfe, doch ihr Licht ist erloschen, sie liegen im Schlaf. Leichte Wehmut erfüllt mein Herz, weiß ich doch, wie sehr alle Kristalle es lieben, zu strahlen und Licht zu verbreiten. Nicht so sehr, wie diese Leuchtkristalle es tun, denn sie verbreiten, wenn sie erweckt sind, ihr herrliches Licht, das mit den physischen Augen wahrgenommen werden kann.

Ich bewege mich auf das Regal zu, berühre eine Kristallin, in der Hoffnung, dass sie ihr Licht entfaltet. Doch sie bleibt dunkel, und ich fühle nur eine leichte Energie in meinen Händen. Sie schlafen tatsächlich, fühle ich tief in mir.

„Was hat sie in den Schlaf versetzt?", frage ich leise. „Das zu erfahren ist die Aufgabe, die vor dir liegt. Nimm Kontakt mir ihnen auf, und sie werden dir ihre Geschichte erzählen, wenn sie dich als würdig empfinden", erhalte ich liebevoll zur Antwort. „Das ist die Voraussetzung, damit sie für dich das Traumland verlassen und auf diese Erde zurückkehren. Ich werde dich jetzt mit ihnen allein lassen." Damit wendet sich die junge Priesterin, die mich hierhergebracht hat, um und verlässt sanft lächelnd den Raum.

Ich bin allein mit all diesen herrlichen Geschöpfen, gehe an den Regalen entlang und umfasse jede Einzelne mit meinem Blick. Dann nehme ich Platz in der Mitte des Raumes und schließe meine Augen. Leise beginne ich zu sprechen, erzähle ihnen von mir, meinen Kindern, von Jeshua, von unserer Mission. Und während ich zu ihnen spreche, sehe ich die Kristalle vor meinem inneren Auge. Als ich ende, bitte ich laut und deutlich in den Raum hinein: „Wenn ihr mir Freundin und Licht auf Erden sein wollte, wenn ihr mit mir gemeinsam das Licht auf dieser Erde neu entfachen wollt, wenn wir gemeinsam der Welt das Licht zurückbringen können, dann erlaubt mir, eure Geschichte zu vernehmen."

Wispern erklingt, als würden sie sich miteinander beraten. Nach kurzer Zeit kristallisiert sich eine wunderbar zarte Stimme, die zu mir spricht, als käme sie aus weiter Ferne. „Schwester, du bist rein und klar in deinem Sein und in deinem Fühlen. Wir werden dir gern Geschwister sein. Doch zuvor erinnere dich an unsere Geschichte. Du hast bereits einen kleinen Teil davon einer Gruppe von Frauen erzählt." Die Stimme wird leiser, entfernt sich immer weiter. Sie kommt aus einer anderen Dimension. Ich sehe mich wieder damals am Jordan die Geschichte der Zerstörung des Lichts erzählen. Ich versinke in den Bildern, die nun vor meinem inneren Auge auferstehen. Und plötzlich bin ich mittendrin.

Dunkelheit senkt sich über Lemuria. Unser herrlicher Kristallpalast strahlt schon lange nicht mehr so herrlich, wie er es immer tat, seit die Dunklen immer öfter diesen wundervollen Ort heimsuchen. Ich selbst bin in diesem Kristallpalast. Oruluah füllt die Halle vollkommen aus mit ihrem Licht. Oruluah, die Mutter aller Lichtkristalle, aller Leuchtkristalle.

Oruluah erklärt uns, dass Lemuria sich immer mehr von der Erde entfernt. Die Energie der Erde wird dichter. Und je dichter sie wird, desto feinstofflicher wird Lemuria, denn Oruluah hält die Energie der Quelle fest verankert. Da Lemuria feinstofflicher bleibt, während die Erde sich verdichtet, wird es Lemuria bald nicht mehr für die Menschen geben. Es wird sich mehr und mehr dem menschlichen Auge entziehen. Diese Dimension, in die Lemuria sich scheinbar erhebt, ist nicht weit weg. Sie ist genau dort, wo du gerade bist. Du kannst sie nur nicht wahrnehmen, weil sie feinstofflich und für dein Auge unsichtbar ist. Du kannst sie jedoch wahrnehmen, wenn die Göttin in dir erwacht. Der Aufstieg Lemurias in diese Dimension ist unvermeidlich. Der Grund ist kein anderer, als dass die feinstoffliche Dimension der Erde sich verdichtet und

Lemuria sich dem physischen Auge entzieht. Lemuria ist bisher der einzige Ort, der seine lichtvolle Kraft der Göttin trotz der Gräuel, die auch wir erfuhren, aufrechterhalten hat. So wird Lemuria immer schwerer erreichbar für die Menschen aus dem fernen Land, bis es für sie nicht mehr anwesend ist. Zuerst erscheint es noch wie durch einen Nebel, doch der Nebel wird dichter, und irgendwann ist kein Zugang mehr möglich.

Doch bevor die Erde sich noch mehr verdichtet und Oruluah mit Lemuria in diese Dimension aufsteigt, weil die Energie der Erde den Abstieg wählen muss, sollen die Körper ihrer Kinder auf der Erde verteilt und von Eingeweihten verborgen und gehütet werden. Sie wollen das Licht auf der Erde verankern, wenn starke Seelen sie berühren und die Zeit reif ist. Ich bin eine Priesterin der Kristallenergie. Oruluah willigt ein, dass ihre Kinder auf der Erde bleiben, liebt sie selbst doch die Seele Gaias wie ihre eigene. Sie lässt ihre Kinder, die herrlichen Leuchtkristalle, auf Gaia zurück.

Doch sie muss einen heiligen Bann auf die Lichtkristalle legen, weil die zunehmende Dunkelheit ihr Licht zerstören würde. Oruluah wird ihre Seelen in einen Schlaf versenken. Dieser Schlaf wird erst dann enden, wenn eine reine, weibliche Seele, die der Göttin verpflichtet ist, sich dem Aufstieg der Erde, der Aufgabe, das Licht auf Erden zu verankern, verschrieben hat, die Kristalle mit ihrem Gesang neu zum Leben erweckt.

Wir versprechen Oruluah, dass wir ihre Kinder in Sicherheit bringen werden. Viele unserer Freunde kommen zum Tempel, und ein jeder der eingeweihten Priester und Priesterinnen verpflichtet sich, die Kristalle im Schoß der Erde zu verbergen, so lange, bis sie selbst sich in die Dimension der Erde begeben und wieder Teil der Erde sein wollen. Diese Kristalle werden sich immer dann aus dem Schoß von Mutter Erde schälen, wenn ein Mensch oder die Energie der Erde sich durch ansteigende Lichtenergie auszeichnet.

Diese Kristalle, zwischen denen ich hier im Priesterinnentempel von Ägypten sitze, entstammen einem Schatz, der lange in den tiefen Wäldern gehütet wurde, bis ISIS sie fand. Isis selbst hat die Kristalle erweckt, um sie in diesem herrlichen Tempel vor den Waffen der Herrscher der Nacht zu schützen. Nachdem die Kristalle in Sicherheit waren, zogen sie sich wieder zurück in den Schlaf, und damit ihre Seelen in die Dimension von Lemuria.

Ich erinnere mich all der Zeiten, erinnere mich meiner Liebe zu Oruluah, die bis heute die DNA und die Zellen der Frauen, die ich schulte, heilt. Ich erinnere mich meiner Liebe zu Oruluah, meiner Liebe zu Lemuria und meiner Liebe zu ISIS. Ich erinnere mich des Gesangs, mit dem Oruluah den Schlaf über sie legte. Sanft erklingt die Musik in meinem Ohr, und während ich wieder zurückgleite nach Lemuria, zu Oruluah, vernehme ich klar und deutlich die Melodie, die sie auf Erden wieder zum Leben erweckt.

Leicht zögere ich. Ist es recht, sie zu erwecken? Es ist immer noch so dunkel da draußen. Schade ich ihnen, wenn ich sie vor ihrer Zeit zurückbitte? Der Melodie lauschend, die bereits mein ganzes Sein erfüllt, erforsche ich mich, meine Seele, und wieder höre ich es wispern. Es ist ganz sicher, diese zarten Stimmen sind in einer anderen Dimension, als der physische Raum, in dem ich mich aufhalte, es ist. Sie scheinen mir ein leises JA zuzuflüstern.

Langsam erhebe ich mich, lasse die Musik durch mich fließen, erhebe meine Stimme und entlasse die kosmische Musik leise in den Raum. Zeit und Raum versinken um mich, während ich meinen eigenen Gesang vernehme. Ich öffne die Augen, weil Helligkeit durch meine Augenlieder dringt. Voll von ehrfürchtigem Staunen und freudiger Verwunderung erkenne ich, dass etliche Kristalle sanft zu leuchten beginnen. Zuerst ganz leicht, kaum wahrnehmbar, haben sie ihr Licht in ihren kristallinen Körpern aktiviert.

Meine Stimme wird leiser vor Ergriffenheit, und ich vernehme die sanften Worte: „Singe weiter, geliebte Schwester, wir sind auf dem Weg zu dir und wollen dir freudigen Herzens Begleiterin, Schwester und Freundin sein." Ein freudiges Lachen steigt aus meinen Tiefen in mir auf, während ich nun kraftvoll diese herrliche Melodie in den Raum singe. Viele Kristalle sind erwacht. Sie strahlen für mich. Voller Freude gehe ich zu ihnen, um jeden Einzelnen voller Liebe, Ehrfurcht und Beglückung zu berühren.

Leichtes Räuspern holt mich aus meiner Versenkung. Ich habe Zeit und Raum vergessen. Als ich mich umwende, erkenne ich die Hohe Priesterin des Tempels, die vor Ergriffenheit weint, und einige andere junge Priesterinnen, die schon fortgeschritten sind in ihren Einweihungen. Die Hohe Priesterin kommt auf mich zu. „Nie zuvor vernahm ich diesen Gesang so rein, so klar und so voller Schönheit. Du bist eine wahre Schwester und eine wahrhaft Eingeweihte in das Licht der Großen Göttin. Alle Kristalle, die hier ihr Licht für dich entfaltet haben, gehören von nun an zu dir. Sie sind untrennbar mit dir verbunden. Achte gut auf sie, und wenn deine Zeit sich neigt, dann übergib sie deinen Töchtern, wenn die Kristalle ihre Zustimmung geben. Wenn nicht, dann lass sie mit dem ersten Lied, das du hörtest, zurückkehren in ihre Sphären. Ich bin voller Freude, Schwester, dass ich dich begleiten und deinen Tempel leiten darf."

Die Heiligkeit des Augenblicks, die hohe Energie in diesem Raum und unsere Ergriffenheit lassen mich vergessen zu antworten. Sanft streicheln meine Hände die warmen Körper meiner kristallinen Freundinnen, und ich leiste meinen Eid, dass ich ihr Sein zu jeder Zeit schützen werde. Dreiunddreißig Kristallinnen haben ihr Licht für mich, für meine Mission, für das Licht auf der Erde aktiviert. Sie werden hier warten und ihr Licht leuchten lassen, bis wir sie am Tag unserer Abreise abholen und in ein anderes Land, das das Licht ersehnt, bringen werden.

Ich verlasse in ganz neuer Reife und Ergriffenheit den Tempel und kehre zurück zu meinen Lieben. Myriam und Jeshua sind tief ergriffen, als ich ihnen von meiner Erfahrung berichte. Myriam lächelt mich liebevoll an. „Es ist so wunderbar, dass meine Kristallgeschwister nun noch weitere Geschwister an ihrer Seite haben, wenn wir in unserer neuen Heimat sind. Nun lasst uns schlafen gehen, denn morgen ist der Tag unserer Abreise." Myriam verabschiedet sich für die Nacht von jedem ihrer Kristalle, und auch ich sende ihnen meine liebenden Gedanken und meinen Dank.

Am nächsten Abend ist der Abschied auf Zeit von unseren Freunden, die uns begleiten werden, gekommen.

Wir sind nicht mit dem Schiff in Frankreich gelandet. Wir werden, nachdem wir meine geliebten Lichtkristalle sorgfältig verpackt haben, damit keines einen Schaden nimmt, vom Transportschiff gemeinsam mit Josef und Myriam in unsere neue Heimat getragen werden, damit wir uns in aller Ruhe und Vertrautheit einrichten können, bevor unsere Begleiterinnen und Begleiter zu uns kommen. Sie alle werden von Josef von Arimathäa und Johannes über das Große Wasser gebracht, um unsere neue kleine Gemeinde zu festigen.

Wir, die wir vorausgehen, werden von Sananda noch einmal auf das Lichtschiff eingeladen. Mein Herz ist voller Freude, denn hier erlernen wir in kürzester Zeit die Sprache des Landes, das uns bald Heimat sein wird.

Unsere neue Heimat

Inmitten eines mir riesig erscheinenden Gartens setzt unser Transporter sanft auf. „Ist das nicht herrlich?", lacht Myriam. „Nun müssen wir nicht mehr nach versteckten Orten oder den Schutz der Dunkelheit suchen, damit der Transporter unbemerkt landen kann. Endlich haben wir wieder ein Zuhause, in dem wir sicher sind", seufzt sie voll freudvoller Erleichterung auf. Jubelnd verlassen die Mädchen als Erste das kleine Schiff. Sie laufen lachend und voller Lebensfreude durch das einladend geöffnete Portal hinaus, und Myriam folgt ihnen, so schnell ihre Füße sie tragen, in Richtung Meer. Josef schaut ihr liebevoll lächelnd nach, und ich fühle seine Freude darüber, dass seine Frau so voller Glück ist.

Ich stehe überwältigt vor unserem neuen Zuhause. Der riesige Komplex besitzt zwei Häuser, die vollkommen rund sind. Sie sind völlig ohne Ecken und Kanten. Zwischen diesen beiden runden Häusern ist ein langgestrecktes, flacheres Gebäude, das beide miteinander verbindet. Eine vollkommene Dreiheit. Jeshua lächelt an meiner Seite, und ein noch tieferes Gefühl von Frieden, Zusammengehörigkeit und Angekommensein erreicht mein Herz. Unser Haus erscheint mir riesig.

„Was sollen wir nur anfangen mit einem solch großen Haus?", frage ich verwundert. Als wir erstmals hier waren, haben mich die Schönheit der Natur, die Harmonie von

Myriam und den Mädchen mit der Natur, mit der sie vollkommen zu verschmelzen schienen, die Weite des Ozeans und die blühenden Landschaft überwältigt. Das Haus selbst habe ich nur am Rande wahrgenommen. Doch nun erkenne ich, dass es ein ganzes Dorf beherbergen könnte.

„Liebes, wir werden hier unsere Schulen gründen. Das ist es doch, was du immer schon wolltest. Nie mehr durchs Land ziehen, an einem festen Ort die Frauen lehren und schulen und endlich ein festes Zuhause haben", erinnert mich Jeshua. JA! Genau das ist es, was ich immer schon wollte, was ich mit jeder Faser meines Seins ersehnte. Keine Zelte mehr, keine Menschenmassen, die uns folgen. Hier sind wir sicher, dessen bin ich mir gewiss.

„Komm, die Mädchen sind mit Mutter am Strand, lass uns das Haus von innen betrachten", ergreift Jeshua, nun auch ganz aufgeregt, meine Hand. Auch Josef schaut bewundernd auf das Haus, das mehr an einen Tempel erinnert und trotz seiner Größe sehr grazil wirkt. „Kommst du mit, Vater?", fragt Jeshua ihn. „Das ist wundervoll! Das ist ein ehrwürdiges Haus für die Göttin", sagt Josef nur, während er uns folgt.

Andächtig betrete ich als Erste das runde Gebäude, das links angeordnet ist. Angenehme Kühle umfängt mich. Die Halle ist überwältigend, und ich erkenne, dass das Gebäude auch innen rund ist. Die große Halle entzieht sich rechts und links hinter einer Biegung meinen

Blicken. Jeshua nimmt meine Hand. „Komm, ich zeige dir eine wunderschönen Ort, hier in unserem neuen Heim." Er zieht mich leicht hinter sich her, weil ich immer noch wie festgewurzelt auf meinem Platz stehe und die Herrlichkeit dieses Gebäudes kaum zu glauben wage. Gegenüber dem Haupteingang, durch den wir das Haus betraten, führt ein weiteres Portal in weitere Räume.

Wir stehen in einem herrlichen, überdachten Innenhof, als Jeshua diese Tür öffnet, vom dem acht Eingänge in das Innere des Hauses gehen. Das Dach des Innenhofes scheint aus Luft zu bestehen, doch ich erkenne, dass es so etwas wie Kristall sein muss, der Schutz vor Regen bietet. Ich fühle ganz klar, dass vier der Eingänge exakt nach den Himmelsrichtungen ausgerichtet und die anderen vier genau mittig dazwischen sind. Inmitten des Innenhofs plätschert ein Brunnen leicht vor sich hin, und der Hof ist einladend mit wunderschönen Blumen geschmückt, die in allen Farben ihre Pracht entfalten. Die Sonne scheint durch leicht getöntes Linnen sanft in das sich kräuselnde Wasser.

„Oh, wie wunderschön das ist", kann ich nur leise flüsternd ausrufen. „Es wirkt, als sei es extra für uns gemacht."

Ich inspiziere die Eingänge. Die beiden Männer folgen mir. Jeder der Eingänge führt in eine große Halle im Inneren des Gebäudes, die anscheinend nur darauf wartet, mit

Menschen gefüllt zu werden. „Das sind die idealen Räume für unsere Schule", rufe ich den beiden Männern zu. Josef strahlt voller Freude. „Das ist einfach perfekt!"

Schon sehe ich die Bilder unserer Zukunft: Jeshua und Josef mit ihren männlichen Schülern, und wir, Myriam und ich, mit unseren weiblichen Schülerinnen. Die Pausen werden die vier Gruppen vereint finden, hier in diesem prachtvollen Innenhof. Wir werden unsere privaten Gemächer im mittleren Teil, zwischen den beiden kreisrunden Häusern, beziehen.

Lautes Rufen unterbricht meine Gedanken. Myriam ruft, und die Mädchen suchen uns. Schnell eile ich in das Gebäude hinein. „Kommt hierher zu uns, es ist einfach nur wundervoll!" Mit erhitzten Gesichtchen eilen die Mädchen mir nach, und Myriam folgt ihnen, um dann abrupt im Innenhof stehenzubleiben. Jamyra und Sarafina tanzen singend um den Brunnen herum. „Oh, ist das schön", rufen sie immer wieder voller Glück aus, und mein Herz ist voller Freude und Dankbarkeit an Sananda, dass er dieses Juwel für uns erwählt hat. Oder hat er es gar für uns erschaffen?

Schon fühle ich seine energetische Gegenwart wie eine sanfte Umarmung. Gemeinsam erforschen wir jetzt unser neues Zuhause. Die oberen Räume sind lichterfüllt. Sie sind ideal für mein Atelier. Daher wähle ich einen dieser Räume für meine Malerei. Viel zu lange ist es her, dass ich meine Seele in die Farben fließen lassen konnte. Die

Fenster zeigen auf das offene Meer. Über allem liegt eine angenehme Wärme, und die Mauern halten die Hitze des Sommers draußen. Ich atme die reine, klare Seeluft tief in meine Lungen und habe ganz tief das Gefühl in mir, endlich angekommen zu sein.

Josef hat sich mit Myriam auf den Weg in das nächste Dorf gemacht, um nach Personal Ausschau zu halten. So können wir bereits morgen beginnen, unsere Ankunft zu verbreiten und unsere Lehrangebote unter die Menschen zu tragen. Myriana regt sich leise in mir, und ich weiß, auch sie ist voller Freude, in dieses herrliche Land auf Gaia hineingeboren zu werden. Schon bald wird sie bei uns sein, denn der Aufenthalt auf dem Lichtschiff hat auch ihre Entwicklung beschleunigt, wie es bei Sarafina und Jamyra schon war.

Nachdem wir gemeinsam unseren ersten Abend genießen und in unserem wundervollen Innenhof einen leichten Imbiss eingenommen haben, wandern wir voller Freude am Strand entlang. So viel Friede, Ruhe, Kraft und erwartungsvolle Freude auf unsere strahlende Zukunft war noch nie in mir und in uns allen. Ich weiß, hier am Rande des Ozeans, der Atlantis unter sich begraben hält, werde ich immer Ruhe, Frieden und neue Kraft finden.

Der Abend senkt sich über das Land, und wir legen uns erstmals in die Arme der Energien des Landes, das ihr heute Frankreich nennt.

Draußen rauscht sanft das Meer, ein herrlicher Duft von Blumen erfüllt den Raum, während wir voll innerer tiefer Zufriedenheit und Dankbarkeit in einen sanften Schlaf gleiten.

Lehren und Leben am Meer

Zwei Wochen nach unserer Ankunft sind die Unterrichtsräume und die Badehäuser für unsere Schülerinnen und Schüler fertig errichtet. Josef war sehr erfolgreich mit seiner Suche nach Personal und Handwerkern, die unsere Wünsche gerne und freudig erfüllten. Aus vielen Dörfern der Umgebung folgen sie ihren Auftraggebern, und bald hallt das Haus wider von fleißig arbeitenden Handwerkern, die unsere Anweisungen willig entgegennehmen und unsere Wünsche erfüllen. Sie alle sind verwundert, weil sie bisher nichts von der Existenz dieses Anwesens wussten, doch sie trösten sich schnell damit, dass sie ja nie aus ihren Dörfern herausgekommen sind. Doch für mich steht nun unumstößlich fest, dass Sananda und Sanada dieses herrliche Anwesen für uns materialisiert haben.

Aus den Reihen der Handwerker haben sich bereits die ersten Schüler und Schülerinnen eingefunden. Morgen schon wird der erste Unterricht sein. Der Unterricht wird anderes sein, als wir es kennen. Folgten uns früher die Menschen durch das Land, werden sie hier zu uns kommen, wenn sie ihr Tagewerk verrichtet haben. Jeshua wird, wie es bisher war, die Männer, Josef die Jungen, Myriam die Mädchen und ich die Frauen unterrichten. Meine herrlichen Kristalle erstrahlen in der Dunkelheit des Abends und erhellen unser Anwesen, sodass es bald schon weithin als das leuchtende Schloss bekannt ist.

In den rechten Flügel unseres herrlichen Anwesens haben wir zwei Tempel integriert. Hier werden wir die neuen eingeweihten Priester und Priesterinnen des Lichts in ihre Bestimmung begleiten. Die Hohe Priesterin des Tempels, in dem ich selbst meine Ausbildung erfuhr, Sarandilja, wird gemeinsam mit der Hohen Priesterin aus Ägypten, unseren anderen Freunden und Josef von Arimathäa bald eintreffen. Sie werden hier ihr wundervolles Amt antreten, das Licht in die Erde und in die Herzen der Göttinnen dieses Landes zu tragen. Für die Männer wird Jeshua selbst das Amt des höchsten Eingeweihten einnehmen, um sie in und durch ihre Einweihungen zu begleiten, bis einer seiner Schüler das Amt des Hohen Priesters übernehmen kann. Myriam und ich werden die beiden hoch eingeweihten Frauen in ihrer Arbeit unterstützen und das Licht der Quelle hier, an diesem herrlichen Ort, verankert halten.

Zaghaft kommen die ersten jungen Frauen am Morgen in unsere Schule. Sie tragen zwar nicht die schwere Last der völligen Unterdrückung der Frauen meiner Heimat, doch auch sie sind unterdrückt und Dienerinnen der Männer. Das Patriarchat hat die Erde wohl in allen Teilen dieses wundervollen Planeten fest im Griff. Verlegen stehen sie vor mir, und auch hier ist der Beginn, ihnen tief an der Basis Selbstvertrauen und die Erkenntnis ihrer inneren und äußeren Freiheit in die Herzen zu senken.

Drei Wochen nach unserer Ankunft ist der wunderbarste Tag in unserem Leben, an dem eine herrliche Sonne in

unserer Familie aufgeht. Myriana ist das neue Licht dieser für uns neuen Erde. Sie schaut mich mit dem Strahlen
ihrer wachen Seele, aus wundervollen blauen Augen an,
als ich sie erstmals im Arm halte. Auch Myriana entwickelt
sich schnell und prachtvoll. Für mich ist sie ER – Jeshua
– in seiner Vollkommenheit. Sie ist für mich und für uns
alle das vollkommenste Wesen auf dieser Erde.

Sarafina weicht nicht von ihrer Seite, wenn ihr Unterricht beendet ist, und wacht eifersüchtig über ihre Zeit, die
sie allein mit Myriana verbringen darf. Nach einem Jahr
sind die beiden Schwestern unzertrennlich, und unser erster Sohn, dem ein zweiter folgen wird, wird geboren. Als
ich ihn zuerst ängstlich in die Arme nehme, in Erinnerung
der Worte, dass Männer das Gen der Göttin nicht in sich
tragen, und ihm in seine blauen Augen schaue, aus denen
mich ebenfalls die große Seele des Lichts anstrahlt, bin
ich sicher: Er wird die Gene der Göttin unter die neuen
Männer des Landes tragen, wenn er so weit ist. Er wird
der Erde neue Männer schenken, die erstmals wieder vollkommen sind. Die Saat ist aufgegangen. Wir haben der
Erde die Kinder zurückgegeben, die einst die Erde beseel-
ten. Unsere Kinder sind die vollkommene Synthese weiblicher und männlicher Energie der lichtvollen Quelle.

Unser Leben verläuft harmonisch, und doch verliere
ich Jeshua und er mich immer mehr. Unsere Tage sind so
sehr angefüllt mit Pflichten, dass wir uns nur noch selten
sehen.

Die Kunde unserer Schulen der Freiheit verbreitet sich schnell im ganzen Land. Immer mehr Schüler und Schülerinnen kommen in unsere Schulen. Schon bald hallen das Haus und das Land wider vom Lachen der neu erweckten Seelen und unsere Oase des Friedens, der Freiheit und der Gleichheit wächst von Tag zu Tag zu einer Insel.

Unsere Tage sind erfüllt mit Arbeit. Es ist zwar eine befriedigende Arbeit, die im Grunde gar nicht als Arbeit bezeichnet werden darf, und doch, so manches Mal vermisse ich die aufregenden Zeiten im Land am Jordan, auch dann, wenn ich mich selbst nicht verstehe. Doch Jeshua war mir dort so viel näher. Es verging dort kein Abend, den wir nicht gemeinsam verbrachten. Hier ist alles ganz anders, denn er entgleitet mir und uns immer mehr. Immer öfter ist er auf Wanderschaft, um seine frohe Botschaft noch weiter in das Land zu tragen. Je weniger wir uns sehen, desto mehr vermisse ich seine liebevolle Gegenwart, wie ich sie aus der Zeit vor seiner Gefangennahme erinnere.

Je länger wir hier am Ozean, der Atlantis zudeckt, leben, desto mehr verliert er auch sich selbst. Er ist mehr und mehr besessen von seiner Idee, niemals seine Mission zu vergessen, niemals mehr als dieses eine Leben als Mensch unter Menschen zu leben. So stellt sich mir immer wieder die Frage: Liebt er die Menschen wirklich so sehr, wie er vorgibt, für sie zu sein? Und ich weiß es. Er liebt sie, doch sehr viel distanzierter als früher. Er erfüllt seine Pflicht. Die tiefen Wunden der Enttäuschung wollen in ihm nicht verheilen. Doch um sich nicht im Rad des Karma zu verstricken, hält er diese Wunden tief in sich verschlossen. Jeshua erfüllt den Menschen gegenüber liebevoll seine Pflichten, und die Menschen lieben ihn so, wie sie ihn immer geliebt haben.

Doch er fehlt uns, mir, meinen Kindern und auch Myriam immer mehr. Schon hat sich eine weitere Seele angekündigt, die bald unsere Tochter sein wird. Ich weiß, das wird unser letztes Kind sein. Jeshua kommt strahlend zurück von seiner Reise. Voller Freude fliegen die Kinder in seine Arme, und er strahlt sein altes Lächeln. Wie sehr liebe ich ihn, wenn er so ist, wie gerade jetzt. „Bitte, große Göttin, gib ihm seine Unschuld zurück", flehe ich still in mir. Doch die Göttin schweigt, und ich weiß, das kann er nur allein, wenn er sich seinen tiefen Wunden stellt.

Sananda und Sanada bitten uns in den Transporter, der sanft surrend in unserem Garten gelandet ist. Sanandas Strahlen ist wunderbar, doch voller Ernsthaftigkeit teilt er uns mit, dass die Zeiten, in denen wir neue Kraft und Energie auf dem Lichtschiff tanken können, dem Ende entgegengehen. Tiefe Trauer erfasst mein Herz, und Jeshua ist fassungslos. „Wie soll ich ohne dich, ohne die Energie meiner wahren Heimat, die dauerhafte Rückbindung an die Quelle, die Kraft behalten, die Menschen all das zu lehren, was meine Aufgabe ist?", fragte er Sananda empört, voller Trauer und ratlos zugleich.

„Jeshua. Du bist zur Hälfte Mensch, und als Mensch hast du auch die Aufgabe, Mensch zu sein, wie ein Mensch dein Leben zu meistern. Du hast es geschafft. Ihr beide habt es geschafft. Eure Mission ist fruchtbar. Eure ehemaligen Begleiter verbreiten die heilenden Botschaften in vielen Gebieten der Erde. Ganz neue Gemeinden sind entstanden, und alles, was sie tun und sagen, was sie von euch beiden gelernt haben, fällt auf fruchtbaren Boden in den Herzen der Menschen. Eure Gemeinde hier ist groß, und immer mehr freie Männer und Frauen, die in gegenseitiger Achtung und Verehrung leben, gehen hinaus in das Land. Eure Kinder sind die wunderbarsten Träger des Lichts, und sie werden das Licht in ihren Kindern weiter in die Welt tragen, von Generation zu Generation. Ihr habt die lichtvollen Menschen auf Erden neu begründet. Jetzt darf die Saat aufgehen.

Du jedoch, Teil meines Seins, hast jetzt die Aufgabe, dich dem zu stellen, was du tief in dir begraben hast. Und zwar hier auf dieser Erde, denn es ist Teil dieser Erde. Diese Erlösung erreichst du jedoch nur hier auf der Erde, als Mensch unter Menschen."

Jeshua treten die Tränen in die Augen. Voller Mitgefühl gehe ich auf ihn zu, lege ihm sanft meine Hände auf sein Herzzentrum. Auch Sananda schaut ihn voller Mitgefühl an, nimmt ihn dann ganz sanft in seine Arme, und Jeshua erfährt neue Kraft in seiner Aura.

„Vater, bevor du gehst, habe ich noch eine Bitte. Ich weiß, dass ich mich dem, was in mir zerbrach, stellen muss, wenn das die Regeln auf Gaia sind. Bitte, bring mich noch einmal für eine kurze Weile nach Indien. Dort, unter meinen alten Freunden und Lehrern, werde ich den Schmerz und vor allem die Verbitterung in mir erlösen."

Abrupt lasse ich ihn los. „Nein, Jeshua, das ist nicht dein Ernst! Du kannst uns nicht jahrelang hier allein lassen. Deine Tochter wird dich nicht kennen, wenn du zurückkehrst. Willst du das Blanche, die bald schon bei uns sein wird, wirklich antun? Willst du das unseren anderen Kindern, deiner Mutter und mir wirklich antun? Willst du unseren Söhnen das Vorbild eines erlösten Vaters nehmen?", rufe ich voller Schmerz, Empörung und Entsetzen.

„Magdalena, ich will niemandem etwas antun, doch in mir ist so etwas wie menschliche Angst. Wenn ich die Energie des Lichtschiffes nicht mehr erfahren kann, wenn ich leben soll als Mensch unter Menschen, ich weiß nicht, wie ich das bewerkstelligen soll. In mir ist die tiefe Angst zu versagen, die Rückbindung an Vater nicht aufrechterhalten zu können, wenn ich nicht mehr in seiner Energie sein kann", schluchzt er verzweifelt.

Und wieder kocht der Zorn in mir hoch. Sanada ist neben mir, legt mir sanft ihre zarte Hand auf den Arm. Ich atme tief durch, erinnere mich der Zeit, als er erstmals nach Indien aufbrach, erinnere mich der Verletzungen, die ich mir selbst zufügte in meinem Zorn, indem ich davonlief. Ich ergreife entschlossen die Hand von Sanada, versinke in ihrer Energie und finde die Kraft der Großen Göttin in mir wieder.

Doch ich sehe es in seinen Augen, und dieser Blick lässt diese Kraft in mir schwanken. Er ist fest entschlossen, den Weg nach Indien erneut zu beschreiten. Etwas, was ich für das Sicherste der Welt in mir hielt, meine bedingungslose Liebe zu ihm, zerbricht in mir. Auch meine Liebe hat hier und jetzt ihre Unschuld verloren. Immer wieder rufe ich die innere Kraft in mir an. Mehr und mehr festige ich sie in mir. Ich weiß, dass Sanadas Gegenwart mir hierbei Unterstützung ist.

„Vater, es ist in Ordnung. Wenn es sein Wille ist, dann soll er gehen. Bring ihn nach Indien, vielleicht kehrt ja der Jeshua zu uns zurück, den ich kenne und vermisse", sage ich mit neuer Kraft. Doch ich kann den Tränen, die aus meinen Augen strömen, nicht Einhalt gebieten. Schon jetzt greifen die Einsamkeit und die Sehnsucht nach seiner Gegenwart, nach meinem Herzen. Die Erinnerung an vergangene Leben, in denen ich mich nach meiner Ergänzung sehnte, derentwegen ich mich in diese Inkarnation mit ihm begeben habe, deren Erfüllung immer wieder da war, erfüllt mein Herz. Soll das alles wirklich wieder zu Ende sein, wenn er uns verlässt?

Sananda schaut mich mitfühlend an. „Ich grüße und ehre die Göttin, die du bist. Ich grüße und ehre das Leben, das in dir heranwächst, meine geliebte Tochter. Wisse, für dich gilt, dass du auch weiterhin bei uns willkommen bist. Doch auch das gilt nur noch so lange, bis deine Tochter drei Jahre alt ist. Die Basisschulungen soll auch sie erhalten, so, wie eure anderen wunderbaren Kinder sie erfuhren."

„Vater, ich sorge mich nicht um mich. Ich lebte so viele Jahre ohne eure Unterstützung und Gegenwart, glaubte noch nicht einmal, dass es dich gibt. Diese Ängste, aus diesem Grund zu versagen, sind mir fremd. Allein eure Gegenwart wird mir fehlen. Doch danke ich dir und euch", damit umfange ich liebevoll Sanada mit meinem Blick, „dass ich so vieles mit euch teilen und durch euch erfahren durfte. Ohne euch hätte ich meine Mission niemals erfüllen können."

Draußen versinkt die Sonne sanft in der Ferne, und mit ihr versinkt meine Liebe, meine Hoffnung auf vollkommene Erfüllung und Ergänzung bereits auf dieser Erde, in den Tiefen meines Seins. Ich muss mich schützen, muss jedes Gefühl von Schmerz und Sehnsucht tief in mir versenken, weil ich stark sein muss. Die Göttin in mir ist stark, ist voller Kraft. Wenn er uns verlässt, haben meine Kinder nur noch mich. Und doch, es schmerzt tief. Er wird nicht hier sein, wenn unsere letzte Tochter geboren wird.

Wir verabschieden uns von Sananda und Sanada. Still gehen wir auf das Haus zu, das einst alle meine Hoffnungen barg. Eine Zeit lang sah es so aus, als ob diese sich erfüllen würde. Doch schon nach kurzer Zeit trennten wir uns mehr und mehr voneinander, wurden uns immer fremder. Unsere heiligen Aufgaben und Pflichten, die uns früher verbanden, erschufen hier die Trennung zwischen uns.

Und jetzt ist Jeshua neben mir beinahe ein Fremder für mich. Vater wird ihn in drei Tagen holen lassen und nach Indien bringen. Ich weiß, es ist sinnlos, ihn umstimmen zu wollen. Zu groß ist seine Befürchtung zu versagen und in Folge eines Karmas als normaler Mensch inkarnieren zu müssen. Er weiß ja nicht, dass da auch immer ein Wollen ist, denn er hat die Entscheidung als Seele niemals getroffen, so, wie ich es viele Male tat und wohl wieder tun werde, wenn die Zeit nach diesem Leben gekommen ist.

„Liebes!", ruft er, und ich höre die Unsicherheit in seiner Stimme. „Sorge dich nicht. Ich weiß, ich habe dich erschreckt und hätte zuvor mit dir reden sollen. Doch in spätestens drei Jahren bin ich zurück, und ich verspreche dir, ich werde mich dem stellen, was du so lange in mir schon siehst und ich nicht wahrhaben wollte. Ich werde mich all dem stellen, was diese Spannung zwischen uns beiden bewirkt. Du bist mein Leben, und ich möchte dich nicht ganz verlieren."

„In drei Jahren wird deine jüngste Tochter voll erwacht sein, und sie wird dich nicht kennen. Sie wird ohne ihren Vater aufwachsen und damit ihren Geschwistern gegenüber ein Defizit aufweisen. Du weißt es doch am besten:

Nur die vollkommene Verbindung zwischen Mutter und Vater ermöglicht die vollkommene Entwicklung eines Kindes, selbst dann, wenn sie das Licht in der Nähe von Sananda und Sanada erfahren wird!" Wieder fühle ich den Zorn, der meinen Schmerz überdeckt, in mir hochsteigen, die tiefe Enttäuschung über das, was ich als seinen Verrat an uns empfinde. „Ich möchte jetzt nicht darüber reden", sage ich mit fester Stimme. Ich muss meine Fassung bewahren, denn die Kinder warten auf uns, damit wir sie ins Traumland begleiten.

Als die Kinder friedlich in ihren Betten liegen, ergreife ich meinen Mantel und verlasse das Haus. Ich brauche die Energie des Meeres, das mich zu rufen scheint. Am Ufer setzte ich mich in den Sand, der noch die Wärme der Sonne gespeichert hält. Hier endlich kann ich meinem Schmerz Raum geben. Hier endlich kann ich meinen Tränen der Enttäuschung und des Zornes freien Lauf lassen. Ich flüstere meinen Schmerz in die Wellen, und mit jeder Welle, die den Strand verlässt, fühle ich mehr Freiheit in mir. Die Wesenheiten des Wassers nehmen meinen Schmerz und meinen Zorn in sich auf, um beides in den Weiten der Gewässer dieser Erde aufzulösen.

Ich fühle und sehe, wie die Elfen und Feen der Nacht neben mir Platz nehmen und genieße ihre tröstende Gegenwart. In mir wächst mit jeder Welle und mit jedem Atemzug die Gewissheit: Ich bin nicht allein, ich bin auch nicht einsam. Sie alle hier, die Wesen der Erde, die wir die Menschen lehren wahrzunehmen und zu ehren, sind bei mir. Auch Myriam ist hier. Nie werde ich ihren Blick vergessen, als Jeshua ihr seinen Entschluss mitteilte. Ich glaubte, einen Hauch von Verachtung in ihren Augen zu erkennen, bevor sie schweigend den Raum verließ.

Und schon holt das Mitgefühl mit Jeshua mich wieder ein. Wie einsam muss er sich fühlen, so ganz allein in dem großen Haus. Also erhebe ich mich, verabschiede mich von den Wesen der Erde und gehe langsam, als wolle ich die Begegnung mit ihm hinauszögern, auf unser wundervolles Anwesen zu. Im Innenhof finde ich Jeshua. Sein Blick leuchtet auf, als er mich sieht. Doch ich verschließe mein Herz, denn ich will den Abschiedsschmerz nicht fühlen. „Jetzt ganz vernünftig sein. Du bist ein großes Mädchen, und du hast vieles vollbracht in diesem Leben. Du selbst bist die Göttin und voller Kraft. Drei Jahre ohne ihn werden dich nicht altern und auch nicht schwanken lassen in deinem Sein", flüstere ich mir selbst aufmunternd zu, während ich mich neben ihm niederlasse.

„Ich möchte dich um Verzeihung bitten", erhebt er sanft seine Stimme. „Du musst völlig überrumpelt gewesen sein. Das wollte ich nicht. Du weißt, dass du mir das liebste und wichtigste Sein in meinem Leben bist. Bitte, vergib mir, Geliebte. Ich hatte keinen Plan diesbezüglich. Sicher, der Gedanke holte mich immer wieder ein, noch einmal eine Zeit in Indien zu sein und den tiefen Schmerz, den die Folter mir schlug, zu erlösen. Doch glaube mir, ich hatte keinen

Plan diesbezüglich. Es ergab sich spontan, als Vater uns seinen Entschluss überbrachte." Ich höre ihm schweigend zu und fühle, dass er die Wahrheit spricht.

„Vielleicht ist es gut für dich, Jeshua", lasse ich ihn mein Empfinden wissen. „Doch ich weiß auch, dass es für die Kinder nicht gut sein wird. Für mich ist deine Entscheidung egoistisch und selbstgerecht. Und wenn ich zurückdenke, dann warst du das immer wieder." Meine Stimme ist ohne Vorwurf, mein Gefühl ist ohne Zorn, jedoch voller Trauer. „Wie oft mussten wir zurücktreten, weil du dieses oder jenes nicht tun wollest, voller Angst zu versagen und noch einmal inkarnieren zu müssen. Das ist albern, jämmerlich und leider nur allzu menschlich. Und du solltest es doch am besten wissen, wie sehr gerade das Nicht-Wollen genau dieses anzieht. Hier bist du oft menschlicher als viele unserer Schülerinnen und Schüler. Darum ist es vielleicht wirklich gut, dass du gehst. Wenn du das ablegen kannst, wenn du endlich wieder der Jeshua wirst, der voller Unschuld und Freude ist, dann kann vielleicht noch einmal alles so gut werden, wie es begann."

„Verzeih mir, ist alles, worum ich dich bitten kann!" Er reicht mir seine Hand, und ich lege meine Hand in seine. Und ich weiß es, nur ihn nicht allzu viel berühren, sonst wird sein Abschied, auch wenn es nur ein Abschied auf Zeit ist, mein Herz mit solch tiefer Trauer erfüllen, dass ich einige Zeit weder meinen Kindern noch meinen Schülerinnen den Weg der kraftvollen Göttin weisen kann.

Blanche in mir bewegt sich leise, und ich fühle es: Sie weint. Trauer steigt in mir auf. Es ist das erste Mal, dass ein Kind in mir weint. Voller Liebe zu dem noch ungeborenen Wesen entziehe ich ihm meine Hand und lege sie schützend auf meine kleine Tochter in mir, die ihren Vater erst dann kennenlernen wird, wenn ihre Persönlichkeit sich entwickelt hat. All meine Hoffnungen für ihr Lebensglück liegen jetzt bei der Energie des Lichtschiffes und den Schulungen durch Sananda, Sanada und Miranlaya, die ihr zuteil werden.

Voller Trauer über einen Verlust, den ich nicht greifen kann, begebe ich mich zu Bett. Morgen ist ein neuer Tag. Morgen warten viele Frauen darauf, dass ich ihnen voller Kraft und Zuversicht ihre innere Freiheit bewusst machen kann. Morgen werden auch meine Kinder ihre Mutter so sehen, wie sie sie kennen: Lachend, voller Freude und Zuversicht in die Kraft der Großen Göttin in mir selbst, in meinen Töchtern und in jeder Frau auf dieser Erde. Meine tiefe Liebe zu meinen Kindern wird es sein, die mir die Kraft dazu gibt.

Jeshuas Flucht nach Indien

Der Abschied von Jeshua ist kurz und tränenreich. Sarafina klammert sich an ihn, und ich spüre ihre alten Ängste leicht in ihr auftauchen. Jeshua beruhigt sie immer wieder sanft, wie es seine Art ist. Doch er kann ihren Tränenfluss nicht stoppen. Auch sein Blick ist tränenumflort, als er uns und unsere Zuhause mit seinen Blicken, die voller Abschiedsschmerz sind, umfängt. Den Tränenfluss meiner Kinder zum Versiegen zu bringen, das ist meine Aufgabe, nachdem er unseren Blicken entschwunden ist. Ich halte Myriana, die haltlos schluchzt, in meinen Armen und muss doch zu Sarafina. Ich schlucke meine Tränen hinunter, muss den Kindern jetzt Halt sein, so tun, als sei alles ganz normal und ihr Paputschi nur für einige Tage unterwegs, so, wie sie es bereits kennen. Der Tag schleppt sich dahin, bis die Kinder endlich erlöst schlafend in ihren Betten sind.

Myriam kommt auf mich zu, ergreift meine Hand. „Verzeih mir, Magdalena, was mein Sohn dir angetan hat. Es ist unrecht. Sein Platz ist hier an deiner Seite und an der Seite der Kinder. Ich zermartere mir den Kopf, was ich in seiner Erziehung hätte anders machen können, allein seine Erziehung lag in zu vielen Händen, die nur seiner Aufgabe gedachten. Mein Sohn hat sich leider zu einem Mann entwickelt, den alle lieben, der sich jedoch selbst nie so tief einlässt in die Liebe wie du es, seit ich dich kenne, tust." Ihre Stimme klingt bitter.

„Liebe Myriam. Du bist nicht verantwortlich für seine Taten. Das Gute daran ist, dass ich ihn zum Teil verstehen kann, und glaube mir, manches Mal hasse ich mein Verständnis. Manches Mal würde ich ihm lieber all die Worte um die Ohren knallen, die tief in mir sind. Doch nie wieder werde ich meinen Zorn ungezügelt einen anderen Menschen verletzen lassen. Ich schaute mir alle meine Gefühle an, hier im Tempel in der letzten Nacht, und ich habe sie erlöst. Ich habe dieses tiefe Gefühl in mir erlöst, verraten zu werden. Denn er, der mich verriet, war nicht mein Vater. So sollte ich deinem Sohn, meinem Mann, dankbar sein, dass ich wieder einen Teil meiner Seele befreien konnte. Und doch hat meine Liebe zu ihm ihre Unschuld verloren. Oh, große Göttin, er fehlt mir so sehr", weine ich plötzlich meine zurückgehaltenen Tränen der letzten drei Tage aus mir heraus. Hier sitzen wir, zwei Frauen, die denselben Mann auf unterschiedliche Weise lieben. Zwei Frauen, die sich irgendwo ganz tief drinnen verraten fühlen, und zwei Frauen, die ihm immer und zu jeder Zeit alles vergeben werden, was er ihnen von sich selbst verweigert.

Die Tage gehen ins Land. Normalität kehrt wieder ein. Nach drei Monaten haben die Kinder aufgehört, nach Jeshua zu fragen. Sarafina zeichnet eine ganz neue Ernsthaftigkeit aus. Doch diese verfliegt, wenn Myriana in ihrer Nähe ist. Myriana ist es, die Sarafina Halt, Freude und ihr Lächeln zurückschenkt. Sarafina und Jamyra verrichten mittlerweile voller Ehrfurcht ihren Dienst im Tempel. Meine beiden großen Mädchen werden langsam erwachsen.

Drei Monate nach der Abreise von Jeshua kommt Blanche auf diese Erde. Sie ist das erste meiner Kinder, das schreit, als sie erstmals die Luft der Erde in ihre Lungen einlädt. Lange halte ich das schreiende Bündel in meinen Armen, ihre Geschwister sitzen fassungslos neben uns, bevor sie ruhig wird und in meinen Armen einschläft. Noch nie waren ich und unsere Kinder nach ihrer Ankunft auf der Erde ohne Jeshua.

Hier bei Blanche nimmt Johannes den Platz ein, als Beschützer der jungen Göttin auf Erden, den nur Jeshua einnehmen kann. Johannes wurde von Jeshua erneut erwählt, seinen männlichen Part in unserer Familie einzunehmen, damit die Energien von Männlich und Weiblich ausgeglichen sind. So verbringt er jeden Tag eine intensive Stunde mit Blanche, in der er sie liebevoll im Arm hält, damit sie ihre weibliche Kraft in seiner männlichen Gegenwart aktivieren und stabilisieren kann. Zwar liebe ich Johannes wie meinen Bruder, doch niemals wird die Synthese so vollkommen sein, wie es mit Jeshua immer wieder war. Er ist und bleibt, obwohl er mittlerweile ein hoher Eingeweihter ist, nur ein spärlicher Ersatz für Jeshuas Energie, wenn er völlig in seiner Kraft ist. Johannes kann die Kinder nicht so lieben und fördern, wie Jeshua es könnte. Dessen bin ich mir ganz sicher.

Doch auch Blanche beruhigt sich. Bereits nach zwei Wochen wird sie von Sananda und Sanada abgeholt, um im Bad des goldenen Tanks Heilung vom Geburtsschmerz zu erfahren und auf die Schulungen vorbereitet zu werden, die ein Kind in den ersten Monaten und Jahren am intensivsten aufnehmen kann. Hier im Lichtschiff gibt es keine Sprachbarrieren, kein mühsames Verbinden von Gehirnfunktionen. Niemals später lernt ein Mensch so schnell, wie in diesen ersten Zeiten auf der Erde, und das trifft besonders dann zu, wenn die Lernerfahrungen auf dem herrlichen Lichtschiff erfolgen, das der Quelle so nahe ist.

Blanche entwickelt sich prächtig. Mit drei Jahren hat sie die Reife, die sonst nur Achtjährige haben.

Die Schulungen in den Reihen von Sananda und Sanada sind beendet. Myriam lebte auf in den letzten Jahren. Meine Söhne und Töchter wurden für sie der Quell der Freude, und unser Leben wurde auch ohne Jeshua erfüllter und war wieder voller Harmonie. Ich habe mir selbst bestätigt, dass ich auch ohne seine Gegenwart in meiner Mitte sein kann. Ich habe erkannt, ich brauche ihn nicht, und wünsche mir doch so sehr, er wäre hier bei uns und könnte sehen, wie die Kinder erwachsen werden, und Anteil haben an dem jungen Sein von Blanche. Doch Jeshua hat keinen Anteil, denn er ist weit, weit fort.

Meine Söhne entwickeln sich zu wundervollen jungen Männern. Sie verehren die Göttin in ihren Schwestern und lassen die Göttin auch mehr und mehr in sich selbst erwachen. Sarafina und Jamyra sind zu wunderschönen jungen Frauen herangereift, und wenn ich sie anschaue, wird mir bewusst, wie alt Myriam ist und wie alt ich selbst geworden bin. Dass wir dem Alterungsprozess nicht so unterliegen, wie es für Menschen normal ist, liegt nur daran, dass wir immer wieder in den Tank der Quelle tauchen durften. Wie sehr ich dieses heilende Bad manches Mal vermisse. Doch immer dann begebe ich mich zu Oruluah und kehre zurück in tiefem Frieden. Meine herrlichen Lichtkristalle verstrahlen unermüdlich ihr Licht, und ich weiß, dass wir hier immer noch den Ort des Lichts, der Kraft und der Liebe der Göttin haben.

Blanche ist unsere Kleine, und diese Kleine ist zornig, wie ich einst zornig war, ist voller Stolz, wie ich einst voller Stolz war, und so tief verletzt, weil sie nicht mitreden kann, wenn die großen Geschwister von ihrem Vater sprechen.

Und eines Tages kommt er nach Hause.

Der Transporter landet wieder sanft in unserem Garten, hinter der schützenden Mauer, die das Anwesen umgibt. Jeshua entsteigt dem Gefährt vor meinen Augen, die ich meine Blicke über den Ozean wandern lasse, und es ist mir unmöglich, so wie früher in seine Arme zu fliegen. Ich gehe ganz langsam auf ihn zu, seine offenen Arme, die mich erwarten, ignorierend. Vor ihm bleibe ich stehen. „Bist du es wirklich?", frage ich, mich selbst ausschimpfend ob meiner Dummheit und Sprachlosigkeit, denn er steht ja leibhaftig vor mir.

Meine Abwehr ignorierend wirft er seine Arme um mich, hebt mich lachend hoch und dreht sich mit mir im Kreis. „Oh, meine Geliebte, so glücklich bin ich, wieder bei dir zu sein. Nie wieder werde ich dich verlassen. Ich bereute mein Fortgehen, kaum dass der Transporter mich abgesetzt hatte, doch Vater verweigerte mir, mich vorzeitig zu holen."

„Lass mich sofort runter", ermahne ich ihn. Verwundert setzt er mich ab. Ich bin völlig überrumpelt, ihn wieder vor mir stehen zu sehen, und habe nur Angst, meinen neugewonnen Frieden, unseren Frieden, erneut zu verlieren, wenn er wieder in seine Missions- und Inkarnationsfallen tappt. Die Türen gehen auf. Die Kinder, die nun junge Erwachsene sind, kommen langsam heraus. Sie haben wohl meinen Ruf gehört. Sie stutzen. Jeshua stutzt. Drei Jahre sind eine verdammt lange Zeit im Leben eines Kindes. In drei Jahren geschieht so vieles.

Sarafina ist die Einzige, die sich mit einem lauten Jubelschrei – Paputschi – auf ihn stürzt. Jamyra folgt ihr zögernd. Zaghaft kommt Blanche hinter Myriana hervor. „Mama, wer ist das?", fragt sie verwirrt. „Warum hielt der Mann dich in seinem Arm?"

Oh, wie gerne würde ich, mit ihr auf dem Arm, einfach auf ihn zugehen und ihr sagen: „Liebes, das ist dein Papa. Er ist endlich nach Hause gekommen. Komm, lass uns ein Fest feiern". Doch die Verwirrung in ihrem Gesichtchen ist eine zu starke Barriere. So beuge ich mich zu ihr hinunter, gehe in Augenhöhe. „Blanche. Das ist für uns kein fremder Mann. Es ist der, von dem du schon so viel gehört hast von deinen Geschwistern. Das ist dein Vater. Er ist endlich wieder nach Hause gekommen." Neugierig und doch misstrauisch schaut sie an mir vorbei. Jeshua kommt, Sarafina und Jamyra rechts und links in seinem Arm eingehängt, gefolgt von ihren Brüdern, auf uns zu.

„Blanche, wie sehr habe ich mich danach gesehnt, dich endlich zu sehen", lächelt er sie an.

„Und warum bist du dann nicht schon viel früher gekommen?", fragt sie kühl. Ich muss leise lächeln über ihr erfrischendes Realitätsbewusstsein, das mir ein wenig die Spannung nimmt. Jeshua ist sichtlich verwirrt.

„Weil ich sehr weit fort war", beugt er sich zu ihr hinunter. Sie schaut ihm selbstbewusst in die Augen, als wolle sie seine Seele erforschen. Jeshua hält ihrem Blick stand, und dann lächelt sie ihn erstmals an. „Muss ich jetzt Papa zu dir sagen?", fragt sie schelmisch. „Nur dann, wenn du das möchtest", sagt Jeshua sanft. „Ich überlege es mir." Damit wendet sie sich um und geht zurück ins Haus. Ich weiß es, sie sucht jetzt die vertraute Nähe von Johannes.

Die Begrüßung mit unseren Söhnen ist liebevoll und warm, doch die Fremdheit, die zwischen Jeshua und uns liegt, ist greifbar. Dennoch, langsam erreicht mich die Freude darüber, ihn wieder hier bei uns zu haben. Sein Blick ist klarer und freier als damals, als er uns verließ.

Doch mir bleibt noch ein wenig Zeit, mich daran zu gewöhnen, dass er wieder bei uns ist. Die Kinder genießen seine Rückkehr und lassen ihn keine Minute allein. Es ist so, als wollten sie drei Jahre an diesem einem Tag nachholen und das Gefühl der Fremdheit so schnell wie möglich vergessen. Der Tag vergeht mit Fragen, Erklärungen, neuen Annäherungen. Jeshua redet, erklärt, erzählt von fremden Ländern, von Indien, Persien, von Meistern und Schriften, und unsere vier „Großen" hängen gebannt an seinen Lippen.

Auch Blanche kommt immer wieder hinzu, Jeshua neugierig betrachtend. Und doch fühle ich ihren Schmerz, denn sie fühlt sich völlig fremd, als einzige von ihren Geschwistern. Immer wieder kommt sie zu mir, um zu ihrer Sicherheit zurückzufinden. „Mama, wohnt er jetzt hier mit uns?", fragt sie zaghaft. „Ja, Liebes. Das ist dein Papa, mein Mann. Er war sehr lange fort. Weißt du, er war krank in seiner Seele. Er war sehr tief verletzt, und er konnte nur dort wirklich gesund werden, wo er so lange Zeit war. Doch nun ist er wieder hier, und ich bin ganz sicher, dass du dich schon bald genauso freuen kannst und ihn ebenso lieben wirst, wie deine Geschwister und ich das tun."

Der Abend erlebt meine Kinder in neuer Reife. Sarafina und Jamyra erklären ihren Geschwistern, dass es nun an der Zeit ist, uns allein zu lassen, damit wir uns endlich begrüßen können. Heute übernehmen sie den Part, ihre Brüder, Myriana und Blanche in die Nacht zu begleiten. Leichte Wehmut erfasst mein Herz, und ich nehme innerlich Abschied von meinen beiden ältesten Töchtern, denn Sarafina und Jamyra sind endgültig zu Frauen herangereift. So ist es morgen an der Zeit, dass ich sie als Kinder aus meinem Leben entlasse und als gleichwertige Frauen und junge Priesterinnen neu in meinem Leben begrüße.

Und plötzlich bin ich mit Jeshua allein. Stille umfängt uns. „Wie erwachsen sie geworden sind. Ich habe so vieles in ihrer Entwicklung versäumt", unterbricht Jeshua wehmütig die Stille. „Ja, das hast du", bestätige ich ihn. „Und doch, Jeshua, du bist jetzt wieder hier, um Darian und Aman in ihr Erwachsenwerden zu begleiten."

„Kannst du mir jemals verzeihen, dass ich dich und euch alleine ließ?", fragt er hoffnungsvoll. „Jeshua, ich habe dir nichts zu verzeihen. Ich habe in mir selbst meinen Frieden gefunden, und ich hoffe, dass du für dich diesen Frieden ebenfalls finden konntest." Erstmals, seit er wieder hier ist, berühre ich von mir aus seine Hand. „Du hast Myriam noch gar nicht gesehen. Sie weiß vielleicht nicht einmal, dass du hier bist. Geh doch bitte und begrüße auch deine Mutter und Josef, und dann lass uns an den Strand gehen. Es ist an der Zeit, dass wir einander wieder vertrauter werden, und am Strand ist es so wunderschön, wenn die Dunkelheit hereinbricht." Leise verlässt er den Raum.

Ich bin zum ersten Mal mit mir ganz allein, seit er wieder in unser Leben trat. Sollte ich sagen, endlich wieder bei uns? In dieser Stille kann ich mich sammeln, gewöhne mich daran, dass er tatsächlich wieder bei uns ist, und doch ist die leise Frage in mir, ob er in sich selbst seinen Frieden gefunden hat und wir wieder so frei und offen miteinander sein können, wie es „davor" immer war.

Als er zurückkehrt, liegt ein Lächeln auf seinem Gesicht. „Jetzt möchte ich nur noch mit dir an den Strand gehen und mit dir das Rauschen des Meeres genießen, das ich so sehr vermisst habe. Doch nichts habe ich mehr vermisst als dich und unser Leben." Leicht legt er seinen Arm um mich, und ich genieße die einstmals vertraute Berührung. Je länger wir am Strand entlanggehen, je länger ich seinen Erzählungen lausche, desto mehr weitet sich mein Herz wieder für ihn. Ich lasse das Gefühl endlich zu, zu erfahren, wie sehr ich ihn vermisst und auch, wie sehr ich dieses Gefühl mehr als drei lange Jahre in mir vergraben habe, weil ich glaubte für meine Kinder und meine Schülerinnen stark sein zu müssen. Und ja, es war eine gute Zeit.

Die Akademien sind gewachsen. Es sind so viele Schüler und Schülerinnen geworden, dass wir eine Warteliste führen. Sarafina gründete die Akademie der schönen Künste. Hier lehrt sie die Maltechniken, die ich bereits lernte und an sie weitergab. Wunderschöne Gemälde bilden sich wie von selbst unter ihren Händen. Jamyra hat begonnen, herrliche Melodien zu komponieren, und so wird auch sie bald ihre eigene Akademie begründen. In dieser Akademie werden ihre Schüler das Spiel auf Instrumenten und vielleicht das Komponieren erlernen.

Meine Söhne sind noch in ihren Ausbildungen, sowohl in der Akademie, die nun Jeshua wieder, doch von nun an mit Johannes gemeinsam, leiten wird, als auch im Tempel der Bruderschaft des Lichts. Myriana liebt den Gesang und den Tanz. Sie wird wohl, wenn sie noch zwei Jahre älter ist, mit Jamyra gemeinsam die Musikakademie tragen. Sie hat ihre Stimme und ihren Tanz so sehr vervollkommnet, dass sie mit jedem Schritt die Göttin verkörpert. Ich bin stolz auf meine Töchter und stolz auf meine Söhne, die zu wunderbaren Söhnen der Göttin heranreifen.

Als die Sonne über dem Meer erwacht und wir uns nach langen Stunden am Strand alles erzählt haben, was wir in den vergangenen mehr als drei Jahren erfahren haben, sind wir einander beinahe wieder so nahe wie vor seiner Abreise. Und nach langer, langer Zeit lasse ich es zu, dass seine Arme mich umfangen, fühle ich seine Nähe neben mir, die mir immer vertrauter wird. In der Nacht hier am Strand fühle ich, wie ich ihm und damit mir selbst mein Herz wieder öffne und kann all dies genießen. Ich fühle mich wieder ganz und heil in mir, fühle wieder die vollkommene Synthese, die wir nur gemeinsam erfahren, in der wir gemeinsam die vollkommene Göttlichkeit in der vereinten Energie unserer weiblichen und männlichen Kraft auf diese Erde integrieren können.

Ich fühle es ganz tief in mir: Jeshua ist etwas mehr auf dieser Erde angekommen. Die vergangenen drei Jahre haben ihn erinnern und annehmen lassen, dass er auch Mensch ist, und ihn gelehrt, dieses Menschsein anzunehmen.

Ich werde für einige Tage meine Aufgaben in der Schule und im Tempel an würdige Schülerinnen übergeben und uns diese Zeit schenken, damit wir wieder zu einer fest-verwurzelten Familie werden, damit jeder Funken Distanz zwischen Jeshua und uns sich in gemeinsamem Wieder-erkennen und Zusammensein auflösen kann.

Abschied

Jeshua verbrachte nach seiner Heimkehr sehr viel intensive Zeit mit den Kindern. Die Abende gehörten uns, und wir waren allein. Die Distanz, die in der Zeit der Trennung erstmals zwischen uns entstanden war, wandelte sich so sehr schnell in die alte Vertraut- und Verbundenheit. Jeshua hatte sich verändert. Er war mehr und mehr zurückgekehrt zu der Sonne, die er für die Menschen vor seiner tiefen Verletzung war. Für Blanche war es schwieriger, den für sie fremden Mann als Familienmitglied und Vater anzuerkennen. Ich sagte es bereits: Sie war zornig, wie ich es einst war. Sie war stolz, wie ich es einst war. Und sie war temperamentvoll, wie ich es einst war. Doch davon möchte ich dir gemeinsam mit Jeshua ein anderes Mal berichten. Auch diese Distanz legte sich mit den Tagen, die das Jahr uns schenkte. Zwischen Jeshua und Blanche erwachte eine tiefe Freundschaft, und sie nahm immer mehr auch seine liebevollen Anleitungen an.

Nach kurzer Zeit nahm Jeshua seine Lehrtätigkeit wieder auf, und seine Schüler lagen ihm zu Füßen. Unser Leben war voller Freude und Erfüllung. Wir fanden die Unschuld unserer Liebe wieder. Myriam verließ uns acht Jahre, nachdem Josef von uns ging, im hohen Alter von siebenundsiebzig Jahren. Friedlich, erlöst und voller Freude schlief sie ein und kehrte zurück in ihre Heimatdimension. Sie fehlte mir sehr, war sie doch vom ersten Tag meines Lebens an immer für mich da und ein fester Bestandteil meines Lebens.

Die Akademien unserer Töchter füllten sich ebenso schnell mit jungen Menschen, wie es einst unsere taten. Hier jedoch wurde die Trennung der Geschlechter, wie sie in den Tempeln notwendig war, aufgehoben. Frauen und Männer erlernten von unseren Töchtern gemeinsam die schönen Künste. Sie malten, tanzten, sangen, erlernten die Kunst der Instrumente, die Kunst der Poesie und des Schreibens in freiem, respektvollem Miteinander. Darian und Aman übernahmen ihre Ämter in der Akademie der Männer und im Tempel. Sarafina, Jamyra und Myriana erwählten sich ihre Ehemänner aus den Reihen unserer Eingeweihten, so, wie es auch Damian und Aman taten. Unsere Schwiegertöchter und Schwiegersöhne hatten in ihrer Ausbildung und in ihren Einweihungen ihre vollkommenen Kräfte zurückerhalten und in den Begegnungen mit Oruluah ihre DNA geheilt. Sie waren die vollkommenen Wegbereiter der neuen Generationen, die nach uns kommen sollten.

Als unsere ersten Enkelkinder geboren wurden, wussten wir mit unumstößlicher Sicherheit, dass die lichtvolle Saat aufgegangen war, denn sie waren perfekt. Sie trugen die Gene der Göttin in sich und würden sie weiter in die Welt hinaustragen und verbreiten. Unsere Mission, das Licht auf Erden neu zu verankern, es in die Welt zu tragen, war erfüllt und trug reiche Früchte.

Ich habe dir vieles aus meinem Leben mit Jeshua erzählt, denn es ist mir ein tiefes Anliegen, dass du die

Kraft der Großen Göttin, die die Quelle selbst ist, tief in dir erinnern und erfahren kannst. Es war ein wundervolles, wertvolles und reiches Leben an der Seite von Jeshua, Myriam, meinen Kindern, Enkelkindern und all den vielen Menschen, die wir begleiten durften und die mich begleiteten. Für mich war es das einzige Leben, das ich mir erwählte, um die vollkommene Vereinigung der männlichen und weiblichen Kraft der Quelle in mir selbst zu erfahren, indem ich diese Synthese mit Jeshua gemeinsam durch unsere tiefe Seelenanbindung, die für unseren Auftrag notwendig war, in mir selbst erfuhr.

Das bedeutet nun nicht, dass du deine Synthese nur finden kannst, wenn du eine ebenso tiefe Liebe in einem anderen Menschen findest.

Wir waren uns Ergänzung, weil wir eine Mission miteinander teilten, die für die Menschheit und die Erde die Rettung bedeutete. Weder Jeshua noch ich hätten unsere Mission, das Licht erneut in diese Welt zu pflanzen, ohne den anderen erfüllen können. Deine Mission ist deine ganz eigene. Wenn dazu ein Partner oder eine Partnerin gehört, wird er oder sie früher oder später zu dir kommen. Doch viele Missionen in der heutigen Zeit sind individuell und unabhängig von einem Lebenspartner. Der Verbund von vielen Seelen möchte sich jetzt, in dieser Zeit der Wende, zusammenfinden und alle Geschwister erreichen, die erreicht werden wollen und können.

So möchte ich jetzt Abschied von dir nehmen, die oder der du mein Leben bis hierher begleitet hast.

Du, die oder der du diese Zeilen liest und vielleicht angerührt bist von meinen, seinen oder unseren Worten, entstammst direkt unserer Blutslinie, die die Blutslinie der Göttin und des wahrhaft lichtvollen Gottes selbst ist. Du bist das vollkommene Abbild des vollkommenen menschlichen Körpers mit einer voll erwachten Seele, selbst dann, wenn es dir nicht so scheinen mag. Du hast alle Anlagen in dir, die Erde mit deinem Leuchten zu erfüllen, denn du trägst die reinen Gene der Göttin in dir.

Du bist eine Tochter, ein Sohn der Göttin, so, wie sie einst zu Zeiten Lemurias auf der Erde lebten.

Beinahe zweitausend Jahre mussten vergehen, bis unsere Nachkommen so zahlreich wurden und sich so weit über die Erde verteilt haben, wie es heute der Fall ist. Heute sind sehr viele Menschen Träger der vollkommenen Synthese männlicher und weiblicher Energie. Diese Energie gilt es für dich zu erwecken und in dir zum Klingen zu bringen. Du hast alles in dir. Finde es in dir, und du bist frei, dich und damit die Erde mit dir in die Dimension zu erheben, in der die Erde einst war, in der Lemuria heute noch auf dich wartet. Lemuria wartet darauf, wieder in und auf Gaia integriert zu sein, ebenso wie Avalon, das die letzte physische Heimat der Göttin auf Erden war, bevor es hinter den Nebeln der Dimensionen entschwand, bevor die Dunkelheit es in die Dichte ziehen konnte. Die Erde wartet voller Sehnsucht darauf, dass die Zeiten der Dunkelheit endgültig hinter ihr und dir liegen.

Die herrlichen Zeiten, die du tief in dir erinnerst, kehren auf die Erde zurück, wenn genügend Erwachte ihr Licht miteinander verbinden und der Dunkelheit keine Beachtung mehr schenken. Denn damit entziehst du ihr ihre Kraft, ihre Macht und ihre Magie. Erkenne sie, wenn sie dir begegnet, doch urteile nicht, verschwende keine negativen oder angstvollen Gedanken an sie. Damit entziehst du ihr für dein Leben die Kraft, und dein eigenes Leuchten verstärkt sich.

Gründet Inseln des Lichts. Das müssen keine physischen Orte sein oder Gebäude, in denen du mit anderen Familien als Wohngemeinschaft zusammenlebst. Inseln des Lichts sind energetische Orte, von denen aus das Licht die Erde überzieht. Finde Gleichgesinnte, die der Erde und sich selbst Lichtbringer sein wollen, und lass auch du dich von Gleichgesinnten finden.

Indem ihr das Licht an den Orten, an denen ihr lebt, verankert, vergrößert sich das Lichtnetz, das bereits über die Erde gespannt ist. Lasst immer wieder das Licht als Linie zwischen euren Orten hin und her fließen, und das Lichtnetz in dem Teil der Erde, in dem ihr lebt, wird stabil, vollkommen und strahlt weit hinaus in das Universum. Hier werden wir dich erkennen, wahrnehmen und dich darin unterstützen, das Licht aufrechtzuerhalten und dein eigenes Leuchten zu verstärken. Du kannst dich aktiv an der Bildung des Lichtnetzes beteiligen, wenn du auf unsere Website gehst und deinen Verbindungspunkt bildest (Adresse siehe Anhang).

Licht vertreibt die Dunkelheit, das gilt in allen Dimensionen. Daher sei das Licht, das du bist, an dem Ort, an dem du bist. So leistest du deinen Beitrag zur Heilung deines Lebens, deines Umfelds und der Erde.

Wenn du den heiligen Zorn der Göttin in dir trägst, dann stelle dich dieser Kraft. Dieser Zorn ist, wenn er erlöst ist, die Kraft der Großen Schöpfermutter. Bereits Jeshua sprach zu dir vom Unterschied zwischen heiligem Zorn und Wut. Beide Worte sind negativ besetzt, daher ist Zorn ein unglückliches Wort für die Schöpferkraft, die nicht nur weich und sanft ist, sondern auch zerstörerisch sein kann, wenn ein schutzbefohlenes Wesen Unrecht durch die Dunkelheit erfährt. Heiliger Zorn ist das, was die Aufgestiegenen Meister erfahren, wenn sie das Unrecht auf Erden kennenlernen. Heiliger Zorn ist das, was uns den Mut fassen lässt, sanft gegen die Dunkelheit auf Erden anzutreten, ohne sie mit Waffen zu bekämpfen. Unser Kampf besteht darin, das Licht zu verstärken, zu verankern und Oasen des Friedens zu begründen, die die Dunkelheit fürchtet.

Wut jedoch ist unterdrückter, unerlöster heiliger Zorn. Doch nichts ist zerstörerischer, als das Gefühl der Wut tief in dir zu vergraben. Sie wird sich früher oder später ihre Bahn brechen. Schau dir an, was dieses elementare Gefühl in dir auslöst. Fühle, wie sie sich anfühlt. Doch gehört Wut niemals gegen einen anderen Menschen oder gegen dich selbst gerichtet, so, wie ich es in meiner Jugend tat. Durch Wut zerstörte ich einen Teil meines Lebens. In meinem heiligen Zorn gelang es mir, Jeshuas Leben zu retten. Er gab mir die Kraft, durchzuhalten und trotz aller körperlichen Schmerzen meine Göttinnenkraft für ihn und auch für mich selbst aktiviert zu halten, bis Hilfe kam. Mein heiliger Zorn ließ mich stark werden, als er erneut nach Indien ging, und meinen Kindern Halt und Stütze sein, so, wie unsere Akademien aufrechtzuerhalten.

Diese Seiten, die du bis hierher gelesen hast, bergen den Schlüssel in sich, dass du dir der Kraft der Quelle in dir selbst bewusst werden kannst. Vor allem bergen sie den Schlüssel, dass du dir diese Kraft nutzbar machen kannst. Du bist immer und zu jeder Zeit ausschließlich deine eigene Befreiung, deine eigene Erlöserin, dein eigener Erlöser.

Indem du alle Emotionen, die über deinen wahren, göttlichen Gefühlen liegen, für dich erkennst und erlöst, gelangst du mehr und mehr an die wahre Kraft in dir. Du kannst das tun in meditativer Haltung, zum Beispiel in der Meditation mit Oruluah, in den Heilungsmeditationen, die wir dir mit Ancient-Master-Healing oder durch Lady Rowena schenkten.

Erfahre in dir, welch vollkommenes Selbst du in Wahrheit bist, und die Dunkelheit, die die Erde als Emotion dir spiegelt, wird sich von dir entfernen. Emotionen sind Gefühle, die durch Glaubenssätze, Erfahrungen, Erinnerungen verdeckt und versteckt sind. Es gibt nur Freude und Liebe, das sind die einzig wahren Gefühle der Göttin.

Begib dich in deine Meditationen, richte dir, wenn du magst, einen kleinen Tempel her, und verbinde dich immer wieder mit deiner multidimensionalen Seele, so lange, bis du deine lichten Gefühle, die direkt die Qualitäten der Quelle sind, in dir selbst erlöst und mehr und mehr in dein Leben integriert hast. Dann bist du wahrhaft frei in dir selbst und wirst immer mehr freie Menschen in dein Leben ziehen.

Ich, Maria Magdalena, sage dir nun meinen innigen Dank, dass du mich bis hierher begleitet hast. Sanada, die du bisher Lady Nada nanntest, wird dir immer und zu jeder Zeit zur Seite stehen, wenn du dein wahres Potenzial in dir tiefer erforschen möchtest, um es immer mehr zum Du werden zu lassen.

Sei dir dessen immer bewusst:

Du bist das Licht, das du bist.

Du bist das Licht dieser Welt, genauso, wie Jeshua und ich das Licht dieser Welt waren und bis heute sind.

Viele kleine Lichtinseln erschaffen einen Lichtkontinent. Von diesem Lichtkontinent aus wird die Neue Erde sich erheben.

Sei mir vom Licht meines Herzens, mit deinem lichtvollen Herzen, in meinem Herzen willkommen in der Neuen Zeit, deren Weg wir gemeinsam bereitet haben.
Ich grüße und ehre das Licht, das du bist.

Maria Magdalena in Sanada

Bezugsadressen

Meditation „Das heilige Bad der Maria Magdalena"
Einweihungsmeditation: Die Göttin erwacht, DNA-Heilung,
ist auf CD erhältlich.
ISBN: 978-3-9812369-4-1

Zu diesem Bad sind die Original-Zusätze nach Magdalenas Tempelrezeptur, mit allem Zubehör, so, wie sie es mit
den Frauen des Dorfes zelebrierte, in unterschiedlichen
Ausführungen im Shop auf der Website von Maria Magdalena und über die Blaue Lichtburg erhältlich.

Blaue Lichtburg
Seminare und Vertrieb
In der Steubach 1
57614 Woldert
Tel.: 02684-978808
Fax: 02684-978805
www.blaue-lichtburg.de
info@blaue-lichtburg.de

Die Website von Maria Magdalena findest du unter
www.lichtnetz-maria-magdalena.de

Diskussionen und Fragen zu und an Maria Magdalena
kannst du gerne im Forum stellen. Du findest diesen Link
ebenfalls auf der Website.

Oder sende deine Fragen per Email an
fragen@lichtnetz-maria-magdalena.de

Ich bitte von Anfragen nach persönlichen Channelings, dein Leben betreffend, abzusehen, da mir dazu wirklich die Zeit fehlt. Bitte stelle nur Fragen zu Magdalenas und Jeshuas Leben bis in die Jetztzeit.

Eva-Maria Ammon
Delfin-Kristallpalast-Ermächtigung
Arbeitsbuch zur Selbsteinweihung
240 Seiten, gebunden, mit Leseband
ISBN 978-3-938489-92-5

Herzlich Willkommen zu den wundervollen Einweihungen in die Delfin-Kristallpalast-Ermächtigung aus und in Lemuria. Jede einzelne Einweihung führt dich tief in deine inneren, lichtvollen Welten und an dein tiefstes Kraftpotenzial. Mit jeder weiteren Einweihung wirst du tiefer mit der leichten und kraftvollen Energie der Delfine, Walwesen, Feen und Elfen der Meere verbunden und vertrauter mit den Ebenen des Siriussystems, von dem wir einst unsere erste Reise zur Erde antraten.
Erhebe dich in deine Kristallpalastermächtigung und bereite den Weg, damit Lemuria auf Erden und in jedem Menschen in die Heimat zurückkehren kann.

Eva-Maria Ammon
Metatron - Ancient-Master-Healing
Selbstermächtigung durch Selbsteinweihung
272 Seiten, A 5, broschiert
ISBN 978-3-938489-63-5

Die Einweihung in deine Selbstermächtigung ist ein wundervolles Geschenk an dich, an die Erde und an die Menschheit. Erst die jetzige Zeit mit ihren erhöhten Energien macht dieses Wunder möglich, dass du wieder zu dem erwachen kannst, was du in Wahrheit bist – Licht!
Diese deine Vollkommenheit wird dir überreicht durch Metatron, Miranlaya, Sananda, Lady Nada, Lady Gaia, Lady Kwan Yin und Saint Germain.
Dieses Arbeitsbuch ist ein Buch zur Selbsteinweihung und ermöglicht dir, dich in Verbindung mit den Aufgestiegenen Meistern und Meisterinnen in die kraftvolle Energie der Quelle selbst einzuweihen.

Eva-Maria Ammon
Aufgestiegene Meister bringen Heilung für die Welt
176 Seiten, A5, broschiert
IISBN 978-3-938489-19-2

Eva-Maria Ammon dient seit mehr als 20 Jahren als Channel Medium der Großen Weißen Bruderschaft, und so ist auch dieses Arbeitsbuch gemeinsam mit den Aufgestiegenen Meistern Sanandá, St. Germain, Sanat Kumara, Lady Nada, Kwan Yin, El Morya sowie dem Erzengel Ezechiel entstanden.
Nach intensiver Klärungsarbeit erfolgt eine Einweihung von St. Germain in die Violette Flamme des Aufstiegs, um dann im nächsten Schritt mit Lady Kwan Yin Karma erlösen zu dürfen – altes wie auch neues, das wir im Alltag immer wieder neu kreieren können.
Diese wunderschönen Botschaften und Übungen sind daher für viele Menschen eine praktische Hilfe auf dem spirituellen Weg.

Eva-Maria Ammon & Sananda
Tatort Jesus
Mein Neues Testament
360 Seiten, gebunden, mit Lesebändchen
ISBN 978-3-938489-77-2

Erfahre einen ganz neuen Jesus, der voller Liebe für die Menschheit und die Erde ist. Erfahre Heilung in ihrer Vollkommenheit. Dieses Buch ist ein wahrhaft heilendes Geschenk an die Menschheit. Allein das Lesen seiner Worte heilt die Wunden aus Kindertagen und eines ganzen Lebens, wenn wir endlich die Wahrheit aus seinem eigenem Mund vernehmen, die so ganz anders ist als die Religionen uns weismachen wollen. Tatort Jesus - Mein Neues Testament" ist revolutionär und geht über alles bisher Veröffentlichte hinaus.

Eva-Maria Ammon
Tatort Jesus 2
In tiefer Demut und Hingabe
ca. 240 Seiten, A5, gebunden, mit Leseband
ISBN 978-3-941363-10-6

„Tatort Jesus 2" knüpft dort an, wo „Tatort Jesus – Mein Neues Testament" – endet.
In tiefer Liebe und Verbundenheit begleitet Jeshua uns in die Tiefen des geheimen Wissens unserer Spiritualität und beantwortet Fragen, die jedem wahrhaft Suchenden auf der Seele liegen. Wir dürfen erneut eintauchen in die Lebensgeschichte von Jeshua, in der er sich – neben seiner Mission, das Licht auf der Erde neu zu integrieren und die Kraft der Weiblichkeit als die wahre Kraft der Schöpfung zu vertreten – als fühlender, liebender und sehnsuchtsvoller Mensch und Mann erfährt.
Ein berührendes Buch, das tief zu Herzen geht und einen Jeshua zeigt, den niemand zuvor kannte.

Eva-Maria Ammon
Lady Rowena – Die Kraft der Göttin in dir
Ein Heilungsbuch
248 Seiten, broschiert
ISBN 978-3-938489-43-7

Lady Rowena erinnert uns an unsere enge Verbundenheit mit Mutter Erde (Gaia), der Göttin (weiblicher Anteil der Quelle), den Kristallen und dem Universum.
Sie zeigt uns mit ihrer liebevollen Energie den Weg, wie wir das Heilsein und die Ganzheit in unser Leben integrieren und in Liebe Heilung in das Leben eines jeden bringen können.
Ein Praxis-Heilungsbuch für die Zeit der Weiblichkeit in jedem Menschen, die auf unserer Erde geschunden und verraten wurde und in uns allen neu erwachen will, damit Frieden, Liebe und Licht auf der Erde zur Wahrheit werden.

Ava Minatti
Avalon und der Artusweg
Altes Wissen für die Neue Zeit
376 Seiten, gebunden, mit Leseband
ISBN 978-3-938489-93-2

Hörst du den Ruf? Siehst du, dass sich die Nebel zu lichten begonnen haben? Und es Zeit geworden ist, nach Hause zurückzukehren? Zurück nach Avalon? Avalon ist ein Symbol für die Fünfte Dimension. Der Artusweg bezeichnet den Weg dorthin. Beides ist untrennbar miteinander verwoben. Die Legenden um den Heiligen Gral, die Tafelrunde, König Artus, die magische Apfelinsel, Morgana und Merlin haben auch heute nichts an Aktualität und Gültigkeit verloren. Hier übermitteln diese dir das alte Wissen, damit du es im Hier und Jetzt integrieren und leben kannst. Erlebe eine intensive Reise zu dir selbst, zu deinen Wurzeln, zu deinem wahren Wesen. Das Licht, die Liebe und die Weisheit von Avalon heißen dich willkommen. Du wirst erwartet. Sei gesegnet!

Kerstin Simoné
Thoth – Die Offenbarungen, Band II
Erwachen aus der Illusion
ca. 200 Seiten, gebunden, mit Leseband
ISBN 978-3-938489-98-7

Der zweite Band von „Thoth - Die Offenbarungen" zeigt schon durch seinen Untertitel, wie intensiv und ehrlich Thoth uns in die nun unmittelbar bevorstehende neue Ära der Menschheitsgeschichte geleiten will, ohne dabei irreführende Schönrederei zu verwenden. Denn nach der Öffnung und Neuorientierung unseres Bewusstseins gilt es jetzt für jeden von uns, das „Erwachen aus der Illusion" auf allen Ebenen zu nutzen. Die Grenzenlosigkeit und Wertigkeit allumfassender Liebe und ihr Kraft in den Zeiten des großen Wandels werden eindringlich und klar vermittelt, - Wahrheiten, mit denen wir in die Neue Zeit schreiten können.

Margit Steiner
2012 hat gestern begonnen
Selbsteinweihung für den Aufstieg
120 Seiten, gebunden, mit Leseband
ISBN 978-3-938489-90-1

Schon seit einiger Zeit geistert das Jahr 2012 durch die Energiearbeit. Für die Autorin selbst ist 2012 keine Jahreszahl, sondern ein Energieereignis, das längst begonnen hat. Durch die Prozesse der Selbsteinweihungen schaffen wir den Energieraum, den wir für unseren Aufstieg brauchen und unterstützen so unsere körperliche, geistige und seelische Entwicklung. Durch die einzelnen Übungen und Weihen ist wird die Transformationen in Gang gesetzt, die sich im Alltag durch unsere Handlungen verstärken. Heilung geschieht sozusagen „von selbst", da jeder – immer und überall – alleine an sich und für sich arbeiten kann.